Baurecht in Sachsen

Sächsische Bauordnung und ausführende Verordnungen

Textsammlung

12. Auflage

SV SAXONIA VERLAG für Recht, Wirtschaft und Kultur GmbH

Redaktion: Ass. jur. Frank Unger

Redaktionsschluss: 20. August 2024

SV SAXONIA VERLAG für Recht, Wirtschaft und Kultur GmbH
Lingnerallee 3, 01069 Dresden
Tel. (03 51) 48 52 60, Fax (03 51) 4 85 26 61
E-Mail: office@saxonia-verlag.de
Internet: http://www.recht-sachsen.de

Druck: PRINT GROUP Sp. z o.o., ul. Księcia Witolda 7, 71-063 Szczecin (Polen)

ISBN: 978-3-949409-33-2
(Vorauflage: ISBN 978-3-949409-09-7)

Inhaltsverzeichnis

Sächsische Bauordnung (SächsBO)[1]

in der Fassung der Bekanntmachung vom 11. Mai 2016 (SächsGVBl. S. 186), die zuletzt durch Artikel 1 des Gesetzes vom 1. März 2024 (SächsGVBl. S. 169) geändert worden ist

– Fassung ab 19. März 2024 –

INHALTSÜBERSICHT

1 Dieses Gesetz dient der Umsetzung der Richtlinie 2006/123/EG des Europäischen Parlaments und des Rates vom 12. Dezember 2006 über die Dienstleistungen im Binnenmarkt (ABl. L 376 vom 27.12.2006, S. 36) und der Richtlinie 2012/18/EU des europäischen Parlaments und des Rates vom 4. Juli 2012 zur Beherrschung der Gefahren schwerer Unfälle mit gefährlichen Stoffen, zur Änderung und anschließenden Aufhebung der Richtlinie 96/82/EG des Rates (ABl. L 197 vom 24.7.2012, S. 1)

TEIL 1
Allgemeine Vorschriften

§ 1
Anwendungsbereich

(1) [1]Dieses Gesetz gilt für bauliche Anlagen und Bauprodukte. [2]Es gilt auch für Grundstücke sowie für andere Anlagen und Einrichtungen, an die in diesem Gesetz oder in Vorschriften aufgrund dieses Gesetzes Anforderungen gestellt werden.
(2) Die Vorschriften der Teile 1 bis 5 und des Teils 7 dieses Gesetzes gelten nicht für

1. Anlagen des öffentlichen Verkehrs einschließlich Zubehör, Nebenanlagen und Nebenbetriebe, ausgenommen Gebäude;
2. Anlagen, die der Bergaufsicht unterliegen, ausgenommen Gebäude;
3. Leitungen, die der öffentlichen Versorgung mit Wasser, Gas, Elektrizität, Wärme, der öffentlichen Abwasserentsorgung oder der Telekommunikation dienen;
4. Rohrleitungen, die dem Ferntransport von Stoffen dienen;
5. Kräne und Krananlagen;
6. Messestände in Messe- und Ausstellungsgebäuden sowie
7. Regale und Regalanlagen in Gebäuden, die nicht Teil der Gebäudekonstruktion sind oder keine Erschließungsfunktion haben.

§ 2
Begriffe

(1) [1]Bauliche Anlagen sind mit dem Erdboden verbundene, aus Bauprodukten hergestellte Anlagen. [2]Eine Verbindung mit dem Boden besteht auch dann, wenn die Anlage durch eigene Schwere auf dem Boden ruht oder auf ortsfesten Bahnen begrenzt beweglich ist oder wenn die Anlage nach ihrem Verwendungszweck dazu bestimmt ist, überwiegend ortsfest benutzt zu werden. [3]Bauliche Anlagen sind auch

1. Aufschüttungen und Abgrabungen;
2. Lagerplätze, Abstellplätze und Ausstellungsplätze;
3. Sport- und Spielflächen;
4. Campingplätze, Wochenendplätze und Zeltplätze;
5. Freizeit- und Vergnügungsparks;
6. Stellplätze für Kraftfahrzeuge sowie Abstellplätze für Fahrräder und Anhänger;
7. Gerüste sowie
8. Hilfseinrichtungen zur statischen Sicherung von Bauzuständen.

[4]Anlagen sind bauliche Anlagen und andere Anlagen und Einrichtungen im Sinne des § 1 Absatz 1 Satz 2.
(2) Gebäude sind selbstständig benutzbare, überdeckte bauliche Anlagen, die von Men-

schen betreten werden können und geeignet oder bestimmt sind, dem Schutz von Menschen, Tieren oder Sachen zu dienen.

(3) [1]Gebäude werden in folgende Gebäudeklassen eingeteilt:

1. Gebäudeklasse 1:
   a) freistehende Gebäude mit einer Höhe bis zu 7 m und nicht mehr als zwei Nutzungseinheiten von insgesamt nicht mehr als 400 m² und
   b) freistehende land- oder forstwirtschaftlich genutzte Gebäude;
2. Gebäudeklasse 2:
   Gebäude mit einer Höhe bis zu 7 m und nicht mehr als zwei Nutzungseinheiten von insgesamt nicht mehr als 400 m²;
3. Gebäudeklasse 3:
   sonstige Gebäude mit einer Höhe bis zu 7 m;
4. Gebäudeklasse 4:
   Gebäude mit einer Höhe bis zu 13 m und Nutzungseinheiten mit jeweils nicht mehr als 400 m²;
5. Gebäudeklasse 5:
   sonstige Gebäude einschließlich unterirdischer Gebäude.

[2]Höhe im Sinne des Satzes 1 ist das Maß der Fußbodenoberkante des höchstgelegenen Geschosses, in dem ein Aufenthaltsraum möglich ist, über der Geländeoberfläche im Mittel. [3]Die Grundflächen der Nutzungseinheiten im Sinne dieses Gesetzes sind die Brutto-Grundflächen. [4]Bei der Berechnung der Brutto-Grundflächen nach Satz 1 bleiben Flächen in Kellergeschossen außer Betracht.

(4) Sonderbauten sind Anlagen besonderer Art oder Nutzung, die einen der nachfolgenden Tatbestände erfüllen:

1. Hochhäuser (Gebäude mit einer Höhe nach Absatz 3 Satz 2 von mehr als 22 m);
2. bauliche Anlagen mit einer Höhe von mehr als 30 m;
3. Gebäude mit mehr als 1 600 m² Grundfläche des Geschosses mit der größten Ausdehnung, ausgenommen Wohngebäude, Garagen sowie Gebäude für Fahrradabstellplätze;
4. Verkaufsstätten, deren Verkaufsräume und Ladenstraßen eine Grundfläche von insgesamt mehr als 800 m² haben;
5. Gebäude mit Räumen, die einer Büro- oder Verwaltungsnutzung dienen und einzeln eine Grundfläche von mehr als 400 m² haben;
6. Gebäude mit Räumen, die einzeln für die Nutzung durch mehr als 100 Personen bestimmt sind;
7. Versammlungsstätten
   a) mit Versammlungsräumen, die insgesamt mehr als 200 Besucher fassen, wenn diese Versammlungsräume gemeinsame Rettungswege haben,
   b) im Freien mit Szenenflächen und Freisportanlagen jeweils mit Tribünen, die keine Fliegenden Bauten sind und insgesamt mehr als 1 000 Besucher fassen;
8. Schank- und Speisegaststätten mit mehr als 40 Gastplätzen in Gebäuden oder mehr als 1 000 Gastplätzen im Freien, Beherbergungsstätten mit mehr als 12 Betten und Spielhallen mit mehr als 150 m² Grundfläche;
9. Gebäude mit Nutzungseinheiten zum Zwecke der Pflege oder Betreuung von Personen mit Pflegebedürftigkeit oder Behinderung, deren Selbstrettungsfähigkeit eingeschränkt ist, wenn die Nutzungseinheiten
   a) einzeln für mehr als sechs Personen mit Pflegebedürftigkeit oder Behinderung bestimmt sind oder
   b) für Personen mit Intensivpflegebedarf bestimmt sind oder
   c) einen gemeinsamen Rettungsweg haben und für insgesamt mehr als sechs Personen mit Pflegebedürftigkeit oder Behinderung bestimmt sind;
10. Krankenhäuser;
11. sonstige Einrichtungen zur Unterbringung von Personen und Wohnheime;
12. Tageseinrichtungen für Menschen mit Behinderung, alte Menschen und Kinder, ausgenommen Tageseinrichtungen für nicht mehr als zehn Kinder und Kindertagespflege;
13. Schulen, Hochschulen und ähnliche Einrichtungen;
14. Justizvollzugsanstalten und bauliche Anlagen für den Maßregelvollzug;

15. Camping- und Wochenendplätze;
16. Freizeit- und Vergnügungsparks;
17. Fliegende Bauten, soweit sie einer Ausführungsgenehmigung bedürfen, und Fahrgeschäfte, die keine Fliegenden Bauten sind, ausgenommen solche mit einer Höhe bis 5 m, die für Kinder betrieben werden und eine Geschwindigkeit von höchstens 1 m/s haben;
18. Regallager mit einer Oberkante Lagerguthöhe von mehr als 7,50 m;
19. bauliche Anlagen, deren Nutzung durch Umgang oder Lagerung von Stoffen mit Explosions- oder erhöhter Brandgefahr verbunden ist, oder
20. Anlagen, die in den Nummern 1 bis 19 nicht aufgeführt und deren Art oder Nutzung mit vergleichbaren Gefahren verbunden sind.

(5) Aufenthaltsräume sind Räume, die zum nicht nur vorübergehenden Aufenthalt von Menschen bestimmt oder geeignet sind.

(6) [1]Geschosse sind oberirdische Geschosse, wenn ihre Deckenoberkanten im Mittel mehr als 1,40 m über die Geländeoberfläche hinausragen. [2]Im Übrigen sind sie Kellergeschosse. [3]Hohlräume zwischen der obersten Decke und der Bedachung, in denen Aufenthaltsräume nicht möglich sind, sind keine Geschosse.

(7) [1]Stellplätze sind Flächen, die dem Abstellen von Kraftfahrzeugen außerhalb der öffentlichen Verkehrsflächen dienen. [2]Garagen sind Gebäude oder Gebäudeteile zum Abstellen von Kraftfahrzeugen. [3]Ausstellungs-, Verkaufs-, Werk- und Lagerräume für Kraftfahrzeuge sind keine Stellplätze oder Garagen.

(8) Feuerstätten sind in oder an Gebäuden ortsfest benutzte Anlagen oder Einrichtungen, die dazu bestimmt sind, durch Verbrennung Wärme zu erzeugen.

(9) Barrierefrei sind bauliche Anlagen, soweit sie für Menschen mit Behinderung in der allgemein üblichen Weise, ohne besondere Erschwernis und grundsätzlich ohne fremde Hilfe zugänglich und nutzbar sind.

(10) Bauprodukte sind

1. Produkte, Baustoffe, Bauteile und Anlagen sowie Bausätze gemäß Artikel 2 Nummer 2 der Verordnung (EU) Nr. 305/2011 des Europäischen Parlaments und des Rates vom 9. März 2011 zur Festlegung harmonisierter Bedingungen für die Vermarktung von Bauprodukten und zur Aufhebung der Richtlinie 89/106/EWG des Rates (ABl. L 88 vom 4.4.2011, S. 5, L 103 vom 12.4.2013, S. 10), die zuletzt durch die delegierte Verordnung (EU) Nr. 574/2014 (ABl. L 159 vom 28.5.2014, S. 41) geändert worden ist, die hergestellt werden, um dauerhaft in bauliche Anlagen eingebaut zu werden, und
2. aus Produkten, Baustoffen, Bauteilen und Bausätzen gemäß Artikel 2 Nummer 2 der Verordnung (EU) Nr. 305/2011 vorgefertigte Anlagen, die hergestellt werden, um mit dem Erdboden verbunden zu werden,

und deren Verwendung sich auf die Anforderungen nach § 3 Satz 1 auswirken kann.

(11) Bauart ist das Zusammenfügen von Bauprodukten zu baulichen Anlagen oder Teilen von baulichen Anlagen.

(12) Eine rechtliche Sicherung liegt vor, wenn das zu sichernde Recht oder die rechtliche Verpflichtung als Grunddienstbarkeit (§ 1018 des Bürgerlichen Gesetzbuches) und als beschränkt persönliche Dienstbarkeit (§ 1090 des Bürgerlichen Gesetzbuches) zugunsten der Bauaufsichtsbehörde im Grundbuch eingetragen ist oder wenn dafür eine Baulast übernommen worden ist.

§ 3
Allgemeine Anforderungen

[1]Anlagen sind so anzuordnen, zu errichten, zu ändern und instand zu halten, dass die öffentliche Sicherheit und Ordnung, insbesondere Leben, Gesundheit und die natürlichen Lebensgrundlagen, nicht gefährdet werden; dabei sind die Grundanforderungen an Bauwerke gemäß Anhang I der Verordnung (EU) Nr. 305/2011 zu berücksichtigen. [2]Dies gilt auch für die Beseitigung von Anlagen und bei der Änderung ihrer Nutzung.

TEIL 2
Das Grundstück und seine Bebauung

§ 4
Bebauung der Grundstücke mit Gebäuden

(1) Gebäude dürfen nur errichtet werden, wenn das Grundstück in angemessener Breite an einer befahrbaren öffentlichen Verkehrsfläche liegt oder wenn das Grundstück eine befahrbare, rechtlich gesicherte Zufahrt zu einer befahrbaren öffentlichen Verkehrsfläche hat.

(2) [1]Ein Gebäude auf mehreren Grundstücken ist nur zulässig, wenn rechtlich gesichert ist, dass dadurch keine Verhältnisse eintreten können, die Vorschriften dieses Gesetzes oder aufgrund dieses Gesetzes widersprechen. [2]Satz 1 gilt bei bestehenden Gebäuden nicht für eine Außenwand- und Dachdämmung, die über die Anforderungen nach dem Gebäudeenergiegesetz vom 8. August 2020 (BGBl. I S. 1728), in der jeweils geltenden Fassung, für bestehende Gebäude nicht hinausgeht sowie für die mit der Wärmedämmung unmittelbar zusammenhängenden Änderungen von Bauteilen.

§ 5
Zugänge und Zufahrten auf den Grundstücken

(1) [1]Von öffentlichen Verkehrsflächen ist insbesondere für die Feuerwehr ein geradliniger Zu- oder Durchgang zu rückwärtigen Gebäuden zu schaffen. [2]Zu anderen Gebäuden ist er zu schaffen, wenn der zweite Rettungsweg dieser Gebäude über Rettungsgeräte der Feuerwehr führt. [3]Zu Gebäuden, bei denen die Oberkante der Brüstung von zum Anleitern bestimmten Fenstern oder Stellen mehr als 8 m über Gelände liegt, ist in den Fällen des Satzes 1 anstelle eines Zu- oder Durchgangs eine Zu- oder Durchfahrt zu schaffen. [4]Ist für die Personenrettung der Einsatz von Hubrettungsfahrzeugen erforderlich, sind die dafür erforderlichen Aufstell- und Bewegungsflächen vorzusehen. [5]Bei Gebäuden, die ganz oder mit Teilen mehr als 50 m von einer öffentlichen Verkehrsfläche entfernt sind, sind Zufahrten oder Durchfahrten nach Satz 3 zu den vor und hinter den Gebäuden gelegenen Grundstücksteilen und Bewegungsflächen herzustellen, wenn sie aus Gründen des Feuerwehreinsatzes erforderlich sind.

(2) [1]Zu- und Durchfahrten, Aufstellflächen und Bewegungsflächen müssen für Feuerwehrfahrzeuge ausreichend befestigt und tragfähig sein. [2]Sie sind als solche zu kennzeichnen und ständig freizuhalten. [3]Die Kennzeichnung von Zufahrten muss von der öffentlichen Verkehrsfläche aus sichtbar sein. [4]Fahrzeuge dürfen auf den Flächen nach Satz 1 nicht abgestellt werden.

§ 6
Abstandsflächen, Abstände

(1) [1]Vor den Außenwänden von Gebäuden sind Abstandsflächen von oberirdischen Gebäuden freizuhalten. [2]Satz 1 gilt entsprechend für andere Anlagen, von denen Wirkungen wie von Gebäuden ausgehen, gegenüber Gebäuden und Grundstücksgrenzen. [3]Eine Abstandsfläche ist nicht erforderlich vor Außenwänden, die an Grundstücksgrenzen errichtet werden, wenn nach planungsrechtlichen Vorschriften an die Grenze gebaut werden muss oder gebaut werden darf.

(2) [1]Abstandsflächen sowie Abstände nach § 30 Absatz 2 Nummer 1 und § 32 Absatz 2 müssen auf dem Grundstück selbst liegen. [2]Sie dürfen auch auf öffentlichen Verkehrs-, Grün- und Wasserflächen liegen, jedoch nur bis zu deren Mitte. [3]Abstandsflächen sowie Abstände im Sinne des Satzes 1 dürfen sich ganz oder teilweise auf andere Grundstücke erstrecken, wenn rechtlich gesichert ist, dass sie nicht überbaut werden. [4]Abstandsflächen dürfen auf die auf diesen Grundstücken erforderlichen Abstandsflächen nicht angerechnet werden.

(3) [1]Die Abstandsflächen dürfen sich nicht überdecken. [2]Dies gilt nicht für

1. Außenwände, die in einem Winkel von mehr als 75 Grad zueinander stehen;

2. Außenwände zu einem fremder Sicht entzogenen Gartenhof bei Wohngebäuden der Gebäudeklassen 1 und 2 oder
3. Gebäude und andere bauliche Anlagen, die in den Abstandsflächen zulässig sind.

(4) [1]Die Tiefe der Abstandsfläche bemisst sich nach der Wandhöhe. [2]Sie wird senkrecht zur Wand gemessen. [3]Wandhöhe ist das Maß von der Geländeoberfläche bis zum Schnittpunkt der Wand mit der Dachhaut oder bis zum oberen Abschluss der Wand. [4]Die Höhe von Dächern mit einer Neigung von weniger als 70 Grad wird zu einem Drittel der Wandhöhe hinzugerechnet. [5]Andernfalls wird die Höhe des Daches voll hinzugerechnet. [6]Die Sätze 1 bis 4 gelten für Dachaufbauten entsprechend. [7]Das sich ergebende Maß ist H.

(5) [1]Die Tiefe der Abstandsflächen beträgt 0,4 H, mindestens 3 m. [2]In Gewerbe- und Industriegebieten genügt eine Tiefe von 0,2 H, mindestens 3 m. [3]Für Windenergieanlagen im Außenbereich oder in Sondergebieten für Windenergie genügt eine Tiefe von 0,1 H; die Tiefe der Abstandsflächen muss mindestens 3 m betragen. [4]Vor den Außenwänden von Wohngebäuden der Gebäudeklassen 1 und 2 mit nicht mehr als drei oberirdischen Geschossen genügt als Tiefe der Abstandsfläche 3 m. [5]Werden von einer städtebaulichen Satzung oder einer Satzung nach § 89 von den Sätzen 1 bis 3 abweichende Abstandsflächen vorgeschrieben, sind diese maßgeblich.

(6) Bei der Bemessung der Abstandsflächen bleiben außer Betracht
1. vor die Außenwand vortretende Bauteile wie Gesimse und Dachüberstände;
2. Vorbauten, wenn sie
   a) insgesamt nicht mehr als ein Drittel der Breite der jeweiligen Außenwand in Anspruch nehmen,
   b) nicht mehr als 1,50 m vor diese Außenwand vortreten und
   c) mindestens 2 m von der gegenüberliegenden Nachbargrenze entfernt bleiben, und
3. bei Gebäuden an der Grundstücksgrenze die Seitenwände von Vorbauten und Dachaufbauten, auch wenn sie nicht an der Grundstücksgrenze errichtet werden.

(7) Bei der Bemessung der Abstandsflächen bleiben Maßnahmen zum Zwecke der Energieeinsparung und Solaranlagen an bestehenden Gebäuden unabhängig davon, ob diese den Anforderungen der Absätze 2 bis 6 entsprechen, außer Betracht, wenn sie
1. eine Stärke von nicht mehr als 0,25 m aufweisen und
2. mindestens 2,50 m von der Nachbargrenze zurückbleiben.

(8) [1]In den Abstandsflächen eines Gebäudes sowie ohne eigene Abstandsflächen sind, auch wenn sie nicht an die Grundstücksgrenze oder an das Gebäude angebaut werden, zulässig
1. Garagen einschließlich Abstellraum und Gebäude ohne Aufenthaltsräume und Feuerstätten mit einer mittleren Wandhöhe bis zu 3 m und einer Gesamtlänge je Grundstücksgrenze von 9 m;
2. gebäudeunabhängige Solaranlagen mit einer Höhe bis zu 3 m und einer Gesamtlänge je Grundstücksgrenze von 9 m sowie
3. Stützmauern und geschlossene Einfriedungen in Gewerbe- und Industriegebieten, außerhalb dieser Baugebiete mit einer Höhe bis zu 2 m.

[2]Die Länge der die Abstandsflächentiefe gegenüber den Grundstücksgrenzen nicht einhaltenden Bebauung nach Nummer 1 und 2 darf auf einem Grundstück insgesamt 15 m nicht überschreiten.

§ 7
Teilung von Grundstücken

[1]Durch die Teilung eines Grundstücks, das bebaut oder dessen Bebauung genehmigt ist, dürfen keine Verhältnisse geschaffen werden, die Vorschriften dieses Gesetzes oder aufgrund dieses Gesetzes widersprechen. [2]§ 67 ist entsprechend anzuwenden.

§ 8
Nicht überbaute Flächen der bebauten Grundstücke, Kinderspielplätze

(1) [1]Die nicht mit Gebäuden oder vergleichbaren baulichen Anlagen überbauten Flächen der bebauten Grundstücke sind

1. wasseraufnahmefähig zu belassen oder herzustellen und
2. zu begrünen oder zu bepflanzen,

soweit dem nicht die Erfordernisse einer anderen zulässigen Verwendung der Flächen entgegenstehen. [2]Satz 1 findet keine Anwendung, soweit Bebauungspläne oder andere Satzungen Festsetzungen zu den nicht überbauten Flächen treffen.

(2) [1]Bei der Errichtung von Gebäuden mit mehr als drei Wohnungen ist auf dem Baugrundstück oder in unmittelbarer Nähe auf einem anderen geeigneten Grundstück, dessen dauerhafte Nutzung für diesen Zweck rechtlich gesichert sein muss, ein ausreichend großer Spielplatz für Kleinkinder anzulegen. [2]Dies gilt nicht, wenn in unmittelbarer Nähe eine Gemeinschaftsanlage oder ein sonstiger für die Kinder nutzbarer Spielplatz geschaffen wird oder vorhanden oder ein solcher Spielplatz wegen der Art und der Lage der Wohnung nicht erforderlich ist. [3]Bei bestehenden Gebäuden nach Satz 1 kann die Herstellung von Spielplätzen für Kleinkinder verlangt werden, wenn dies die Gesundheit und der Schutz der Kinder erfordern.

TEIL 3
Bauliche Anlagen

Abschnitt 1
Gestaltung

§ 9
Gestaltung

[1]Bauliche Anlagen müssen nach Form, Maßstab, Verhältnis der Baumassen und Bauteile zueinander, Werkstoff und Farbe so gestaltet sein, dass sie nicht verunstaltet wirken. [2]Bauliche Anlagen dürfen das Straßen-, Orts- und Landschaftsbild nicht verunstalten.

§ 10
Anlagen der Außenwerbung, Warenautomaten

(1) [1]Anlagen der Außenwerbung (Werbeanlagen) sind alle ortsfesten Einrichtungen, die der Ankündigung oder Anpreisung oder als Hinweis auf Gewerbe oder Beruf dienen und vom öffentlichen Verkehrsraum aus sichtbar sind. [2]Hierzu zählen insbesondere Schilder, Beschriftungen, Bemalungen, Lichtwerbungen, Schaukästen sowie für Zettelanschläge und Bogenanschläge oder Lichtwerbung bestimmte Säulen, Tafeln und Flächen.

(2) [1]Für Werbeanlagen, die bauliche Anlagen sind, gelten die in diesem Gesetz an bauliche Anlagen gestellten Anforderungen. [2]Werbeanlagen, die keine baulichen Anlagen sind, dürfen weder bauliche Anlagen noch das Straßen-, Orts- und Landschaftsbild verunstalten oder die Sicherheit und Leichtigkeit des Verkehrs gefährden. [3]Die störende Häufung von Werbeanlagen ist unzulässig.

(3) [1]Außerhalb der im Zusammenhang bebauten Ortsteile sind Werbeanlagen unzulässig. [2]Ausgenommen sind, soweit in anderen Vorschriften nichts anderes bestimmt ist:

1. Werbeanlagen an der Stätte der Leistung;
2. einzelne Hinweiszeichen an Verkehrsstraßen und Wegabzweigungen, die im Interesse des Verkehrs auf außerhalb der Ortsdurchfahrten liegende Betriebe oder versteckt liegende Stätten aufmerksam machen;
3. Schilder, die Inhaber und Art gewerblicher Betriebe kennzeichnen (Hinweisschilder), wenn sie vor Ortsdurchfahrten auf einer Tafel zusammengefasst sind;
4. Werbeanlagen an und auf Flugplätzen, Sportanlagen und Versammlungsstätten, soweit sie nicht in die freie Landschaft wirken, und
5. Werbeanlagen auf Ausstellungs- und Messegeländen.

(4) [1]In Kleinsiedlungsgebieten, Dorfgebieten, reinen und allgemeinen Wohngebieten sind nur Werbeanlagen an der Stätte der Leistung, einzelne Hinweiszeichen zu abseits liegenden Stätten der Leistung sowie Anlagen für amtliche Mitteilungen und zur Unterrichtung der

Bevölkerung über kirchliche, kulturelle, politische, sportliche und ähnliche Veranstaltungen zulässig. [2]Die jeweils freie Fläche dieser Anlagen darf auch für andere Werbung verwendet werden. [3]Auf öffentlichen Verkehrsflächen sind auch andere Werbeanlagen in Verbindung mit baulichen Anlagen, die dem öffentlichen Personennahverkehr dienen, zulässig, soweit diese die Eigenart des Gebietes und das Ortsbild nicht beeinträchtigen.

(5) Die Absätze 1 bis 3 gelten für Warenautomaten entsprechend.

(6) Die Vorschriften dieses Gesetzes sind nicht anzuwenden auf

1. Anschläge und Lichtwerbung an dafür genehmigten Säulen, Tafeln und Flächen;
2. Werbemittel an Zeitungs- und Zeitschriftenverkaufsstellen;
3. Auslagen und Dekorationen in Fenstern und Schaukästen sowie
4. Wahlwerbung für die Dauer eines Wahlkampfs.

ABSCHNITT 2 Allgemeine Anforderungen an die Bauausführung

§ 11 Baustelle

(1) Baustellen sind so einzurichten, dass bauliche Anlagen ordnungsgemäß errichtet, geändert oder beseitigt werden können und Gefahren oder vermeidbare Belästigungen nicht entstehen.

(2) [1]Bei Bauarbeiten, durch die unbeteiligte Personen gefährdet werden können, ist die Gefahrenzone abzugrenzen oder durch Warnzeichen zu kennzeichnen. [2]Soweit erforderlich, sind Baustellen mit einem Bauzaun abzugrenzen, mit Schutzvorrichtungen gegen herabfallende Gegenstände zu versehen und zu beleuchten.

(3) Bei der Ausführung nicht verfahrensfreier Bauvorhaben hat der Bauherr an der Baustelle ein Schild, das die Bezeichnung des Bauvorhabens sowie die Namen und Anschriften des Entwurfsverfassers, des Bauleiters und der Unternehmer für den Rohbau enthalten muss, dauerhaft und von der öffentlichen Verkehrsfläche aus sichtbar anzubringen.

(4) Bäume, Hecken und sonstige Bepflanzungen, die aufgrund anderer Rechtsvorschriften zu erhalten sind, müssen während der Bauausführung geschützt werden.

§ 12 Standsicherheit

(1) [1]Jede bauliche Anlage muss im Ganzen und in ihren einzelnen Teilen für sich allein standsicher sein. [2]Die Standsicherheit anderer baulicher Anlagen und die Tragfähigkeit des Baugrundes der Nachbargrundstücke dürfen nicht gefährdet werden.

(2) Die Verwendung gemeinsamer Bauteile für mehrere bauliche Anlagen ist zulässig, wenn rechtlich gesichert ist, dass die gemeinsamen Bauteile bei der Beseitigung einer der baulichen Anlagen bestehen bleiben können.

§ 13 Schutz gegen schädliche Einflüsse

(1) [1]Bauliche Anlagen müssen so angeordnet, beschaffen und gebrauchstauglich sein, dass durch Wasser, Feuchtigkeit, pflanzliche und tierische Schädlinge sowie andere chemische, physikalische oder biologische Einflüsse Gefahren oder unzumutbare Belästigungen nicht entstehen. [2]Baugrundstücke müssen für bauliche Anlagen geeignet sein.

(2) Werden in Gebäuden Bauteile aus Holz oder anderen organischen Stoffen vom Hausbock oder vom echten Hausschwamm befallen, haben die für den ordnungsgemäßen Zustand des Gebäudes verantwortlichen Personen unverzüglich ein Fachunternehmen mit der Bekämpfung und Schadensbeseitigung auf Grundlage einer Sachverständigeneinschätzung zu beauftragen und der Bauaufsichtsbehörde die Beauftragung sowie den Abschluss der Arbeiten schriftlich anzuzeigen.

§ 14
Brandschutz

Bauliche Anlagen sind so anzuordnen, zu errichten, zu ändern und instand zu halten, dass der Entstehung eines Brandes und der Ausbreitung von Feuer und Rauch vorgebeugt wird und bei einem Brand die Rettung von Menschen und Tieren sowie wirksame Löscharbeiten möglich sind.

§ 15
Wärme-, Schall-, Erschütterungsschutz

(1) Gebäude müssen einen ihrer Nutzung und den klimatischen Verhältnissen entsprechenden Wärmeschutz haben.
(2) [1]Gebäude müssen einen ihrer Nutzung entsprechenden Schallschutz haben. [2]Geräusche, die von ortsfesten Einrichtungen in baulichen Anlagen oder auf Baugrundstücken ausgehen, sind so zu dämmen, dass Gefahren oder unzumutbare Belästigungen nicht entstehen.
(3) Erschütterungen oder Schwingungen, die von ortsfesten Einrichtungen in baulichen Anlagen oder auf Baugrundstücken ausgehen, sind so zu dämmen, dass Gefahren oder unzumutbare Belästigungen nicht entstehen.

§ 16
Verkehrssicherheit

(1) Bauliche Anlagen und die dem Verkehr dienenden nicht überbauten Flächen von bebauten Grundstücken müssen verkehrssicher sein.
(2) Die Sicherheit und Leichtigkeit des öffentlichen Verkehrs darf durch bauliche Anlagen oder deren Nutzung nicht gefährdet werden.

§ 16a
Bauarten

(1) Bauarten dürfen nur angewendet werden, wenn bei ihrer Anwendung die baulichen Anlagen bei ordnungsgemäßer Instandhaltung während einer dem Zweck entsprechenden angemessenen Zeitdauer die Anforderungen dieses Gesetzes oder aufgrund dieses Gesetzes erfüllen und für ihren Anwendungszweck tauglich sind.
(2) [1]Bauarten, die von Technischen Baubestimmungen nach § 88a Absatz 2 Nummer 2 oder Nummer 3 Buchstabe a wesentlich abweichen oder für die es allgemein anerkannte Regeln der Technik nicht gibt, dürfen bei der Errichtung, Änderung und Instandhaltung baulicher Anlagen nur angewendet werden, wenn für sie

1. eine allgemeine Bauartgenehmigung durch das Deutsche Institut für Bautechnik oder
2. eine vorhabenbezogene Bauartgenehmigung durch die oberste Bauaufsichtsbehörde

erteilt worden ist. [2]§ 18 Absatz 2 bis 7 gilt entsprechend.
(3) [1]Anstelle einer allgemeinen Bauartgenehmigung genügt ein allgemeines bauaufsichtliches Prüfzeugnis für Bauarten, wenn die Bauart nach allgemein anerkannten Prüfverfahren beurteilt werden kann. [2]In den Technischen Baubestimmungen nach § 88a werden diese Bauarten mit der Angabe der maßgebenden technischen Regeln bekannt gemacht. [3]§ 19 Absatz 2 gilt entsprechend.
(4) Wenn Gefahren im Sinne des § 3 Satz 1 nicht zu erwarten sind, kann die oberste Bauaufsichtsbehörde im Einzelfall oder für genau begrenzte Fälle allgemein festlegen, dass eine Bauartgenehmigung nicht erforderlich ist.
(5) [1]Bauarten bedürfen einer Bestätigung ihrer Übereinstimmung mit den Technischen Baubestimmungen nach § 88a Absatz 2, den allgemeinen Bauartgenehmigungen, den allgemeinen bauaufsichtlichen Prüfzeugnissen für Bauarten oder den vorhabenbezogenen Bauartgenehmigungen. [2]Als Übereinstimmung gilt auch eine Abweichung, die nicht wesentlich ist. [3]§ 21 Absatz 2 gilt für den Anwender der Bauart entsprechend.
(6) [1]Bei Bauarten, deren Anwendung in außergewöhnlichem Maß von der Sachkunde und Erfahrung der damit betrauten Personen oder von einer Ausstattung mit besonderen Vorrichtungen abhängt, kann in der Bauartgenehmigung oder durch Rechtsverordnung der obersten Bauaufsichtsbehörde vorge-

schrieben werden, dass der Anwender über solche Fachkräfte und Vorrichtungen verfügt und den Nachweis hierüber gegenüber einer Prüfstelle nach § 24 Satz 1 Nummer 6 zu erbringen hat. [2]In der Rechtsverordnung können Mindestanforderungen an die Ausbildung, die durch Prüfung nachzuweisende Befähigung und die Ausbildungsstätten einschließlich der Anerkennungsvoraussetzungen gestellt werden.
(7) Für Bauarten, die einer außergewöhnlichen Sorgfalt bei Ausführung oder Instandhaltung bedürfen, kann in der Bauartgenehmigung oder durch Rechtsverordnung der obersten Bauaufsichtsbehörde die Überwachung dieser Tätigkeiten durch eine Überwachungsstelle nach § 24 Satz 1 Nummer 5 vorgeschrieben werden.

ABSCHNITT 3
Bauprodukte

§ 16b
Allgemeine Anforderungen für die Verwendung von Bauprodukten

(1) Bauprodukte dürfen nur verwendet werden, wenn bei ihrer Verwendung die baulichen Anlagen bei ordnungsgemäßer Instandhaltung während einer dem Zweck entsprechenden angemessenen Zeitdauer die Anforderungen dieses Gesetzes oder aufgrund dieses Gesetzes erfüllen und gebrauchstauglich sind.
(2) Bauprodukte, die in Vorschriften anderer Vertragsstaaten des Abkommens über den Europäischen Wirtschaftsraum genannten technischen Anforderungen entsprechen, dürfen verwendet werden, wenn das geforderte Schutzniveau gemäß § 3 Satz 1 gleichermaßen dauerhaft erreicht wird.

§ 16c
Anforderungen für die Verwendung von CE-gekennzeichneten Bauprodukten

[1]Ein Bauprodukt, das die CE-Kennzeichnung trägt, darf verwendet werden, wenn die erklärten Leistungen den in diesem Gesetz oder aufgrund dieses Gesetzes festgelegten Anforderungen für diese Verwendung entsprechen. [2]Die §§ 17 bis 25 Absatz 1 gelten nicht für Bauprodukte, die die CE-Kennzeichnung aufgrund der Verordnung (EU) Nr. 305/2011 tragen.

§ 17
Verwendbarkeitsnachweise

(1) Ein Verwendbarkeitsnachweis (§§ 18 bis 20) ist für ein Bauprodukt erforderlich, wenn
1. es keine Technische Baubestimmung und keine allgemein anerkannte Regel der Technik gibt,
2. das Bauprodukt von einer Technischen Baubestimmung nach § 88a Absatz 2 Nummer 3 wesentlich abweicht oder
3. eine Verordnung nach § 88 Absatz 4a dies vorsieht.

(2) Ein Verwendbarkeitsnachweis ist nicht erforderlich für ein Bauprodukt,
1. das von einer allgemein anerkannten Regel der Technik abweicht oder
2. das für die Erfüllung der Anforderungen dieses Gesetzes oder aufgrund dieses Gesetzes nur eine untergeordnete Bedeutung hat.

(3) Die Technischen Baubestimmungen nach § 88a enthalten eine nicht abschließende Liste von Bauprodukten, die keines Verwendbarkeitsnachweises nach Absatz 1 bedürfen.

§ 18
Allgemeine bauaufsichtliche Zulassung

(1) Das Deutsche Institut für Bautechnik erteilt unter den Voraussetzungen des § 17 Absatz 1 eine allgemeine bauaufsichtliche Zulassung für Bauprodukte, wenn deren Verwendbarkeit im Sinne des § 16b Absatz 1 nachgewiesen ist.
(2) [1]Die zur Begründung des Antrags erforderlichen Unterlagen sind beizufügen. [2]Soweit erforderlich, sind Probestücke vom Antragsteller zur Verfügung zu stellen oder durch Sachverständige, die das Deutsche Institut für Bautechnik bestimmen kann, zu entnehmen oder Probeausführungen unter Auf-

sicht der Sachverständigen herzustellen. [3]§ 69 Absatz 2 gilt entsprechend.
(3) Das Deutsche Institut für Bautechnik kann für die Durchführung der Prüfung die sachverständige Stelle und für Probeausführungen die Ausführungsstelle und Ausführungszeit vorschreiben.
(4) [1]Die allgemeine bauaufsichtliche Zulassung wird widerruflich und für eine bestimmte Frist erteilt, die in der Regel fünf Jahre beträgt. [2]Die Zulassung kann mit Nebenbestimmungen erteilt werden. [3]Sie kann auf schriftlichen Antrag in der Regel um fünf Jahre verlängert werden. [4]§ 73 Absatz 2 Satz 2 gilt entsprechend.
(5) Die Zulassung wird unbeschadet der privaten Rechte Dritter erteilt.
(6) Das Deutsche Institut für Bautechnik macht die von ihm erteilten allgemeinen bauaufsichtlichen Zulassungen nach Gegenstand und wesentlichem Inhalt öffentlich bekannt.
(7) Allgemeine bauaufsichtliche Zulassungen nach dem Recht anderer Länder gelten auch im Freistaat Sachsen.

§ 19
Allgemeines bauaufsichtliches Prüfzeugnis

(1) [1]Bauprodukte, die nach allgemein anerkannten Prüfverfahren beurteilt werden, bedürfen anstelle einer allgemeinen bauaufsichtlichen Zulassung nur eines allgemeinen bauaufsichtlichen Prüfzeugnisses. [2]Dies wird mit der Angabe der maßgebenden technischen Regeln in den Technischen Baubestimmungen nach § 88a bekannt gemacht.
(2) [1]Ein allgemeines bauaufsichtliches Prüfzeugnis wird von einer Prüfstelle nach § 24 Satz 1 Nummer 1 für Bauprodukte nach Absatz 1 erteilt, wenn deren Verwendbarkeit im Sinne des § 16b Absatz 1 nachgewiesen ist. [2]§ 18 Absatz 2, 4 bis 7 gilt entsprechend. [3]Die für die Anerkennung der Prüfstellen zuständige Behörde kann an Stelle der jeweiligen Prüfstelle allgemeine bauaufsichtliche Prüfzeugnisse zurücknehmen oder widerrufen; die §§ 48 und 49 des Verwaltungsverfahrensgesetzes in der Fassung der Bekanntmachung vom 23. Januar 2003 (BGBl. I S. 102), das zuletzt durch Artikel 24 Absatz 3 des Gesetzes vom 25. Juni 2021 (BGBl. I S. 2154) geändert worden ist, in der jeweils geltenden Fassung, finden entsprechende Anwendung.

§ 20
Nachweis der Verwendbarkeit von Bauprodukten im Einzelfall

[1]Mit Zustimmung der obersten Bauaufsichtsbehörde dürfen unter den Voraussetzungen des § 17 Absatz 1 im Einzelfall Bauprodukte verwendet werden, wenn ihre Verwendbarkeit im Sinne des § 16b Absatz 1 nachgewiesen ist. [2]Wenn Gefahren im Sinne des § 3 Satz 1 nicht zu erwarten sind, kann die oberste Bauaufsichtsbehörde im Einzelfall erklären, dass ihre Zustimmung nicht erforderlich ist.

§ 21
Übereinstimmungsbestätigung

(1) [1]Bauprodukte bedürfen einer Bestätigung ihrer Übereinstimmung mit den Technischen Baubestimmungen nach § 88a Absatz 2, den allgemeinen bauaufsichtlichen Zulassungen, den allgemeinen bauaufsichtlichen Prüfzeugnissen oder den Zustimmungen im Einzelfall. [2]Als Übereinstimmung gilt auch eine Abweichung, die nicht wesentlich ist.
(2) Die Bestätigung der Übereinstimmung erfolgt durch Übereinstimmungserklärung des Herstellers (§ 22).
(3) Die Übereinstimmungserklärung hat der Hersteller durch Kennzeichnung der Bauprodukte mit dem Übereinstimmungszeichen (Ü-Zeichen) unter Hinweis auf den Verwendungszweck abzugeben.
(4) Das Ü-Zeichen ist auf dem Bauprodukt, auf einem Beipackzettel oder auf seiner Verpackung oder, wenn dies Schwierigkeiten bereitet, auf dem Lieferschein oder auf einer Anlage zum Lieferschein anzubringen.
(5) Ü-Zeichen aus anderen Ländern und aus anderen Staaten gelten auch im Freistaat Sachsen.

§ 22
Übereinstimmungserklärung des Herstellers

(1) Der Hersteller darf eine Übereinstimmungserklärung nur abgeben, wenn er durch werkseigene Produktionskontrolle sichergestellt hat, dass das von ihm hergestellte Bauprodukt den maßgebenden technischen Regeln, der allgemeinen bauaufsichtlichen Zulassung, dem allgemeinen bauaufsichtlichen Prüfzeugnis oder der Zustimmung im Einzelfall entspricht.

(2) [1]In den Technischen Baubestimmungen nach § 88a Absatz 2, in den allgemeinen bauaufsichtlichen Zulassungen, in den allgemeinen bauaufsichtlichen Prüfzeugnissen oder in den Zustimmungen im Einzelfall kann eine Prüfung der Bauprodukte durch eine Prüfstelle vor Abgabe der Übereinstimmungserklärung vorgeschrieben werden, wenn dies zur Sicherung einer ordnungsgemäßen Herstellung erforderlich ist. [2]In diesen Fällen hat die Prüfstelle das Bauprodukt daraufhin zu überprüfen, ob es den maßgebenden technischen Regeln, der allgemeinen bauaufsichtlichen Zulassung, dem allgemeinen bauaufsichtlichen Prüfzeugnis oder der Zustimmung im Einzelfall entspricht.

(3) [1]In den Technischen Baubestimmungen nach § 88a, in den allgemeinen bauaufsichtlichen Zulassungen oder in den Zustimmungen im Einzelfall kann eine Zertifizierung vor Abgabe der Übereinstimmungserklärung vorgeschrieben werden, wenn dies zum Nachweis einer ordnungsgemäßen Herstellung eines Bauproduktes erforderlich ist. [2]Die oberste Bauaufsichtsbehörde kann im Einzelfall die Verwendung von Bauprodukten ohne Zertifizierung gestatten, wenn nachgewiesen ist, dass diese Bauprodukte den technischen Regeln, Zulassungen, Prüfzeugnissen oder Zustimmungen nach Absatz 1 entsprechen.

(4) Bauprodukte, die nicht in Serie hergestellt werden, bedürfen nur einer Übereinstimmungserklärung nach Absatz 1, sofern nichts anderes bestimmt ist.

§ 23
Zertifizierung

(1) Dem Hersteller ist ein Übereinstimmungszertifikat von einer Zertifizierungsstelle nach § 24 zu erteilen, wenn das Bauprodukt

1. den Technischen Baubestimmungen nach § 88a Absatz 2, der allgemeinen bauaufsichtlichen Zulassung, dem allgemeinen bauaufsichtlichen Prüfzeugnis oder der Zustimmung im Einzelfall entspricht und
2. einer werkseigenen Produktionskontrolle sowie einer Fremdüberwachung nach Maßgabe des Absatzes 2 unterliegt.

(2) [1]Die Fremdüberwachung ist von Überwachungsstellen nach § 24 durchzuführen. [2]Die Fremdüberwachung hat regelmäßig zu überprüfen, ob das Bauprodukt den Technischen Baubestimmungen nach § 88a Absatz 2, der allgemeinen bauaufsichtlichen Zulassung, dem allgemeinen bauaufsichtlichen Prüfzeugnis oder der Zustimmung im Einzelfall entspricht.

§ 24
Prüf-, Zertifizierungs-, Überwachungsstellen

[1]Die oberste Bauaufsichtsbehörde kann eine natürliche oder juristische Person als

1. Prüfstelle für die Erteilung allgemeiner bauaufsichtlicher Prüfzeugnisse (§ 19 Absatz 2),
2. Prüfstelle für die Überprüfung von Bauprodukten vor Bestätigung der Übereinstimmung (§ 22 Absatz 2),
3. Zertifizierungsstelle (§ 23 Absatz 1),
4. Überwachungsstelle für die Fremdüberwachung (§ 23 Absatz 2),
5. Überwachungsstelle für die Überwachung nach § 16a Absatz 7 und § 25 Absatz 2 oder
6. Prüfstelle für die Überprüfung nach § 16a Absatz 6 und § 25 Absatz 1

anerkennen, wenn sie oder die bei ihr Beschäftigten nach ihrer Ausbildung, Fachkenntnis, persönlichen Zuverlässigkeit, ihrer Unparteilichkeit und ihren Leistungen die Gewähr dafür bieten, dass diese Aufgaben den öffentlich-rechtlichen Vorschriften entsprechend wahrgenommen werden, und wenn sie über die erforderlichen Vorrichtungen verfügen. [2]Satz 1 ist entsprechend auf Behörden anzuwenden, wenn sie ausreichend mit geeigneten Fachkräften besetzt und mit den erforderlichen Vorrichtungen ausgestattet sind. [3]Die Anerkennung von Prüf-, Zertifizierungs- und Überwachungsstellen anderer Länder gilt auch im Freistaat Sachsen.

§ 25
Besondere Sachkunde- und Sorgfaltsanforderungen

(1) [1]Bei Bauprodukten, deren Herstellung in außergewöhnlichem Maß von der Sachkunde und Erfahrung der damit betrauten Personen oder von einer Ausstattung mit besonderen Vorrichtungen abhängt, kann in der allgemeinen bauaufsichtlichen Zulassung, in der Zustimmung im Einzelfall oder durch Rechtsverordnung der obersten Bauaufsichtsbehörde vorgeschrieben werden, dass der Hersteller über solche Fachkräfte und Vorrichtungen verfügt und den Nachweis hierüber gegenüber einer Prüfstelle nach § 24 Satz 1 Nummer 6 zu erbringen hat. [2]In der Rechtsverordnung können Mindestanforderungen an die Ausbildung, die durch Prüfung nachzuweisende Befähigung und die Ausbildungsstätten einschließlich der Anerkennungsvoraussetzungen gestellt werden.
(2) Für Bauprodukte, die wegen ihrer besonderen Eigenschaften oder ihres besonderen Verwendungszwecks einer außergewöhnlichen Sorgfalt bei Einbau, Transport, Instandhaltung oder Reinigung bedürfen, kann in der allgemeinen bauaufsichtlichen Zulassung, in der Zustimmung im Einzelfall oder durch Rechtsverordnung der obersten Bauaufsichtsbehörde die Überwachung dieser Tätigkeiten durch eine Überwachungsstelle nach § 24 Satz 1 Nummer 5 vorgeschrieben werden, soweit diese Tätigkeiten nicht bereits durch die Verordnung (EU) Nr. 305/2011 erfasst sind.

ABSCHNITT 4
Brandverhalten von Baustoffen und Bauteilen; Wände, Decken, Dächer

§ 26
Allgemeine Anforderungen an das Brandverhalten von Baustoffen und Bauteilen

(1) [1]Baustoffe werden nach den Anforderungen an ihr Brandverhalten unterschieden in
1. nichtbrennbare,
2. schwerentflammbare und
3. normalentflammbare.

[2]Baustoffe, die nicht mindestens normalentflammbar sind (leichtentflammbare Baustoffe), dürfen nicht verwendet werden. [3]Dies gilt nicht, wenn sie in Verbindung mit anderen Baustoffen nicht leichtentflammbar sind.
(2) [1]Bauteile werden nach den Anforderungen an ihre Feuerwiderstandsfähigkeit unterschieden in
1. feuerbeständige,
2. hochfeuerhemmende und
3. feuerhemmende.

[2]Die Feuerwiderstandsfähigkeit bezieht sich bei tragenden und aussteifenden Bauteilen auf deren Standsicherheit im Brandfall und bei raumabschließenden Bauteilen auf deren Widerstand gegen die Brandausbreitung. [3]Bauteile werden zusätzlich nach dem Brandverhalten ihrer Baustoffe unterschieden in
1. Bauteile aus nichtbrennbaren Baustoffen;
2. Bauteile, deren tragende und aussteifende Teile aus nichtbrennbaren Baustoffen bestehen und die bei raumabschließenden Bauteilen zusätzlich eine in Bauteilebene durchgehende Schicht aus nichtbrennbaren Baustoffen haben;
3. Bauteile, deren tragende und aussteifende Teile aus brennbaren Baustoffen bestehen und die allseitig eine brandschutztechnisch wirksame Bekleidung aus nichtbrennbaren Baustoffen (Brandschutzbekleidung) und Dämmstoffe aus nichtbrennbaren Baustoffen haben, sowie
4. Bauteile aus brennbaren Baustoffen.

[4]Soweit in diesem Gesetz oder in Vorschriften aufgrund dieses Gesetzes nichts anderes bestimmt ist, müssen

1. Bauteile, die feuerbeständig sein müssen, mindestens den Anforderungen des Satzes 3 Nummer 2 und
2. Bauteile, die hochfeuerhemmend sein müssen, mindestens den Anforderungen des Satzes 3 Nummer 3

entsprechen.

(3) Abweichend von Absatz 2 Satz 4 sind tragende und aussteifende sowie raumabschließende Bauteile, die hochfeuerhemmend oder feuerbeständig sein müssen, aus brennbaren Baustoffen zulässig, wenn die hinsichtlich der Standsicherheit und des Raumabschlusses geforderte Feuerwiderstandsfähigkeit nachgewiesen und die Bauteile sowie ihre Anschlüsse ausreichend lange widerstandsfähig gegen die Brandausbreitung sind.

§ 27
Tragende Wände, Stützen

(1) [1]Tragende und aussteifende Wände und Stützen müssen im Brandfall ausreichend lang standsicher sein. [2]Sie müssen

1. in Gebäuden der Gebäudeklasse 5 feuerbeständig,
2. in Gebäuden der Gebäudeklasse 4 hochfeuerhemmend und
3. in Gebäuden der Gebäudeklassen 2 und 3 feuerhemmend

sein. [3]Satz 2 gilt

1. für Geschosse im Dachraum nur, wenn darüber noch Aufenthaltsräume möglich sind; § 29 Absatz 4 bleibt unberührt;
2. nicht für Balkone, ausgenommen offene Gänge, die als notwendige Flure dienen.

(2) Im Kellergeschoss müssen tragende und aussteifende Wände und Stützen

1. in Gebäuden der Gebäudeklassen 3 bis 5 feuerbeständig und
2. in Gebäuden der Gebäudeklassen 1 und 2 feuerhemmend

sein.

§ 28
Außenwände

(1) Außenwände und Außenwandteile wie Brüstungen und Schürzen sind so auszubilden, dass eine Brandausbreitung auf und in diesen Bauteilen ausreichend lang begrenzt ist.

(2) [1]Nichttragende Außenwände und nichttragende Teile tragender Außenwände müssen aus nichtbrennbaren Baustoffen bestehen. [2]Sie sind aus brennbaren Baustoffen zulässig, wenn sie als raumabschließende Bauteile feuerhemmend sind. [3]Satz 1 gilt nicht für

1. Türen und Fenster,
2. Fugendichtungen und
3. brennbare Dämmstoffe in nichtbrennbaren geschlossenen Profilen der Außenwandkonstruktion.

(3) [1]Oberflächen von Außenwänden sowie Außenwandbekleidungen müssen einschließlich der Dämmstoffe und Unterkonstruktionen schwerentflammbar sein. [2]Unterkonstruktionen aus normalentflammbaren Baustoffen sind zulässig, wenn die Anforderungen nach Absatz 1 erfüllt sind. [3]Balkonbekleidungen, die über die erforderliche Umwehrungshöhe hinaus hochgeführt werden, und mehr als zwei Geschosse überbrückende Solaranlagen an Außenwänden müssen schwerentflammbar sein. [4]Baustoffe, die schwerentflammbar sein müssen, dürfen in Bauteilen nach den Sätzen 1 und 3 nicht brennend abfallen oder abtropfen. [5]In offenen Durchfahrten und Durchgängen, durch die der einzige Rettungsweg zur öffentlichen Verkehrsfläche führt oder die Zugänglichkeit für die Feuerwehr gewährleistet wird, sind an Stützen, Wänden und Decken nur nichtbrennbare Dämmschichten zulässig.

(4) Bei Außenwandkonstruktionen mit geschossübergreifenden Hohl- oder Lufträumen wie Doppelfassaden und hinterlüfteten Außenwandbekleidungen sind gegen die Brandausbreitung besondere Vorkehrungen zu treffen.

(5) Die Absätze 2 und 3 gelten nicht für Gebäude der Gebäudeklassen 1 bis 3, Absatz 4 gilt nicht für Gebäude der Gebäudeklassen 1 und 2.

(6) [1]Abweichend von Absatz 3 sind hinterlüftete Außenwandbekleidungen mit Ausnahme der Dämmstoffe aus normalentflammbaren Baustoffen zulässig, wenn sie den Technischen Baubestimmungen nach § 88a entsprechen. [2]§ 67 bleibt unberührt.

§ 29
Trennwände

(1) Trennwände nach Absatz 2 müssen als raumabschließende Bauteile von Räumen oder Nutzungseinheiten innerhalb von Geschossen ausreichend lang widerstandsfähig gegen die Brandausbreitung sein.
(2) Trennwände sind erforderlich
1. zwischen Nutzungseinheiten sowie zwischen Nutzungseinheiten und anders genutzten Räumen, ausgenommen notwendigen Fluren;
2. zum Abschluss von Räumen mit Explosions- oder erhöhter Brandgefahr und
3. zwischen Aufenthaltsräumen und anders genutzten Räumen im Kellergeschoss.

(3) [1]Trennwände nach Absatz 2 Nummer 1 und 3 müssen die Feuerwiderstandsfähigkeit der tragenden und aussteifenden Bauteile des Geschosses haben, jedoch mindestens feuerhemmend sein. [2]Trennwände nach Absatz 2 Nummer 2 müssen feuerbeständig sein.
(4) [1]Die Trennwände nach Absatz 2 sind bis zur Rohdecke, im Dachraum bis unter die Dachhaut zu führen. [2]Werden in Dachräumen Trennwände nur bis zur Rohdecke geführt, ist diese Decke als raumabschließendes Bauteil einschließlich der sie tragenden und aussteifenden Bauteile feuerhemmend herzustellen.
(5) [1]Öffnungen in Trennwänden nach Absatz 2 sind nur zulässig, wenn sie auf die für die Nutzung erforderliche Zahl und Größe beschränkt sind. [2]Sie müssen feuerhemmende, dicht- und selbstschließende Abschlüsse haben.
(6) Die Absätze 1 bis 5 gelten nicht für Wohngebäude der Gebäudeklassen 1 und 2.

§ 30
Brandwände

(1) Brandwände müssen als raumabschließende Bauteile zum Abschluss von Gebäuden (Gebäudeabschlusswand) oder zur Unterteilung von Gebäuden in Brandabschnitte (innere Brandwand) ausreichend lang die Brandausbreitung auf andere Gebäude oder Brandabschnitte verhindern.
(2) Brandwände sind erforderlich
1. als Gebäudeabschlusswand, ausgenommen von Gebäuden ohne Aufenthaltsräume und ohne Feuerstätten mit nicht mehr als 50 m³ Brutto-Rauminhalt, wenn diese Abschlusswände an oder mit einem Abstand von weniger als 2,50 m gegenüber der Grundstücksgrenze errichtet werden, es sei denn, dass ein Abstand von mindestens 5 m zu bestehenden oder nach den baurechtlichen Vorschriften zulässigen künftigen Gebäuden gesichert ist;
2. als innere Brandwand zur Unterteilung ausgedehnter Gebäude in Abständen von nicht mehr als 40 m;
3. als innere Brandwand zur Unterteilung landwirtschaftlich genutzter Gebäude in Brandabschnitte von nicht mehr als 10 000 m³ Brutto-Rauminhalt und
4. als Gebäudeabschlusswand zwischen Wohngebäuden und angebauten landwirtschaftlich genutzten Gebäuden sowie als innere Brandwand zwischen dem Wohnteil und dem landwirtschaftlich genutzten Teil eines Gebäudes.

(3) [1]Brandwände müssen auch unter zusätzlicher mechanischer Beanspruchung feuerbeständig sein und aus nichtbrennbaren Baustoffen bestehen. [2]Anstelle von Brandwänden sind in den Fällen des Absatzes 2 Nummer 1 bis 3 zulässig
1. für Gebäude der Gebäudeklasse 4 Wände, die auch unter zusätzlicher mechanischer Beanspruchung hochfeuerhemmend sind;
2. für Gebäude der Gebäudeklassen 1 bis 3 hochfeuerhemmende Wände und
3. für Gebäude der Gebäudeklassen 1 bis 3 Gebäudeabschlusswände, die jeweils von innen nach außen die Feuerwiderstands-

fähigkeit der tragenden und aussteifenden Teile des Gebäudes, mindestens jedoch feuerhemmende Bauteile, und von außen nach innen die Feuerwiderstandsfähigkeit feuerbeständiger Bauteile haben.
[3]In den Fällen des Absatzes 2 Nummer 4 sind anstelle von Brandwänden feuerbeständige Wände zulässig, wenn der Brutto-Rauminhalt des landwirtschaftlich genutzten Gebäudes oder Gebäudeteils nicht größer als 2 000 m³ ist.

(4) [1]Brandwände müssen bis zur Bedachung durchgehen und in allen Geschossen übereinander angeordnet sein. [2]Abweichend davon dürfen anstelle innerer Brandwände Wände geschossweise versetzt angeordnet werden, wenn

1. die Wände im Übrigen Absatz 3 Satz 1 entsprechen;
2. die Decken, soweit sie in Verbindung mit diesen Wänden stehen, feuerbeständig sind, aus nichtbrennbaren Baustoffen bestehen und keine Öffnungen haben;
3. die Bauteile, die diese Wände und Decken unterstützen, feuerbeständig sind und aus nichtbrennbaren Baustoffen bestehen;
4. die Außenwände in der Breite des Versatzes in dem Geschoss oberhalb oder unterhalb des Versatzes feuerbeständig sind und
5. Öffnungen in den Außenwänden im Bereich des Versatzes so angeordnet oder andere Vorkehrungen so getroffen sind, dass eine Brandausbreitung in andere Brandabschnitte nicht zu befürchten ist.

(5) [1]Brandwände sind 0,30 m über die Bedachung zu führen oder in Höhe der Dachhaut mit einer beiderseits 0,50 m auskragenden feuerbeständigen Platte aus nichtbrennbaren Baustoffen abzuschließen. [2]Darüber dürfen brennbare Teile des Daches nicht hinweggeführt werden. [3]Bei Gebäuden der Gebäudeklassen 1 bis 3 sind Brandwände mindestens bis unter die Dachhaut zu führen. [4]Verbleibende Hohlräume sind vollständig mit nichtbrennbaren Baustoffen auszufüllen.

(6) [1]Müssen Gebäude oder Gebäudeteile, die über Eck zusammenstoßen, durch eine Brandwand getrennt werden, muss der Abstand dieser Wand von der inneren Ecke mindestens 5 m betragen. [2]Das gilt nicht, wenn der Winkel der inneren Ecke mehr als 120 Grad beträgt oder mindestens eine Außenwand auf 5 m Länge als öffnungslose feuerbeständige Wand aus nichtbrennbaren Baustoffen, bei Gebäuden der Gebäudeklassen 1 bis 4 als öffnungslose hochfeuerhemmende Wand, ausgebildet ist.

(7) [1]Bauteile mit brennbaren Baustoffen dürfen über Brandwände nicht hinweggeführt werden. [2]Bei Außenwandkonstruktionen, die eine seitliche Brandausbreitung begünstigen können, wie hinterlüftete Außenwandbekleidungen oder Doppelfassaden, sind gegen die Brandausbreitung im Bereich der Brandwände besondere Vorkehrungen zu treffen. [3]Außenwandbekleidungen von Brandwänden müssen einschließlich der Dämmstoffe und Unterkonstruktionen aus nichtbrennbaren Baustoffen bestehen. [4]Bauteile dürfen in Brandwände nur soweit eingreifen, dass deren Feuerwiderstandsfähigkeit nicht beeinträchtigt wird; für Leitungen, Leitungsschlitze und Schornsteine gilt dies entsprechend.

(8) [1]Öffnungen in Brandwänden sind unzulässig. [2]Sie sind in inneren Brandwänden nur zulässig, wenn sie auf die für die Nutzung erforderliche Zahl und Größe beschränkt sind. [3]Die Öffnungen müssen feuerbeständige, dicht- und selbstschließende Abschlüsse haben.

(9) In inneren Brandwänden sind feuerbeständige Verglasungen nur zulässig, wenn sie auf die für die Nutzung erforderliche Zahl und Größe beschränkt sind.

(10) Absatz 2 Nummer 1 gilt nicht für seitliche Wände von Vorbauten im Sinne des § 6 Absatz 6, wenn sie von dem Nachbargebäude oder der Nachbargrenze einen Abstand einhalten, der ihrer eigenen Ausladung entspricht, mindestens jedoch 1 m beträgt.

(11) Die Absätze 4 bis 10 gelten entsprechend auch für Wände, die nach Absatz 3 Satz 2 und 3 anstelle von Brandwänden zulässig sind.

§ 31
Decken

(1) [1]Decken müssen als tragende und raumabschließende Bauteile zwischen Geschossen im Brandfall ausreichend lang standsicher und widerstandsfähig gegen die Brandausbreitung sein. [2]Sie müssen

1. in Gebäuden der Gebäudeklasse 5 feuerbeständig,
2. in Gebäuden der Gebäudeklasse 4 hochfeuerhemmend und
3. in Gebäuden der Gebäudeklassen 2 und 3 feuerhemmend

sein. [3]Satz 2 gilt

1. für Geschosse im Dachraum nur, wenn darüber Aufenthaltsräume möglich sind; § 29 Absatz 4 bleibt unberührt,
2. nicht für Balkone, ausgenommen offene Gänge, die als notwendige Flure dienen.

(2) [1]Im Kellergeschoss müssen Decken

1. in Gebäuden der Gebäudeklassen 3 bis 5 feuerbeständig und
2. in Gebäuden der Gebäudeklassen 1 und 2 feuerhemmend

sein. [2]Decken müssen feuerbeständig sein

1. unter und über Räumen mit Explosions- oder erhöhter Brandgefahr, ausgenommen in Wohngebäuden der Gebäudeklassen 1 und 2, und
2. zwischen dem landwirtschaftlich genutzten Teil und dem Wohnteil eines Gebäudes.

(3) Der Anschluss der Decken an die Außenwand ist so herzustellen, dass er den Anforderungen aus Absatz 1 Satz 1 genügt.

(4) Öffnungen in Decken, für die eine Feuerwiderstandsfähigkeit vorgeschrieben ist, sind nur zulässig

1. in Gebäuden der Gebäudeklassen 1 und 2,
2. innerhalb derselben Nutzungseinheit mit nicht mehr als insgesamt 400 m² in nicht mehr als zwei Geschossen und
3. im Übrigen, wenn sie auf die für die Nutzung erforderliche Zahl und Größe beschränkt sind und Abschlüsse mit der Feuerwiderstandsfähigkeit der Decke haben.

§ 32
Dächer

(1) Bedachungen müssen gegen eine Brandbeanspruchung von außen durch Flugfeuer und strahlende Wärme ausreichend lang widerstandsfähig sein (harte Bedachung).

(2) [1]Bedachungen, die die Anforderungen nach Absatz 1 nicht erfüllen, sind zulässig bei Gebäuden der Gebäudeklassen 1 bis 3, wenn die Gebäude

1. einen Abstand von der Grundstücksgrenze von mindestens 12 m,
2. von Gebäuden auf demselben Grundstück mit harter Bedachung einen Abstand von mindestens 15 m,
3. von Gebäuden auf demselben Grundstück mit Bedachungen, die die Anforderungen nach Absatz 1 nicht erfüllen, einen Abstand von mindestens 24 m,
4. von Gebäuden auf demselben Grundstück ohne Aufenthaltsräume und ohne Feuerstätten mit nicht mehr als 50 m³ Brutto-Rauminhalt einen Abstand von mindestens 5 m

einhalten. [2]Soweit Gebäude nach Satz 1 Abstand halten müssen, genügt bei Wohngebäuden der Gebäudeklassen 1 und 2 in den Fällen

1. der Nummer 1 ein Abstand von mindestens 6 m,
2. der Nummer 2 ein Abstand von mindestens 9 m,
3. der Nummer 3 ein Abstand von mindestens 12 m.

(3) Die Absätze 1 und 2 gelten nicht für

1. Gebäude ohne Aufenthaltsräume und ohne Feuerstätten mit nicht mehr als 50 m³ Brutto-Rauminhalt,
2. lichtdurchlässige Bedachungen aus nichtbrennbaren Baustoffen; brennbare Fugendichtungen und brennbare Dämmstoffe in nichtbrennbaren Profilen sind zulässig,
3. Dachflächenfenster, Oberlichte und Lichtkuppeln von Wohngebäuden,
4. Eingangsüberdachungen und Vordächer aus nichtbrennbaren Baustoffen und
5. Eingangsüberdachungen aus brennbaren Baustoffen, wenn die Eingänge nur zu Wohnungen führen.

(4) Abweichend von den Absätzen 1 und 2 sind
1. lichtdurchlässige Teilflächen aus brennbaren Baustoffen in Bedachungen nach Absatz 1 und
2. begrünte Bedachungen

zulässig, wenn eine Brandentstehung bei einer Brandbeanspruchung von außen durch Flugfeuer und strahlende Wärme nicht zu befürchten ist oder Vorkehrungen hiergegen getroffen werden.

(5) [1]Dachüberstände, Dachgesimse und Dachaufbauten, lichtdurchlässige Bedachungen, Dachflächenfenster, Lichtkuppeln, Oberlichte und Solaranlagen sind so anzuordnen und herzustellen, dass Feuer nicht auf andere Gebäudeteile und Nachbargrundstücke übertragen werden kann. [2]Von Brandwänden und von Wänden, die anstelle von Brandwänden zulässig sind, müssen
1. mindestens 1,25 m entfernt sein
   a) Dachflächenfenster, Oberlichte, Lichtkuppeln und Öffnungen in der Bedachung, wenn diese Wände nicht mindestens 0,30 m über die Bedachung geführt sind, und
   b) Photovoltaikanlagen, Dachgauben und ähnliche Dachaufbauten aus brennbaren Baustoffen, wenn sie nicht durch diese Wände gegen Brandübertragung geschützt sind, und
2. mindestens 0,30 m entfernt sein
   a) dachparallel installierte Photovoltaikanlagen, deren Außenseiten und Unterkonstruktion aus nichtbrennbaren Baustoffen bestehen, und
   b) dachparallel installierte Solarthermieanlagen.

(6) [1]Dächer von traufseitig aneinander gebauten Gebäuden müssen als raumabschließende Bauteile für eine Brandbeanspruchung von innen nach außen einschließlich der sie tragenden und aussteifenden Bauteile feuerhemmend sein. [2]Öffnungen in diesen Dachflächen müssen waagerecht gemessen mindestens 2 m von der Brandwand oder der Wand, die anstelle der Brandwand zulässig ist, entfernt sein.

(7) [1]Dächer von Anbauten, die an Außenwände mit Öffnungen oder ohne Feuerwiderstandsfähigkeit anschließen, müssen innerhalb eines Abstands von 5 m von diesen Wänden als raumabschließende Bauteile für eine Brandbeanspruchung von innen nach außen einschließlich der sie tragenden und aussteifenden Bauteile die Feuerwiderstandsfähigkeit der Decken des Gebäudeteils haben, an den sie angebaut werden. [2]Dies gilt nicht für Anbauten an Wohngebäude der Gebäudeklassen 1 bis 3.

(8) Dächer an Verkehrsflächen und über Eingängen müssen Vorrichtungen zum Schutz gegen das Herabfallen von Schnee und Eis haben, wenn dies die Verkehrssicherheit erfordert.

(9) Für vom Dach aus vorzunehmende Arbeiten sind sicher benutzbare Vorrichtungen anzubringen.

ABSCHNITT 5
Rettungswege, Öffnungen, Umwehrungen

§ 33
Erster und zweiter Rettungsweg

(1) [1]Für Nutzungseinheiten mit mindestens einem Aufenthaltsraum wie Wohnungen, Praxen, selbstständige Betriebsstätten müssen in jedem Geschoss mindestens zwei voneinander unabhängige Rettungswege ins Freie vorhanden sein. [2]Beide Rettungswege dürfen jedoch innerhalb des Geschosses über denselben notwendigen Flur führen.

(2) [1]Für Nutzungseinheiten nach Absatz 1, die nicht zu ebener Erde liegen, muss der erste Rettungsweg über eine notwendige Treppe führen. [2]Der zweite Rettungsweg kann eine weitere notwendige Treppe oder eine mit Rettungsgeräten der Feuerwehr erreichbare Stelle der Nutzungseinheit sein. [3]Ein zweiter Rettungsweg ist nicht erforderlich, wenn die Rettung über einen sicher erreichbaren Treppenraum möglich ist, in den Feuer und Rauch nicht eindringen können (Sicherheitstreppenraum).

(3) [1]Gebäude, deren zweiter Rettungsweg über Rettungsgeräte der Feuerwehr führt und bei denen die Oberkante der Brüstung

von zum Anleitern bestimmten Fenstern oder Stellen mehr als 8 m über der Geländeoberfläche liegt, dürfen nur errichtet werden, wenn die Feuerwehr über die erforderlichen Rettungsgeräte wie Hubrettungsfahrzeuge verfügt. [2]Der zweite Rettungsweg über Rettungsgeräte der Feuerwehr ist nur zulässig, wenn keine Bedenken wegen der Personenrettung bestehen.

§ 34
Treppen

(1) [1]Jedes nicht zu ebener Erde liegende Geschoss und der benutzbare Dachraum eines Gebäudes müssen über mindestens eine Treppe zugänglich sein (notwendige Treppe). [2]Statt notwendiger Treppen sind Rampen mit flacher Neigung zulässig.

(2) [1]Einschiebbare Treppen und Rolltreppen sind als notwendige Treppen unzulässig. [2]In Gebäuden der Gebäudeklassen 1 und 2 sind einschiebbare Treppen und Leitern als Zugang zu einem Dachraum ohne Aufenthaltsraum zulässig.

(3) [1]Notwendige Treppen sind in einem Zuge zu allen angeschlossenen Geschossen zu führen. [2]Sie müssen mit den Treppen zum Dachraum unmittelbar verbunden sein. [3]Dies gilt nicht für Treppen

1. in Gebäuden der Gebäudeklassen 1 bis 3,
2. nach § 35 Absatz 1 Satz 3 Nummer 2.

(4) [1]Die tragenden Teile notwendiger Treppen müssen

1. in Gebäuden der Gebäudeklasse 5 feuerhemmend und aus nichtbrennbaren Baustoffen,
2. in Gebäuden der Gebäudeklasse 4 aus nichtbrennbaren Baustoffen und
3. in Gebäuden der Gebäudeklasse 3 aus nichtbrennbaren Baustoffen oder feuerhemmend

sein. [2]Tragende Teile von Außentreppen nach § 35 Absatz 1 Satz 3 Nummer 3 für Gebäude der Gebäudeklassen 3 bis 5 müssen aus nichtbrennbaren Baustoffen bestehen.

(5) Die nutzbare Breite der Treppenläufe und Treppenabsätze notwendiger Treppen muss für den größten zu erwartenden Verkehr ausreichen.

(6) [1]Treppen müssen einen festen und griffsicheren Handlauf haben. [2]Für Treppen sind Handläufe auf beiden Seiten und Zwischenhandläufe vorzusehen, soweit die Verkehrssicherheit dies erfordert.

(7) [1]Eine Treppe darf nicht unmittelbar hinter einer Tür beginnen, die in Richtung der Treppe aufschlägt. [2]Zwischen Treppe und Tür ist ein ausreichender Treppenabsatz anzuordnen.

§ 35
Notwendige Treppenräume, Ausgänge

(1) [1]Jede notwendige Treppe muss zur Sicherstellung der Rettungswege aus den Geschossen ins Freie in einem eigenen, durchgehenden Treppenraum liegen (notwendiger Treppenraum). [2]Notwendige Treppenräume müssen so angeordnet und ausgebildet sein, dass die Nutzung der notwendigen Treppen im Brandfall ausreichend lang möglich ist. [3]Notwendige Treppen sind ohne eigenen Treppenraum zulässig

1. in Gebäuden der Gebäudeklassen 1 und 2,
2. für die Verbindung von höchstens zwei Geschossen innerhalb derselben Nutzungseinheit von insgesamt nicht mehr als 200 m², wenn in jedem Geschoss ein anderer Rettungsweg erreicht werden kann und
3. als Außentreppe, wenn ihre Nutzung ausreichend sicher ist und im Brandfall nicht gefährdet werden kann.

(2) [1]Von jeder Stelle eines Aufenthaltsraumes sowie eines Kellergeschosses muss mindestens ein Ausgang in einen notwendigen Treppenraum oder ins Freie in höchstens 35 m Entfernung erreichbar sein. [2]Übereinander liegende Kellergeschosse müssen jeweils mindestens zwei Ausgänge in notwendige Treppenräume oder ins Freie haben. [3]Sind mehrere notwendige Treppenräume erforderlich, müssen sie so verteilt sein, dass sie möglichst entgegengesetzt liegen und dass die Rettungswege möglichst kurz sind.

(3) [1]Grundsätzlich muss jeder notwendige Treppenraum einen unmittelbaren Ausgang ins Freie haben. [2]Hat ein notwendiger Trep-

penraum keinen unmittelbaren Ausgang ins Freie, muss der Raum zwischen dem notwendigen Treppenraum und dem Ausgang ins Freie
1. mindestens so breit sein wie die dazugehörigen Treppenläufe,
2. Wände haben, die die Anforderungen an die Wände des Treppenraumes erfüllen,
3. rauchdichte und selbstschließende Abschlüsse zu notwendigen Fluren haben und
4. ohne Öffnungen zu anderen Räumen, ausgenommen zu notwendigen Fluren, sein.

(4) [1]Die Wände notwendiger Treppenräume müssen als raumabschließende Bauteile
1. in Gebäuden der Gebäudeklasse 5 die Bauart von Brandwänden haben,
2. in Gebäuden der Gebäudeklasse 4 auch unter zusätzlicher mechanischer Beanspruchung hochfeuerhemmend und
3. in Gebäuden der Gebäudeklasse 3 feuerhemmend

sein. [2]Dies ist nicht erforderlich für Außenwände von Treppenräumen, die aus nichtbrennbaren Baustoffen bestehen und durch andere an diese Außenwände anschließende Gebäudeteile im Brandfall nicht gefährdet werden können. [3]Der obere Abschluss notwendiger Treppenräume muss als raumabschließendes Bauteil die Feuerwiderstandsfähigkeit der Decken des Gebäudes haben. [4]Dies gilt nicht, wenn der obere Abschluss das Dach ist und die Treppenraumwände bis unter die Dachhaut reichen.

(5) In notwendigen Treppenräumen und in Räumen nach Absatz 3 Satz 2 müssen
1. Bekleidungen, Putze, Dämmstoffe, Unterdecken und Einbauten aus nichtbrennbaren Baustoffen bestehen,
2. Wände und Decken aus brennbaren Baustoffen eine Bekleidung aus nichtbrennbaren Baustoffen in ausreichender Dicke haben und
3. Bodenbeläge, ausgenommen Gleitschutzprofile, aus mindestens schwerentflammbaren Baustoffen bestehen.

(6) [1]In notwendigen Treppenräumen müssen Öffnungen
1. zu Kellergeschossen, zu nicht ausgebauten Dachräumen, Werkstätten, Läden, Lager- und ähnlichen Räumen sowie zu sonstigen Räumen und Nutzungseinheiten mit einer Fläche von mehr als 200 m², ausgenommen Wohnungen, mindestens feuerhemmende, rauchdichte und selbstschließende Abschlüsse,
2. zu notwendigen Fluren rauchdichte und selbstschließende Abschlüsse und
3. zu sonstigen Räumen und Nutzungseinheiten mindestens dicht- und selbstschließende Abschlüsse

haben. [2]Die Feuerschutz- und Rauchschutzabschlüsse dürfen lichtdurchlässige Seitenteile und Oberlichte enthalten, wenn der Abschluss insgesamt nicht breiter als 2,50 m ist.

(7) [1]Notwendige Treppenräume müssen zu beleuchten sein. [2]Notwendige Treppenräume ohne Fenster müssen in Gebäuden mit einer Höhe nach § 2 Absatz 3 Satz 2 von mehr als 13 m eine Sicherheitsbeleuchtung haben.

(8) [1]Notwendige Treppenräume müssen belüftet und zur Unterstützung wirksamer Löscharbeiten entraucht werden können. [2]Sie müssen
1. in jedem oberirdischen Geschoss unmittelbar ins Freie führende Fenster mit einem freien Querschnitt von mindestens 0,50 m² haben, die geöffnet werden können, oder
2. an der obersten Stelle eine Öffnung zur Rauchableitung haben.

[3]In den Fällen des Satzes 2 Nummer 1 ist in Gebäuden der Gebäudeklasse 5 zudem an der obersten Stelle eine Öffnung zur Rauchableitung erforderlich; in den Fällen des Satzes 2 Nummer 2 sind in Gebäuden der Gebäudeklassen 4 und 5, soweit dies zur Erfüllung der Anforderungen nach Satz 1 erforderlich ist, besondere Vorkehrungen zu treffen. [4]Öffnungen zur Rauchableitung nach den Sätzen 2 und 3 müssen in jedem Treppenraum einen freien Querschnitt von mindestens 1 m² und Vorrichtungen zum Öffnen ihrer Abschlüsse haben, die vom Erdgeschoss und vom obersten Treppenabsatz aus bedient werden können.

(9) In notwendigen Treppenräumen ohne Fenster sind in Gebäuden der Gebäude-

klasse 4 und 5 Vorkehrungen zur Schlauchführung zu treffen, die im Fall eines Feuerwehreinsatzes erforderlich sind.

§ 36
Notwendige Flure, offene Gänge

(1) [1]Flure, über die Rettungswege aus Aufenthaltsräumen oder aus Nutzungseinheiten mit Aufenthaltsräumen zu Ausgängen in notwendige Treppenräume oder ins Freie führen (notwendige Flure), müssen so angeordnet und ausgebildet sein, dass die Nutzung im Brandfall ausreichend lang möglich ist. [2]Notwendige Flure sind nicht erforderlich

1. in Wohngebäuden der Gebäudeklassen 1 und 2;
2. in sonstigen Gebäuden der Gebäudeklassen 1 und 2, ausgenommen in Kellergeschossen;
3. innerhalb von Nutzungseinheiten mit nicht mehr als 200 m² und innerhalb von Wohnungen sowie
4. innerhalb von Nutzungseinheiten, die einer Büro- oder Verwaltungsnutzung dienen, mit nicht mehr als 400 m²; das gilt auch für Teile größerer Nutzungseinheiten, wenn diese Teile nicht größer als 400 m² sind, Trennwände nach § 29 Absatz 2 Nummer 1 haben und jeder Teil unabhängig von anderen Teilen Rettungswege nach § 33 Absatz 1 hat.

(2) [1]Notwendige Flure müssen so breit sein, dass sie für den größten zu erwartenden Verkehr ausreichen. [2]In den Fluren ist eine Folge von weniger als drei Stufen unzulässig.

(3) [1]Notwendige Flure sind durch nichtabschließbare, rauchdichte und selbstschließende Abschlüsse in Rauchabschnitte zu unterteilen. [2]Die Rauchabschnitte sollen nicht länger als 30 m sein. [3]Die Abschlüsse sind bis an die Rohdecke zu führen. [4]Sie dürfen bis an die Unterdecke der Flure geführt werden, wenn die Unterdecke feuerhemmend ist. [5]Notwendige Flure mit nur einer Fluchtrichtung, die zu einem Sicherheitstreppenraum führen, dürfen nicht länger als 15 m sein. [6]Die Sätze 1 bis 4 gelten nicht für offene Gänge nach Absatz 5.

(4) [1]Die Wände notwendiger Flure müssen als raumabschließende Bauteile feuerhemmend, in Kellergeschossen, deren tragende und aussteifende Bauteile feuerbeständig sein müssen, feuerbeständig sein. [2]Die Wände sind bis an die Rohdecke zu führen. [3]Sie dürfen bis an die Unterdecke der Flure geführt werden, wenn die Unterdecke feuerhemmend und ein demjenigen nach Satz 1 vergleichbarer Raumabschluss sichergestellt ist. [4]Türen in diesen Wänden müssen dicht schließen. [5]Öffnungen zu Lagerbereichen im Kellergeschoss müssen feuerhemmende, dicht- und selbstschließende Abschlüsse haben.

(5) [1]Für Wände und Brüstungen notwendiger Flure mit nur einer Fluchtrichtung, die als offene Gänge vor den Außenwänden angeordnet sind, gilt Absatz 4 entsprechend. [2]Fenster sind in diesen Außenwänden ab einer Brüstungshöhe von 0,90 m zulässig.

(6) In notwendigen Fluren sowie in offenen Gängen nach Absatz 5 müssen

1. Bekleidungen, Putze, Unterdecken und Dämmstoffe aus nichtbrennbaren Baustoffen bestehen und
2. Wände und Decken aus brennbaren Baustoffen eine Bekleidung aus nichtbrennbaren Baustoffen in ausreichender Dicke haben.

§ 37
Fenster, Türen, sonstige Öffnungen

(1) [1]Glastüren und andere Glasflächen, die bis zum Fußboden allgemein zugänglicher Verkehrsflächen herabreichen, sind so zu kennzeichnen, dass sie leicht erkannt werden können. [2]Weitere Schutzmaßnahmen sind für größere Glasflächen vorzusehen, wenn dies die Verkehrssicherheit erfordert.

(2) Eingangstüren von Wohnungen, die über Aufzüge erreichbar sein müssen, müssen eine lichte Durchgangsbreite von mindestens 0,90 m haben.

(3) [1]Jedes Kellergeschoss ohne Fenster muss mindestens eine Öffnung ins Freie haben, um eine Rauchableitung zu ermöglichen. [2]Gemeinsame Kellerlichtschächte für übereinanderliegende Kellergeschosse sind unzulässig.

(4) [1]Fenster, die als Rettungswege nach § 33 Absatz 2 Satz 2 dienen, müssen im Lichten mindestens 0,90 m mal 1,20 m groß und nicht höher als 1,20 m über der Fußbodenoberkante angeordnet sein. [2]Liegen diese Fenster in Dachschrägen oder Dachaufbauten, darf ihre Unterkante oder ein davor liegender Austritt von der Traufkante horizontal gemessen nicht mehr als 1 m entfernt sein.

§ 38
Umwehrungen

(1) In, an und auf baulichen Anlagen sind zu umwehren oder mit Brüstungen zu versehen:
1. Flächen, die im Allgemeinen zum Begehen bestimmt sind und unmittelbar an mehr als 1 m tiefer liegende Flächen angrenzen; dies gilt nicht, wenn die Umwehrung dem Zweck der Flächen widerspricht;
2. nicht begehbare Oberlichte und Glasabdeckungen in Flächen, die im Allgemeinen zum Begehen bestimmt sind, wenn sie weniger als 0,50 m aus diesen Flächen herausragen;
3. Dächer oder Dachteile, die zum auch nur zeitweiligen Aufenthalt von Menschen bestimmt sind;
4. Öffnungen in begehbaren Decken sowie in Dächern oder Dachteilen nach Nummer 3, wenn sie nicht sicher abgedeckt sind;
5. nicht begehbare Glasflächen in Decken sowie in Dächern oder Dachteilen nach Nummer 3;
6. die freien Seiten von Treppenläufen, Treppenabsätzen und Treppenöffnungen (Treppenaugen);
7. Kellerlichtschächte und Betriebsschächte, die an Verkehrsflächen liegen, wenn sie nicht verkehrssicher abgedeckt sind.

(2) [1]In Verkehrsflächen liegende Kellerlichtschächte und Betriebsschächte sind in Höhe der Verkehrsfläche verkehrssicher abzudecken. [2]An und in Verkehrsflächen liegende Abdeckungen müssen gegen unbefugtes Abheben gesichert sein. [3]Fenster, die unmittelbar an Treppen liegen und deren Brüstungen unter der notwendigen Umwehrungshöhe liegen, sind zu sichern.

(3) [1]Fensterbrüstungen von Flächen mit einer Absturzhöhe bis zu 12 m müssen mindestens 0,80 m, von Flächen mit mehr als 12 m Absturzhöhe mindestens 0,90 m hoch sein. [2]Geringere Brüstungshöhen sind zulässig, wenn durch andere Vorrichtungen wie Geländer die nach Absatz 4 vorgeschriebenen Mindesthöhen eingehalten werden.

(4) Andere notwendige Umwehrungen müssen folgende Mindesthöhen haben:
1. Umwehrungen zur Sicherung von Öffnungen in begehbaren Decken und Dächern sowie Umwehrungen von Flächen mit 1 m bis zu 12 m Absturzhöhe 0,90 m;
2. Umwehrungen von Flächen mit mehr als 12 m Absturzhöhe 1,10 m.

ABSCHNITT 6
Technische Gebäudeausrüstung

§ 39
Aufzüge

(1) [1]Aufzüge im Innern von Gebäuden müssen eigene Fahrschächte haben, um eine Brandausbreitung in andere Geschosse ausreichend lang zu verhindern. [2]In einem Fahrschacht dürfen bis zu drei Aufzüge liegen. [3]Aufzüge ohne eigene Fahrschächte sind zulässig
1. innerhalb eines notwendigen Treppenraumes, ausgenommen in Hochhäusern,
2. innerhalb von Räumen, die Geschosse überbrücken,
3. zur Verbindung von Geschossen, die offen miteinander in Verbindung stehen dürfen, und
4. in Gebäuden der Gebäudeklassen 1 und 2.

[4]Sie müssen sicher umkleidet sein.

(2) [1]Die Fahrschachtwände müssen als raumabschließende Bauteile
1. in Gebäuden der Gebäudeklasse 5 feuerbeständig und aus nichtbrennbaren Baustoffen,
2. in Gebäuden der Gebäudeklasse 4 hochfeuerhemmend und

3. in Gebäuden der Gebäudeklasse 3 feuerhemmend

sein. [2]Fahrschachtwände aus brennbaren Baustoffen müssen schachtseitig eine Bekleidung aus nichtbrennbaren Baustoffen in ausreichender Dicke haben. [3]Fahrschachttüren und andere Öffnungen in Fahrschachtwänden mit erforderlicher Feuerwiderstandsfähigkeit sind so herzustellen, dass die Anforderungen nach Absatz 1 Satz 1 nicht beeinträchtigt werden.

(3) [1]Fahrschächte müssen zu lüften sein und eine Öffnung zur Rauchableitung mit einem freien Querschnitt von mindestens 2,5 Prozent der Fahrschachtgrundfläche, mindestens jedoch 0,10 m² haben. [2]Diese Öffnung darf einen Abschluss haben, der im Brandfall selbsttätig öffnet und von mindestens einer geeigneten Stelle aus bedient werden kann. [3]Die Lage der Rauchaustrittsöffnungen muss so gewählt werden, dass der Rauchaustritt durch Windeinfluss nicht beeinträchtigt wird.

(4) [1]Gebäude mit einer Höhe nach § 2 Absatz 3 Satz 2 von mehr als 13 m müssen Aufzüge in ausreichender Zahl haben. [2]Von diesen Aufzügen muss mindestens ein Aufzug Kinderwagen, Rollstühle, Krankentragen und Lasten aufnehmen können und Haltestellen in allen Geschossen haben. [3]Dieser Aufzug muss von der öffentlichen Verkehrsfläche und von allen Wohnungen in dem Gebäude aus stufenlos erreichbar sein. [4]Haltestellen im obersten Geschoss, im Erdgeschoss und in den Kellergeschossen sind nicht erforderlich, wenn sie nur unter besonderen Schwierigkeiten hergestellt werden können.

(5) [1]Fahrkörbe zur Aufnahme einer Krankentrage müssen eine nutzbare Grundfläche von mindestens 1,10 m mal 2,10 m, zur Aufnahme eines Rollstuhls von mindestens 1,10 m mal 1,40 m haben. [2]Türen müssen eine lichte Durchgangsbreite von mindestens 0,90 m haben. [3]In einem Aufzug für Rollstühle und Krankentragen darf der für Rollstühle nicht erforderliche Teil der Fahrkorbgrundfläche durch eine verschließbare Tür abgesperrt werden. [4]Vor den Aufzügen muss eine ausreichende Bewegungsfläche vorhanden sein.

§ 40
Leitungsanlagen, Installationsschächte und -kanäle

(1) [1]Leitungen dürfen durch raumabschließende Bauteile, für die eine Feuerwiderstandsfähigkeit vorgeschrieben ist, nur hindurchgeführt werden, wenn eine Brandausbreitung ausreichend lang nicht zu befürchten ist oder Vorkehrungen hiergegen getroffen sind. [2]Dies gilt nicht

1. für Gebäude der Gebäudeklassen 1 und 2,
2. innerhalb von Wohnungen und
3. innerhalb derselben Nutzungseinheit mit nicht mehr als insgesamt 400 m² in nicht mehr als zwei Geschossen.

(2) In notwendigen Treppenräumen, in Räumen nach § 35 Absatz 3 Satz 2 und in notwendigen Fluren sind Leitungsanlagen nur zulässig, wenn eine Nutzung als Rettungsweg im Brandfall ausreichend lang möglich ist.

(3) Für Installationsschächte und -kanäle gelten Absatz 1 sowie § 41 Absatz 2 Satz 1 und Absatz 3 entsprechend.

§ 41
Lüftungsanlagen

(1) [1]Lüftungsanlagen müssen betriebssicher und brandsicher sein. [2]Sie dürfen den ordnungsgemäßen Betrieb von Feuerungsanlagen nicht beeinträchtigen.

(2) [1]Lüftungsleitungen sowie deren Bekleidungen und Dämmstoffe müssen aus nichtbrennbaren Baustoffen bestehen. [2]Brennbare Baustoffe sind zulässig, wenn ein Beitrag der Lüftungsleitung zur Brandentstehung und Brandweiterleitung nicht zu befürchten ist. [3]Lüftungsleitungen dürfen raumabschließende Bauteile, für die eine Feuerwiderstandsfähigkeit vorgeschrieben ist, nur überbrücken, wenn eine Brandausbreitung ausreichend lang nicht zu befürchten ist oder wenn Vorkehrungen hiergegen getroffen sind.

(3) Lüftungsanlagen sind so herzustellen, dass sie Gerüche und Staub nicht in andere Räume übertragen.

(4) [1]Lüftungsanlagen dürfen nicht in Abgasanlagen eingeführt werden. [2]Die gemeinsame Nutzung von Lüftungsleitungen zur Lüftung

und zur Ableitung der Abgase von Gasfeuerstätten ist zulässig, wenn keine Bedenken wegen der Betriebssicherheit und des Brandschutzes bestehen. [3]Die Abluft ist ins Freie zu führen. [4]Nicht zur Lüftungsanlage gehörende Einrichtungen sind in Lüftungsleitungen unzulässig.

(5) Die Absätze 2 und 3 gelten nicht
1. für Gebäude der Gebäudeklassen 1 und 2,
2. innerhalb von Wohnungen und
3. innerhalb derselben Nutzungseinheit mit nicht mehr als 400 m² in nicht mehr als zwei Geschossen.

(6) Für raumlufttechnische Anlagen und Warmluftheizungen gelten die Absätze 1 bis 5 entsprechend.

§ 42
Feuerungsanlagen, sonstige Anlagen zur Wärmeerzeugung, Brennstoffversorgung

(1) Feuerstätten und Abgasanlagen (Feuerungsanlagen) müssen betriebssicher und brandsicher sein.

(2) Feuerstätten dürfen in Räumen nur aufgestellt werden, wenn nach der Art der Feuerstätte und nach Lage, Größe, baulicher Beschaffenheit und Nutzung der Räume Gefahren nicht entstehen.

(3) [1]Abgase von Feuerstätten sind durch Abgasleitungen, Schornsteine und Verbindungsstücke (Abgasanlagen) so abzuführen, dass keine Gefahren oder unzumutbaren Belästigungen entstehen. [2]Abgasanlagen sind in solcher Zahl und Lage und so herzustellen, dass die Feuerstätten des Gebäudes ordnungsgemäß angeschlossen werden können. [3]Sie müssen leicht gereinigt werden können.

(4) [1]Behälter und Rohrleitungen für brennbare Gase und Flüssigkeiten müssen betriebssicher und brandsicher sein. [2]Diese Behälter sowie feste Brennstoffe sind so aufzustellen oder zu lagern, dass keine Gefahren oder unzumutbaren Belästigungen entstehen.

(5) Für die Aufstellung von ortsfesten Verbrennungsmotoren, Blockheizkraftwerken, Brennstoffzellen und Verdichtern sowie die Ableitung ihrer Verbrennungsgase gelten die Absätze 1 bis 3 entsprechend.

§ 43
Sanitäre Anlagen, Wasserzähler

(1) Fensterlose Bäder und Toiletten sind nur zulässig, wenn eine wirksame Lüftung gewährleistet ist.

(2) [1]Jede Wohnung muss einen eigenen Wasserzähler haben. [2]Dies gilt nicht bei Nutzungsänderungen, wenn die Anforderung nach Satz 1 nur mit unverhältnismäßigem Mehraufwand erfüllt werden kann.

(3) Wasserversorgungsanlagen sowie Anlagen für Schmutz- und Niederschlagswasser (Abwasser) sind so herzustellen und zu unterhalten, dass sie betriebssicher sind und Gefahren oder unzumutbare Belästigungen nicht entstehen können.

§ 44
Kleinkläranlagen, Gruben

[1]Kleinkläranlagen und Gruben müssen wasserdicht und ausreichend groß sein. [2]Sie müssen eine dichte und sichere Abdeckung sowie Reinigungs- und Entleerungsöffnungen haben. [3]Diese Öffnungen dürfen nur vom Freien aus zugänglich sein. [4]Die Anlagen sind so zu entlüften, dass Gesundheitsschäden oder unzumutbare Belästigungen nicht entstehen. [5]Die Zuleitungen zu Abwasserentsorgungsanlagen müssen geschlossen, dicht, und, soweit erforderlich, zum Reinigen eingerichtet sein.

§ 45
Aufbewahrung fester Abfallstoffe

Feste Abfallstoffe dürfen innerhalb von Gebäuden vorübergehend aufbewahrt werden, in Gebäuden der Gebäudeklassen 3 bis 5 jedoch nur, wenn die dafür bestimmten Räume
1. Trennwände und Decken als raumabschließende Bauteile mit der Feuerwiderstandsfähigkeit der tragenden Wände,
2. Öffnungen vom Gebäudeinnern zum Aufstellraum mit feuerhemmenden, dicht- und selbstschließenden Abschlüssen haben,
3. unmittelbar vom Freien entleert werden können und
4. eine ständig wirksame Lüftung haben.

§ 46
Blitzschutzanlagen

Bauliche Anlagen, bei denen nach Lage, Bauart oder Nutzung Blitzschlag leicht eintreten oder zu schweren Folgen führen kann, sind mit dauernd wirksamen Blitzschutzanlagen zu versehen.

ABSCHNITT 7
Nutzungsbedingte Anforderungen

§ 47
Aufenthaltsräume

(1) [1]Aufenthaltsräume müssen eine lichte Raumhöhe von mindestens 2,40 m haben. [2]Aufenthaltsräume im Dachraum müssen eine lichte Raumhöhe von mindestens 2,30 m über mindestens der Hälfte ihrer Grundfläche haben; Raumteile mit einer lichten Höhe bis 1,50 m bleiben außer Betracht.
(2) [1]Aufenthaltsräume müssen ausreichend belüftet und mit Tageslicht belichtet werden können. [2]Sie müssen Fenster mit einem Rohbaumaß der Fensteröffnungen von mindestens einem Achtel der Netto-Grundfläche des Raumes einschließlich der Netto-Grundfläche verglaster Vorbauten und Loggien haben.
(3) Aufenthaltsräume, deren Nutzung eine Belichtung mit Tageslicht verbietet, sowie Verkaufsräume, Schank- und Speisegaststätten, ärztliche Behandlungs-, Sport-, Spiel-, Werk- und ähnliche Räume sind ohne Fenster zulässig.
(4) [1]Aufenthaltsräume, in denen bestimmungsgemäß Personen schlafen, und Flure, die zu diesen Aufenthaltsräumen führen, sind jeweils mit mindestens einem Rauchwarnmelder auszustatten, soweit nicht für solche Räume eine automatische Rauchdetektion und angemessene Alarmierung sichergestellt sind. [2]Die Rauchwarnmelder müssen so eingebaut oder angebracht und betrieben werden, dass Brandrauch frühzeitig erkannt und gemeldet wird. [3]Die Sicherstellung der Betriebsbereitschaft obliegt den unmittelbaren Besitzern, es sei denn, der Eigentümer übernimmt diese Verpflichtung selbst. [4]Eigentümer bereits bestehender Nutzungseinheiten mit Räumen nach Satz 1 sind verpflichtet, diese bis zum 31. Dezember 2023 entsprechend auszustatten.

§ 48
Wohnungen

(1) [1]Jede Wohnung muss eine Küche oder Kochnische haben. [2]Fensterlose Küchen oder Kochnischen sind zulässig, wenn eine wirksame Lüftung gewährleistet ist.
(2) In Wohngebäuden der Gebäudeklassen 3 bis 5 sind leicht erreichbare und gut zugängliche Abstellräume für Kinderwagen und Fahrräder sowie für jede Wohnung ein ausreichend großer Abstellraum herzustellen.
(3) Jede Wohnung muss ein Bad mit Badewanne oder Dusche und eine Toilette haben.

§ 49
Stellplätze, Garagen und Abstellplätze für Fahrräder

(1) [1]Soweit nicht in örtlichen Bauvorschriften nach § 89 Absatz 1 Nummer 4 geregelt, sind für Anlagen, bei denen ein Zu- und Abgangsverkehr mit Kraftfahrzeugen oder Fahrrädern zu erwarten ist, Stellplätze und Garagen, Fahrradabstellplätze sowie Gebäude für Fahrradabstellplätze in dem erforderlichen Umfang auf dem Baugrundstück oder in zumutbarer Entfernung davon auf einem geeigneten Grundstück herzustellen, dessen Benutzung für diesen Zweck rechtlich gesichert ist (notwendige Stellplätze und Garagen, Fahrradabstellplätze sowie Gebäude für Fahrradabstellplätze). [2]Dies gilt nicht, wenn bei einem rechtmäßig bestehenden Gebäude eine Wohnung geteilt oder Wohnraum durch Nutzungsänderung, durch Aufstocken des Gebäudes oder durch Ausbau des Dachraums geschaffen wird. [3]Die Zahl, Größe und Beschaffenheit der notwendigen Stellplätze und Garagen, Fahrradabstellplätze sowie Gebäude für Fahrradabstellplätze einschließlich des Mehrbedarfs bei Änderungen und Nutzungsänderungen der Anlagen ist zu bestimmen unter Berücksichtigung der Sicherheit und Leichtigkeit des Verkehrs, der Bedürfnis-

se des ruhenden Verkehrs sowie der Erschließung durch Einrichtungen des öffentlichen Personennahverkehrs.

(2) Erhebt die Gemeinde Ablösungsbeträge gemäß § 89 Absatz 1 Nummer 4, hat sie diese zu verwenden für

1. die Herstellung zusätzlicher oder die Instandhaltung oder Modernisierung bestehender Parkeinrichtungen oder
2. sonstige Maßnahmen zur Entlastung der Straßen vom ruhenden Verkehr einschließlich investiver Maßnahmen des öffentlichen Personennahverkehrs und der Förderung von öffentlichen Fahrradabstellplätzen.

(3) Die Höhe der Ablösungsbeträge richtet sich nach Art der Nutzung und Lage der Anlage und darf 60 Prozent der durchschnittlichen Kosten eines Stellplatzes in diesem Gebiet nicht übersteigen.

§ 50
Barrierefreies Bauen

(1) [1]In Gebäuden mit mehr als zwei Wohnungen müssen die Wohnungen eines Geschosses barrierefrei erreichbar sein; diese Verpflichtung kann auch durch barrierefrei erreichbare Wohnungen in mehreren Geschossen erfüllt werden. [2]In diesen Wohnungen müssen die Wohn- und Schlafräume, eine Toilette, ein Bad sowie die Küche oder die Kochnische barrierefrei sein. [3]§ 39 Absatz 4 bleibt unberührt.

(2) [1]Bauliche Anlagen, die öffentlich zugänglich sind, müssen in den dem allgemeinen Besucher- und Benutzerverkehr dienenden Teilen barrierefrei sein. [2]Dies gilt insbesondere für

1. Einrichtungen der Kultur und des Bildungswesens;
2. Sport- und Freizeitstätten;
3. Einrichtungen des Gesundheitswesens;
4. Büro-, Verwaltungs- und Gerichtsgebäude;
5. Verkaufsstätten, Gast- und Beherbergungsstätten sowie
6. Stellplätze, Garagen und Toilettenanlagen.

[3]Für die der zweckentsprechenden Nutzung dienenden Räume und Anlagen genügt es, wenn sie in dem erforderlichen Umfang barrierefrei sind. [4]Toilettenräume und notwendige Stellplätze für Besucher und Benutzer müssen in der erforderlichen Anzahl barrierefrei sein.

(3) Abweichungen von den Absätzen 1 und 2 können nach § 67 nur dann zugelassen werden, soweit die Anforderungen wegen schwieriger Geländeverhältnisse, wegen des Einbaus eines sonst nicht erforderlichen Aufzugs, wegen ungünstiger vorhandener Bebauung oder im Hinblick auf die Sicherheit der Menschen mit Behinderungen oder alten Menschen nur mit einem unverhältnismäßigen Mehraufwand erfüllt werden können.

§ 51
Sonderbauten

[1]An Sonderbauten können im Einzelfall zur Verwirklichung der allgemeinen Anforderungen nach § 3 Satz 1 besondere Anforderungen gestellt werden. [2]Erleichterungen können gestattet werden, soweit es der Einhaltung von Vorschriften wegen der besonderen Art oder Nutzung baulicher Anlagen oder wegen besonderer Anforderungen nicht bedarf. [3]Die Anforderungen und Erleichterungen nach den Sätzen 1 und 2 können sich insbesondere erstrecken auf

1. die Anordnung der baulichen Anlagen auf dem Grundstück;
2. die Abstände von Nachbargrenzen, von anderen baulichen Anlagen auf dem Grundstück und von öffentlichen Verkehrsflächen sowie auf die Größe der freizuhaltenden Flächen der Grundstücke;
3. die Öffnungen nach öffentlichen Verkehrsflächen und nach angrenzenden Grundstücken;
4. die Anlage von Zu- und Abfahrten;
5. die Anlage von Grünstreifen, Baumpflanzungen und anderen Pflanzungen sowie die Begrünung oder Beseitigung von Halden und Gruben;
6. die Bauart und Anordnung aller für die Stand- und Verkehrssicherheit, den Brand-, Wärme-, Schall- oder Gesund-

heitsschutz wesentlichen Bauteile und die Verwendung von Baustoffen;
7. Brandschutzanlagen, -einrichtungen und -vorkehrungen;
8. die Löschwasserrückhaltung;
9. die Anordnung und Herstellung von Aufzügen, Treppen, Treppenräumen, Fluren, Ausgängen und sonstigen Rettungswegen;
10. die Beleuchtung und Energieversorgung;
11. die Lüftung und Rauchableitung;
12. die Feuerungsanlagen und Heizräume;
13. die Wasserversorgung;
14. die Aufbewahrung und Entsorgung von Abwasser und festen Abfallstoffen;
15. die Stellplätze und Garagen;
16. die barrierefreie Nutzbarkeit;
17. die zulässige Zahl der Benutzer, Anordnung und Zahl der zulässigen Sitz- und Stehplätze bei Versammlungsstätten, Tribünen und Fliegenden Bauten;
18. die Zahl der Toiletten für Besucher;
19. Umfang, Inhalt und Zahl besonderer Bauvorlagen, insbesondere eines Brandschutzkonzepts;
20. weitere zu erbringende Bescheinigungen;
21. die Bestellung und Qualifikation des Bauleiters und der Fachbauleiter;
22. den Betrieb und die Nutzung einschließlich der Bestellung und der Qualifikation eines Brandschutzbeauftragten sowie
23. Erst-, Wiederholungs- und Nachprüfungen und die Bescheinigungen, die hierüber zu erbringen sind.

TEIL 4
Die am Bau Beteiligten

§ 52
Grundpflichten

Bei der Errichtung, Änderung, Nutzungsänderung und der Beseitigung von Anlagen sind der Bauherr und im Rahmen ihres Wirkungskreises die anderen am Bau Beteiligten dafür verantwortlich, dass die öffentlich-rechtlichen Vorschriften eingehalten werden.

§ 53
Bauherr

(1) [1]Der Bauherr hat zur Vorbereitung, Überwachung und Ausführung eines nicht verfahrensfreien Bauvorhabens sowie der Beseitigung von Anlagen geeignete Beteiligte nach Maßgabe der §§ 54 bis 56 zu bestellen, soweit er nicht selbst zur Erfüllung der Verpflichtungen nach diesen Vorschriften geeignet ist. [2]Dem Bauherrn obliegen außerdem die nach den öffentlich-rechtlichen Vorschriften erforderlichen Anträge, Anzeigen und Nachweise. [3]Er hat die zur Erfüllung der Anforderungen dieses Gesetzes oder aufgrund dieses Gesetzes erforderlichen Nachweise und Unterlagen zu den verwendeten Bauprodukten und den angewandten Bauarten bereitzuhalten. [4]Werden Bauprodukte verwendet, die die CE-Kennzeichnung nach der Verordnung (EU) Nr. 305/2011 tragen, ist die Leistungserklärung bereitzuhalten. [5]Der Bauherr hat vor Baubeginn den Namen des Bauleiters und während der Bauausführung einen Wechsel dieser Person unverzüglich der Bauaufsichtsbehörde schriftlich mitzuteilen. [6]Wechselt der Bauherr, hat der neue Bauherr dies der Bauaufsichtsbehörde unverzüglich schriftlich mitzuteilen.

(2) [1]Treten bei einem Bauvorhaben mehrere Personen als Bauherr auf, so kann die Bauaufsichtsbehörde verlangen, dass ihr gegenüber ein Vertreter bestellt wird, der die dem Bauherrn nach den öffentlich-rechtlichen Vorschriften obliegenden Verpflichtungen zu erfüllen hat. [2]Im Übrigen findet § 18 Absatz 1 Satz 2 und 3, Absatz 2 des Verwaltungsverfahrensgesetzes entsprechende Anwendung.

§ 54
Entwurfsverfasser

(1) [1]Der Entwurfsverfasser muss nach Sachkunde und Erfahrung zur Vorbereitung des jeweiligen Bauvorhabens geeignet sein. [2]Er ist für die Vollständigkeit und Brauchbarkeit seines Entwurfs verantwortlich. [3]Der Entwurfsverfasser hat dafür zu sorgen, dass die für die Ausführung notwendigen Einzelzeichnungen, Einzelberechnungen und Anweisungen

den öffentlich-rechtlichen Vorschriften entsprechen.
(2) [1]Hat der Entwurfsverfasser auf einzelnen Fachgebieten nicht die erforderliche Sachkunde und Erfahrung, sind geeignete Fachplaner heranzuziehen. [2]Diese sind für die von ihnen gefertigten Unterlagen, die sie zu unterzeichnen haben, verantwortlich. [3]Für das ordnungsgemäße Ineinandergreifen aller Fachplanungen bleibt der Entwurfsverfasser verantwortlich.

§ 55
Unternehmer

(1) [1]Jeder Unternehmer ist für die mit den öffentlich-rechtlichen Anforderungen übereinstimmende Ausführung der von ihm übernommenen Arbeiten und insoweit für die ordnungsgemäße Einrichtung und den sicheren Betrieb der Baustelle verantwortlich. [2]Er hat die zur Erfüllung der Anforderungen dieses Gesetzes oder aufgrund dieses Gesetzes erforderlichen Nachweise und Unterlagen zu den verwendeten Bauprodukten und den angewandten Bauarten zu erbringen und auf der Baustelle bereitzuhalten. [3]Bei Bauprodukten, die die CE-Kennzeichnung nach der Verordnung (EU) Nr. 305/2011 tragen, ist die Leistungserklärung bereitzuhalten.
(2) Jeder Unternehmer hat auf Verlangen der Bauaufsichtsbehörde für Arbeiten, bei denen die Sicherheit der Anlage in außergewöhnlichem Maße von der besonderen Sachkenntnis und Erfahrung des Unternehmers oder von einer Ausstattung des Unternehmens mit besonderen Vorrichtungen abhängt, nachzuweisen, dass er für diese Arbeiten geeignet ist und über die erforderlichen Vorrichtungen verfügt.

§ 56
Bauleiter

(1) [1]Der Bauleiter hat darüber zu wachen, dass die Baumaßnahme entsprechend den öffentlich-rechtlichen Anforderungen durchgeführt wird und die dafür erforderlichen Weisungen zu erteilen. [2]Er hat im Rahmen dieser Aufgabe auf den sicheren bautechnischen Betrieb der Baustelle, insbesondere auf das gefahrlose Ineinandergreifen der Arbeiten der Unternehmer, zu achten. [3]Die Verantwortlichkeit der Unternehmer bleibt unberührt.
(2) [1]Der Bauleiter muss über die für seine Aufgabe erforderliche Sachkunde und Erfahrung verfügen. [2]Verfügt er auf einzelnen Teilgebieten nicht über die erforderliche Sachkunde, sind geeignete Fachbauleiter heranzuziehen. [3]Diese treten insoweit an die Stelle des Bauleiters. [4]Der Bauleiter hat die Tätigkeit der Fachbauleiter und seine Tätigkeit aufeinander abzustimmen.

TEIL 5
Bauaufsichtsbehörden, Verfahren

Abschnitt 1
Bauaufsichtsbehörden

§ 57
Aufbau und Zuständigkeit der Bauaufsichtsbehörden

(1) [1]Bauaufsichtsbehörden sind
1. die Landkreise und Kreisfreien Städte als untere Bauaufsichtsbehörden,
2. die Landesdirektion Sachsen als obere Bauaufsichtsbehörde und
3. das Staatsministerium für Regionalentwicklung als oberste Bauaufsichtsbehörde.

[2]Für den Vollzug dieses Gesetzes sowie anderer öffentlich-rechtlicher Vorschriften für die Errichtung, Änderung, Nutzungsänderung und Beseitigung sowie die Nutzung und die Instandhaltung von Anlagen ist die untere Bauaufsichtsbehörde zuständig, soweit nichts anderes bestimmt ist.
(2) [1]Untere Bauaufsichtsbehörden sind auch die nach § 2 Absatz 2 des Sächsischen Kreisgebietsneugliederungsgesetzes vom 29. Januar 2008 (SächsGVBl. S. 102), das durch Artikel 7 des Gesetzes vom 18. Dezember 2013 (SächsGVBl. S. 970) geändert worden ist, eingekreisten Städte sowie Gemeinden, Verwaltungsverbände und erfüllende Gemeinden von Verwaltungsgemeinschaften, die dies bis zum 1. Oktober 2003 geworden sind. [2]Die Zu-

ständigkeit in dem Fall des Satzes 1 erlischt durch Erklärung der Gemeinde, des Verwaltungsverbands oder der erfüllenden Gemeinde einer Verwaltungsgemeinschaft gegenüber der obersten Bauaufsichtsbehörde. [3]Die Erklärung einer erfüllenden Gemeinde bedarf der Zustimmung des Gemeinschaftsausschusses. [4]Sie erlischt ferner, wenn die in Absatz 3 genannten Voraussetzungen nicht mehr erfüllt sind und die oberste Bauaufsichtsbehörde dies feststellt. [5]Das Erlöschen ist im Sächsischen Gesetz- und Verordnungsblatt bekannt zu machen. [6]Es wird mit Ablauf des auf die Bekanntmachung folgenden Monats wirksam.

(3) [1]Die Bauaufsichtsbehörden sind zur Durchführung ihrer Aufgaben ausreichend mit geeigneten Fachkräften zu besetzen und mit den erforderlichen Vorrichtungen auszustatten. [2]Den Bauaufsichtsbehörden müssen insbesondere Personen, die die Befähigung zum höheren bautechnischen Verwaltungsdienst und die erforderlichen Kenntnisse der Bautechnik, der Baugestaltung und des öffentlichen Baurechts haben, und Personen, die die Befähigung zum Richteramt oder zum höheren Verwaltungsdienst haben, angehören. [3]Die unteren Bauaufsichtsbehörden nach Absatz 2 können anstelle von Personen mit der Befähigung zum höheren bautechnischen Verwaltungsdienst auch Personen beschäftigen, die mindestens einen Fachhochschulabschluss der Fachrichtung Bauingenieurwesen oder Architektur erworben haben. [4]Ausnahmen können hinsichtlich der unteren Bauaufsichtsbehörde von der oberen, im Übrigen von der obersten Bauaufsichtsbehörde gestattet werden.

§ 58
Aufgaben und Befugnisse der Bauaufsichtsbehörden

(1) [1]Die Aufgaben der unteren Bauaufsichtsbehörden sind Weisungsaufgaben. [2]Das Weisungsrecht ist nicht beschränkt.

(2) [1]Die Bauaufsichtsbehörden haben bei der Errichtung, Änderung, Nutzungsänderung und Beseitigung sowie bei der Nutzung und Instandhaltung von Anlagen darüber zu wachen, dass die öffentlich-rechtlichen Vorschriften eingehalten werden, soweit nicht andere Behörden zuständig sind. [2]Sie können in Wahrnehmung dieser Aufgaben die erforderlichen Maßnahmen treffen.

(3) Bauaufsichtliche Genehmigungen und sonstige Maßnahmen gelten auch für und gegen Rechtsnachfolger.

(4) [1]Die mit dem Vollzug dieses Gesetzes beauftragten Personen sind berechtigt, in Ausübung ihres Amtes Grundstücke und Anlagen einschließlich der Wohnungen zu betreten. [2]Das Grundrecht auf Unverletzlichkeit der Wohnung (Artikel 13 des Grundgesetzes für die Bundesrepublik Deutschland, Artikel 30 Absatz 1 der Verfassung des Freistaates Sachsen) wird insoweit eingeschränkt.

(5) [1]Kommt eine Bauaufsichtsbehörde einer schriftlichen Weisung der Aufsichtsbehörde nicht fristgerecht nach, kann diese anstelle der angewiesenen Behörde handeln (Selbsteintritt). [2]Die oberste Bauaufsichtsbehörde muss den Selbsteintritt für erforderlich halten und dies gegenüber der Aufsichtsbehörde erklären.

ABSCHNITT 2
Genehmigungspflicht, Genehmigungsfreiheit

§ 59
Grundsatz

(1) Die Errichtung, Änderung und Nutzungsänderung von Anlagen bedürfen der Baugenehmigung, soweit in den §§ 60 bis 62, 76 und 77 nichts anderes bestimmt ist.

(2) Die Genehmigungsfreiheit nach den §§ 60 bis 62, 76 und 77 Absatz 1 Satz 3 sowie die Beschränkung der bauaufsichtlichen Prüfung nach §§ 63, 64, 66 Absatz 4 und § 77 Absatz 3 entbinden nicht von der Verpflichtung zur Einhaltung der Anforderungen, die durch öffentlich-rechtliche Vorschriften an Anlagen gestellt werden, und lassen die bauaufsichtlichen Eingriffsbefugnisse unberührt.

§ 60
Vorrang anderer Gestattungsverfahren

[1]Keiner Baugenehmigung, Abweichung, Genehmigungsfreistellung, Zustimmung und Bauüberwachung nach diesem Gesetz bedürfen

1. nach anderen Rechtsvorschriften zulassungsbedürftige Anlagen in oder an oberirdischen Gewässern und Anlagen, die dem Ausbau, der Unterhaltung oder der Nutzung eines Gewässers dienen oder als solche gelten;
2. nach anderen Rechtsvorschriften zulassungsbedürftige Anlagen für die öffentliche Versorgung mit Elektrizität, Gas, Wärme, Wasser und für die öffentliche Verwertung oder Entsorgung von Abwässern, ausgenommen Gebäude, die Sonderbauten sind;
3. Werbeanlagen, soweit sie einer Ausnahmegenehmigung nach Straßenverkehrsrecht oder Zulassung nach Straßenrecht oder Eisenbahnrecht bedürfen und jeweils nicht der Zuständigkeit einer Bundesbehörde unterfallen;
4. Anlagen, die nach dem Kreislaufwirtschaftsgesetz vom 24. Februar 2012 (BGBl. I S. 212), das zuletzt durch Artikel 20 des Gesetzes vom 10. August 2021 (BGBl. I S. 3436) geändert worden ist, in der jeweils geltenden Fassung, einer Genehmigung bedürfen;
5. Anlagen, die nach dem Gesetz über überwachungsbedürftige Anlagen vom 27. Juli 2021 (BGBl. I S. 3146, 3162), in der jeweils geltenden Fassung, einer Genehmigung oder Erlaubnis bedürfen, und
6. Anlagen, die einer Errichtungsgenehmigung nach dem Atomgesetz in der Fassung der Bekanntmachung vom 15. Juli 1985 (BGBl. I S. 1565), das zuletzt durch die Bekanntmachung vom 3. Januar 2022 (BGBl. I S. 14) geändert worden ist, in der jeweils geltenden Fassung, bedürfen.

[2]Für Anlagen, bei denen ein anderes Gestattungsverfahren die Baugenehmigung, die Abweichung oder die Zustimmung einschließt oder die nach Satz 1 keiner Baugenehmigung oder Zustimmung bedürfen, nimmt die für den Vollzug der entsprechenden Rechtsvorschriften zuständige Behörde die Aufgaben und Befugnisse der Bauaufsichtsbehörde im Außenverhältnis wahr.

§ 61
Verfahrensfreie Bauvorhaben, Beseitigung von Anlagen

(1) Verfahrensfrei sind

1. folgende Gebäude:
   a) Gebäude mit einem Brutto-Rauminhalt von bis zu 75 m³ und von bis zu 80 m³ für Ladestationen, die der Elektromobilität des öffentlichen Nahverkehrs dienen, außer im Außenbereich,
   b) Garagen einschließlich überdachter Stellplätze und überdachte Abstellplätze für Fahrräder und Anhänger mit einer mittleren Wandhöhe bis zu 3 m und einer Brutto-Grundfläche bis zu 50 m² je Grundstück, außer im Außenbereich,
   c) Gebäude ohne Feuerungsanlagen mit einer traufseitigen Wandhöhe von bis zu 5 m und einer Brutto-Grundfläche von bis zu 1 600 m², die einem land- oder forstwirtschaftlichen Betrieb im Sinne von § 35 Absatz 1 Nummer 1 und 2 sowie § 201 des Baugesetzbuches in der Fassung der Bekanntmachung vom 3. November 2017 (BGBl. I S. 3634), das zuletzt durch Artikel 9 des Gesetzes vom 10. September 2021 (BGBl. I S. 4147) geändert worden ist, in der jeweils geltenden Fassung, dienen sowie nur zur Unterbringung von Sachen oder zum vorübergehenden Schutz von Tieren bestimmt sind, sofern bei Gebäuden mit mehr als 100 m² Brutto-Grundfläche ein Prüfingenieur oder ein Prüfamt bestätigt hat, dass Bedenken wegen der Standsicherheit sowie brandschutztechnischer Belange nicht bestehen,
   d) Gewächshäuser einschließlich Folientunnel, ausgenommen Folienge-

wächshäuser mit Feuerstätten, mit einer Firsthöhe von bis zu 5 m, die einem landwirtschaftlichen Betrieb im Sinne von § 35 Absatz 1 Nummer 1 und 2 sowie § 201 des Baugesetzbuches dienen und höchstens 1 600 m² Brutto-Grundfläche haben, sofern bei Gebäuden mit mehr als 100 m² Brutto-Grundfläche ein Prüfingenieur oder ein Prüfamt bestätigt hat, dass Bedenken wegen der Standsicherheit sowie brandschutztechnischer Belange nicht bestehen,
   e) Fahrgastunterstände, die dem öffentlichen Personenverkehr oder der Schülerbeförderung dienen,
   f) Schutzhütten für Wanderer, die jedermann zugänglich sind und keine Aufenthaltsräume haben,
   g) Terrassenüberdachungen mit einer Fläche bis zu 30 m² und einer Tiefe bis zu 3 m,
   h) Gartenlauben in Kleingartenanlagen im Sinne des § 1 Absatz 1 des Bundeskleingartengesetzes vom 28. Februar 1983 (BGBl. I S. 210), das zuletzt durch Artikel 11 des Gesetzes vom 19. September 2006 (BGBl. I S. 2146) geändert worden ist, in der jeweils geltenden Fassung,
2. Anlagen der technischen Gebäudeausrüstung, ausgenommen freistehende Abgasanlagen mit einer Höhe von mehr als 10 m,
3. folgende Anlagen zur Nutzung erneuerbarer Energien:
   a) Solaranlagen in, an und auf Dach- und Außenwandflächen, ausgenommen bei Hochhäusern, sowie die damit verbundene Änderung der Nutzung oder der äußeren Gestalt des Gebäudes,
   b) gebäudeunabhängige Solaranlagen mit einer Höhe bis zu 3 m und einer Gesamtlänge bis zu 9 m,
   c) Windenergieanlagen bis zu 10 m Höhe, gemessen von der Geländeoberfläche bis zum höchsten Punkt der vom Rotor bestrichenen Fläche, und einem Rotordurchmesser bis 3 m, außer in reinen Wohngebieten,
4. folgende Anlagen der Ver- und Entsorgung:
   a) Brunnen,
   b) Anlagen, die der Telekommunikation, der öffentlichen Versorgung mit Elektrizität, Gas, Öl oder Wärme dienen, mit einer Höhe bis zu 5 m und einer Brutto-Grundfläche bis zu 10 m²,
   c) Be- und Entwässerungsanlagen, die einem land- oder forstwirtschaftlichen Betrieb im Sinne von § 35 Absatz 1 Nummer 1 und 2 sowie § 201 des Baugesetzbuches dienen,
5. folgende Masten, Antennen und ähnliche Anlagen:
   a) unbeschadet der Nummer 4 Buchstabe b Antennen einschließlich der Masten mit einer Höhe bis zu 15 m, auf Gebäuden gemessen ab dem Schnittpunkt der Anlage mit der Dachhaut, und zugehöriger Versorgungseinheiten mit einem Brutto-Rauminhalt bis zu 10 m³ sowie, soweit sie in, auf oder an einer bestehenden baulichen Anlage errichtet werden, die damit verbundene Änderung der Nutzung oder der äußeren Gestalt der Anlage,
   b) freistehende Antennen nach Buchstabe a im Außenbereich mit einer Höhe bis zu 20 m,
   c) Masten und Unterstützungen für Fernsprechleitungen, für Leitungen zur Versorgung mit Elektrizität, für Seilbahnen und für Leitungen sonstiger Verkehrsmittel, für Sirenen und für Fahnen,
   d) Masten, die aus Gründen des Brauchtums errichtet werden,
   e) Signalhochbauten für die Landesvermessung,
   f) Flutlichtmasten mit einer Höhe bis zu 10 m,
   g) ortsveränderliche Antennenanlagen, die längstens 24 Monate aufgestellt werden, wobei bei Masten mit mehr als 10 m Höhe vor Baubeginn die Standsicherheit der Maßnah-

me durch einen qualifizierten Tragwerksplaner im Sinne des § 66 Absatz 2 Satz 1 und 2 beurteilt und im erforderlichen Umfang nachgewiesen werden muss,
   h) an bestehende Antennenmasten nachträglich angebrachte weitere Antennen, wenn die genehmigte Gesamthöhe der Masten nicht überschritten wird oder die Anlage auch danach noch verfahrens- oder genehmigungsfrei ist,
6. folgende Behälter:
   a) ortsfeste Behälter für Flüssiggas mit einem Fassungsvermögen von weniger als 3 t, für nicht verflüssigte Gase mit einem Brutto-Rauminhalt bis zu 6 m³,
   b) ortsfeste Behälter für brennbare oder wassergefährdende Flüssigkeiten mit einem Brutto-Rauminhalt bis zu 10 m³,
   c) ortsfeste Behälter sonstiger Art mit einem Brutto-Rauminhalt bis zu 50 m³ und einer Höhe bis zu 3 m,
   d) Gülle- und Jauchebehälter sowie -gruben mit einem Rauminhalt bis zu 50 m³ und einer Höhe oder Tiefe bis zu 3 m,
   e) Gärfutterbehälter, für die ein Prüfbericht zur Typenprüfung vorliegt, mit einer Höhe bis zu 10 m und Schnitzelgruben,
   f) Fahrsilos, Kompost- und ähnliche Anlagen,
   g) Wasserbecken mit einem Beckeninhalt bis zu 100 m³,
7. folgende Mauern und Einfriedungen:
   a) Mauern einschließlich Stützmauern und Einfriedungen mit einer Höhe bis zu 2 m, außer im Außenbereich,
   b) offene, sockellose Einfriedungen für Grundstücke, die einem land- oder forstwirtschaftlichen Betrieb im Sinne der § 35 Absatz 1 Nummer 1 und 2, § 201 des Baugesetzbuches dienen,
   c) offene, sockellose Einfriedungen für Grundstücke mit nicht mehr als 5 000 m² Grundfläche, die der Schaf- und Ziegenhaltung dienen,
8. folgende Verkehrsanlagen:
   a) private Verkehrsanlagen einschließlich Brücken und Durchlässen mit einer lichten Weite bis zu 5 m und Untertunnelungen mit einem Durchmesser bis zu 3 m,
   b) land- und forstwirtschaftliche Wirtschaftswege mit wassergebundener Decke und nicht mehr als 3,50 m Breite,
9. Aufschüttungen und Abgrabungen mit einer Höhe oder Tiefe bis zu 2 m und einer Grundfläche bis zu 30 m², im Außenbereich bis zu 300 m²,
10. folgende Anlagen in Gärten und zur Freizeitgestaltung:
   a) Schwimmbecken mit einem Beckeninhalt bis zu 100 m³ einschließlich dazugehöriger luftgetragener Überdachungen, außer im Außenbereich,
   b) Sprungschanzen, Sprungtürme und Rutschbahnen mit einer Höhe bis zu 10 m,
   c) Anlagen, die der zweckentsprechenden Einrichtung von Spiel-, Abenteuerspiel-, Bolz- und Sportplätzen, Reit- und Wanderwegen, Trimm- und Lehrpfaden dienen, ausgenommen Gebäude und Tribünen,
   d) Wohnwagen, Zelte und bauliche Anlagen, die keine Gebäude sind, auf Camping-, Zelt- und Wochenendplätzen,
   e) Anlagen, die der Gartennutzung, der Gartengestaltung oder der zweckentsprechenden Einrichtung von Gärten dienen, ausgenommen Gebäude und Einfriedungen,
11. folgende tragende und nichttragende Bauteile:
   a) nichttragende und nichtaussteifende Bauteile in baulichen Anlagen,
   b) die Änderung tragender oder aussteifender Bauteile innerhalb von Wohngebäuden der Gebäudeklassen 1 und 2,
   c) Fenster und Türen sowie die dafür bestimmten Öffnungen,
   d) Außenwandbekleidungen einschließlich Maßnahmen der Wär-

medämmung, ausgenommen bei Hochhäusern, Verblendungen und Verputz baulicher Anlagen,
   e) Bedachung, einschließlich Maßnahmen der Wärmedämmung, ausgenommen bei Hochhäusern,
   f) der Dach- und Kellergeschossausbau in vorhandenen Wohngebäuden zu Wohnungen, ausgenommen bei Hochhäusern, sofern ein Prüfingenieur oder ein Prüfamt nach § 88 Absatz 2 bestätigt hat, dass Bedenken wegen der Standsicherheit sowie brandschutztechnischer Belange nicht bestehen,
12. folgende Werbeanlagen:
   a) Werbeanlagen mit einer Ansichtsfläche bis zu 1 m^2,
   b) Warenautomaten,
   c) Werbeanlagen, die nach ihrem erkennbaren Zweck nur vorübergehend für höchstens zwei Monate angebracht werden, außer im Außenbereich,
   d) Hinweisschilder (§ 10 Absatz 3 Nummer 3), wenn sie vor Ortsdurchfahrten auf einer Tafel zusammengefasst sind,
   e) Werbeanlagen in durch Bebauungsplan festgesetzten Gewerbe-, Industrie- und vergleichbaren Sondergebieten an der Stätte der Leistung mit einer Höhe bis zu 10 m

   sowie, soweit sie in, auf oder an einer bestehenden Anlage errichtet werden, die damit verbundene Änderung der Nutzung oder der äußeren Gestalt der Anlage,
13. folgende vorübergehend aufgestellte oder benutzbare Anlagen:
   a) Baustelleneinrichtungen einschließlich der Lagerhallen, Schutzhallen und Unterkünfte,
   b) Gerüste,
   c) Toilettenwagen,
   d) Behelfsbauten, die der Landesverteidigung, dem Katastrophenschutz oder der Unfallhilfe dienen,
   e) bauliche Anlagen, die für höchstens drei Monate auf genehmigtem Messe- und Ausstellungsgelände errichtet werden, ausgenommen Fliegende Bauten,
   f) Verkaufsstände und andere bauliche Anlagen auf Straßenfesten, Volksfesten und Märkten, ausgenommen Fliegende Bauten,
   g) bauliche Anlagen, die dem saisonalen Verkauf landwirtschaftlicher oder erwerbsgärtnerischer Produkte durch den Erzeuger dienen, ausgenommen Gebäude,
   h) ortsveränderlich genutzte und fahrbereit aufgestellte Geflügelställe zum Zweck der Freilandhaltung oder der ökologischen Geflügelhaltung, die einem landwirtschaftlichen Betrieb im Sinne von § 35 Absatz 1 Nummer 1 und § 201 des Baugesetzbuches dienen sowie jeweils nicht mehr als 450 m^3 Brutto-Rauminhalt und eine Auslauffläche haben, die mindestens 7 m^2 je Kubikmeter Brutto-Rauminhalt beträgt,
14. folgende Plätze:
   a) unbefestigte sowie vorübergehend befestigte Lager- und Abstellplätze, die einem land- oder forstwirtschaftlichen Betrieb im Sinne der § 35 Absatz 1 Nummer 1 und 2, § 201 des Baugesetzbuches dienen,
   b) nicht überdachte Stellplätze und Abstellplätze für Fahrräder mit einer Fläche bis zu 100 m^2 je Grundstück und deren Zufahrten,
   c) Kinderspielplätze im Sinne des § 8 Absatz 2 Satz 1,
15. folgende sonstige Anlagen:
   a) Zapfsäulen und Tankautomaten genehmigter Tankstellen sowie Ladestationen für Elektromobilität und die damit verbundene Änderung der Nutzung oder der äußeren Gestalt,
   b) Regale mit einer Höhe bis zu 7,50 m Oberkante Lagergut,
   c) Grabdenkmäler auf Friedhöfen, Feldkreuze, Denkmäler und sonstige Kunstwerke jeweils mit einer Höhe bis zu 4 m,

d) andere unbedeutende Anlagen oder unbedeutende Teile von Anlagen wie Hauseingangsüberdachungen, Markisen, Rollläden, Terrassen, Maschinenfundamente, Straßenfahrzeugwaagen, Pergolen, Jägerstände, Wildfütterungen, Bienenfreistände, Taubenhäuser, Hofeinfahrten und Teppichstangen,
e) Gaststättenerweiterungen um eine Außenbewirtschaftung, wenn die für die Erweiterung in Anspruch genommene Grundfläche 100 m² nicht überschreitet,
f) Gerüste in Dauerkulturen des Obst-, Gemüse- und Weinbaus,
g) Schutzeinrichtungen für Pflanzenkulturen im Erwerbsgarten-, Erwerbsobst- und Weinbau, beispielsweise Hagelschutznetze, sowie stationäre Wasserverteilungsanlagen,
h) Schutzeinrichtungen für Anlagen der berufsmäßigen Fischwirtschaft.

(2) Verfahrensfrei ist die Änderung der Nutzung von Anlagen, wenn
1. für die neue Nutzung keine anderen öffentlich-rechtlichen Anforderungen nach § 64 in Verbindung mit § 66 als für die bisherige Nutzung in Betracht kommen oder
2. die Errichtung oder Änderung der Anlagen nach Absatz 1 verfahrensfrei wäre.

(3) [1]Verfahrensfrei ist die Beseitigung von
1. Anlagen nach Absatz 1,
2. freistehenden Gebäuden der Gebäudeklassen 1 und 3 und
3. sonstigen Anlagen, die keine Gebäude sind, mit einer Höhe bis zu 10 m.

[2]Im Übrigen ist die beabsichtigte Beseitigung von Anlagen mindestens einen Monat zuvor der Bauaufsichtsbehörde anzuzeigen. [3]Bei nicht freistehenden Gebäuden muss die Standsicherheit des Gebäudes oder der Gebäude, an die das zu beseitigende Gebäude angebaut ist, durch einen qualifizierten Tragwerksplaner im Sinne des § 66 Absatz 2 beurteilt und im erforderlichen Umfang nachgewiesen werden; die Beseitigung ist, soweit notwendig, durch einen qualifizierten Tragwerksplaner zu überwachen. [4]Satz 3 gilt nicht, soweit an verfahrensfreie Gebäude angebaut ist. [5]§ 72 Absatz 6 Nummer 3, Absatz 8 gilt entsprechend.

(4) Verfahrensfrei sind Instandhaltungsarbeiten.

§ 62
Genehmigungsfreistellung

(1) [1]Keiner Genehmigung bedarf unter den Voraussetzungen des Absatzes 2 die Errichtung, Änderung und Nutzungsänderung baulicher Anlagen. [2]Dies gilt nicht für die Errichtung, Änderung oder Nutzungsänderung
1. von Sonderbauten,
2. von Anlagen, für die eine Umweltverträglichkeitsprüfung durchzuführen ist nach dem Gesetz über die Umweltverträglichkeitsprüfung in der Fassung der Bekanntmachung vom 18. März 2021 (BGBl. I S. 540), das durch Artikel 14 des Gesetzes vom 10. September 2021 (BGBl. I. S. 4147) geändert worden ist, oder dem Gesetz über die Umweltverträglichkeitsprüfung im Freistaat Sachsen vom 25. Juni 2019 (SächsGVBl. S. 525), das durch Artikel 2 des Gesetzes vom 20. August 2019 (SächsGVBl. S. 762) geändert worden ist, in den jeweils geltenden Fassungen, sowie
3. a) eines oder mehrerer Gebäude, wenn dadurch dem Wohnen dienende Nutzungseinheiten mit einer Größe von insgesamt mehr als 5 000 m² Brutto-Grundfläche geschaffen werden, und
   b) baulicher Anlagen, die öffentlich zugänglich sind, wenn dadurch die gleichzeitige Nutzung durch mehr als 100 zusätzliche Besucher ermöglicht wird,

die innerhalb eines Achtungsabstandes eines Betriebsbereichs nach § 3 Absatz 5a des Bundes-Immissionsschutzgesetzes in der Fassung der Bekanntmachung vom 17. Mai 2013 (BGBl. I S. 1274; 2021 I S. 123), das zuletzt durch Artikel 1 des Gesetzes vom 24. September 2021 (BGBl. I S. 4458) geändert worden ist, in der jeweils geltenden Fassung, liegen.
[3]In den Fällen des Satzes 2 Nummer 3 ist die Bauaufsichtsbehörde berechtigt, den Baube-

ginn in der Frist des Absatzes 3 Satz 3 zu untersagen und dem Bauherrn mitzuteilen, dass ein Genehmigungsverfahren durchgeführt werden soll, wenn in einem Wohngebiet im Sinne von Artikel 13 Absatz 1 Satz 2 Buchstabe c der Richtlinie 2012/18/EU des Europäischen Parlaments und des Rates vom 4. Juli 2012 zur Beherrschung der Gefahren schwerer Unfälle mit gefährlichen Stoffen, zur Änderung und anschließenden Aufhebung der Richtlinie 96/82/EG des Rates (ABl. L 197 vom 24.7.2012, S. 1) innerhalb des Achtungsabstandes nach Satz 2 Nummer 3 ein Gebäude, das dem Wohnen dient, errichtet werden soll.

(2) [1]Nach Absatz 1 ist ein Bauvorhaben genehmigungsfrei gestellt, wenn

1. es im Geltungsbereich eines Bebauungsplans im Sinne von § 30 Absatz 1 oder §§ 12, 30 Absatz 2 des Baugesetzbuches liegt;
2. es den Festsetzungen des Bebauungsplans nicht widerspricht;
3. die Erschließung im Sinne des Baugesetzbuches gesichert ist und
4. die Gemeinde nicht innerhalb der Frist nach Absatz 3 Satz 3 erklärt, dass das vereinfachte Baugenehmigungsverfahren durchgeführt werden soll oder eine vorläufige Untersagung nach § 15 Absatz 1 Satz 2 des Baugesetzbuches beantragt.

[2]Nach Absatz 1 ist ein Bauvorhaben auch dann genehmigungsfrei gestellt, wenn

1. es im Anwendungsbereich des § 34 des Baugesetzbuches liegt,
2. die Voraussetzungen des Satzes 1 Nummer 3 und 4 erfüllt sind und
3. es sich um die Änderung oder Nutzungsänderung von Dachgeschossen zu Wohnzwecken einschließlich der Errichtung von Dachgauben handelt.

(3) [1]Der Bauherr hat die erforderlichen Unterlagen vor Baubeginn jeweils einfach bei der unteren Bauaufsichtsbehörde und der Gemeinde, wenn diese nicht Bauaufsichtsbehörde ist, einzureichen. [2]Die Bauaufsichtsbehörde hat dem Bauherrn innerhalb von fünf Werktagen das Eingangsdatum der vollständigen Unterlagen zu bestätigen oder fehlende Unterlagen einmal nachzufordern. [3]Mit dem Bauvorhaben darf drei Wochen nach dem von der Bauaufsichtsbehörde bestätigten Eingangsdatum begonnen werden, es sei denn die Bauaufsichtsbehörde untersagt den Baubeginn innerhalb dieser Frist. [4]Sind Abweichungen nach § 67 Absatz 1 Satz 1 beantragt worden, darf mit der Bauausführung der davon betroffenen Teile des Bauvorhabens erst begonnen werden, wenn dem Antrag entsprochen wurde. [5]Der Baubeginn ist zu untersagen, wenn die Gemeinde dem Bauherrn und der Bauaufsichtsbehörde vor Ablauf der Frist mitteilt, dass ein Genehmigungsverfahren durchgeführt werden soll oder sie eine Untersagung nach § 15 Absatz 1 Satz 2 des Baugesetzbuches beantragen wird, sowie wenn die Voraussetzungen der Absätze 1 und 2 nicht vorliegen. [6]Will der Bauherr mit der Ausführung des Bauvorhabens mehr als drei Jahre, nachdem die Bauausführung nach Satz 3 zulässig geworden ist, beginnen, gelten die Sätze 1 bis 4 entsprechend.

(4) [1]Die Erklärung der Gemeinde nach Absatz 2 Nummer 4 erste Alternative kann insbesondere deshalb erfolgen, weil sie eine Überprüfung der sonstigen Voraussetzungen des Absatzes 2 oder des Bauvorhabens aus anderen Gründen für erforderlich hält. [2]Darauf, dass die Gemeinde von ihrer Erklärungsmöglichkeit keinen Gebrauch macht, besteht kein Rechtsanspruch.

(5) [1]§ 66 bleibt unberührt. [2]§ 68 Absatz 2 Satz 1, Absatz 4 Satz 1 und 2, § 72 Absatz 6 Nummer 2, Absatz 7 und 8 sind entsprechend anzuwenden.

ABSCHNITT 3
Genehmigungsverfahren

§ 63
Vereinfachtes Baugenehmigungsverfahren

[1]Außer bei baulichen Anlagen nach § 62 Absatz 1 Satz 2 Nummer 1 und 2 prüft die Bauaufsichtsbehörde

1. die Übereinstimmung mit den Vorschriften über die Zulässigkeit der baulichen

Anlagen nach den §§ 29 bis 38 des Baugesetzbuches;
2. beantragte Abweichungen im Sinne des § 67 Absatz 1 und 2 Satz 2 sowie
3. andere öffentlich-rechtliche Anforderungen, soweit wegen der Baugenehmigung eine Entscheidung nach anderen öffentlich-rechtlichen Vorschriften entfällt oder ersetzt wird.

[2]§ 66 bleibt unberührt.

§ 64 Baugenehmigungsverfahren

[1]Bei genehmigungsbedürftigen baulichen Anlagen, die nicht unter § 63 fallen, prüft die Bauaufsichtsbehörde
1. die Übereinstimmung mit den Vorschriften über die Zulässigkeit der baulichen Anlagen nach den §§ 29 bis 38 des Baugesetzbuches;
2. Anforderungen nach den Vorschriften dieses Gesetzes und aufgrund dieses Gesetzes sowie
3. andere öffentlich-rechtliche Anforderungen, soweit wegen der Baugenehmigung eine Entscheidung nach anderen öffentlich-rechtlichen Vorschriften entfällt oder ersetzt wird.

[2]Die durch eine Umweltverträglichkeitsprüfung ermittelten, beschriebenen und bewerteten Umweltauswirkungen sind nach Maßgabe des Gesetzes über die Umweltverträglichkeitsprüfung und des Gesetzes über die Umweltverträglichkeitsprüfung im Freistaat Sachsen in den jeweils geltenden Fassungen zu berücksichtigen. [3]§ 66 bleibt unberührt.

§ 65 Bauvorlageberechtigung

(1) [1]Bauvorlagen für die nicht verfahrensfreie Errichtung und Änderung von Gebäuden müssen von einem Entwurfsverfasser unterschrieben sein, der bauvorlageberechtigt ist. [2]Dies gilt nicht für
1. Bauvorlagen, die üblicherweise von Fachkräften mit anderer Ausbildung als nach Absatz 2 verfasst werden, und
2. geringfügige oder technisch einfache Bauvorhaben.

(2) Bauvorlageberechtigt ist, wer
1. die Berufsbezeichnung „Architekt" führen darf oder als auswärtiger Architekt nach § 35 Absatz 1 des Sächsischen Architektengesetzes in der Fassung der Bekanntmachung vom 7. März 2017 (SächsGVBl. S. 102, 237), das zuletzt durch Artikel 2 des Gesetzes vom 30. September 2020 (SächsGVBl. S. 524) geändert worden ist, in der jeweils geltenden Fassung, tätig wird; ein auswärtiger Architekt nach § 35 Absatz 1 des Sächsischen Architektengesetzes ist nur im Umfang der Bauvorlageberechtigung seines Niederlassungsmitgliedstaates bauvorlageberechtigt,
2. die Voraussetzungen des § 3a des Sächsischen Ingenieurgesetzes vom 10. Februar 2017 (SächsGVBl. S. 50), das zuletzt durch Artikel 3 des Gesetzes vom 1. März 2024 (SächsGVBl. S. 169) geändert worden ist, in der jeweils geltenden Fassung erfüllt,
3. die Berufsbezeichnung „Innenarchitekt" führen darf oder als auswärtiger Innenarchitekt nach § 35 Absatz 1 des Sächsischen Architektengesetzes tätig wird für die mit der Berufsaufgabe des Innenarchitekten verbundenen baulichen Änderungen von Gebäuden; ein auswärtiger Innenarchitekt nach § 35 Absatz 1 des Sächsischen Architektengesetzes ist nur im Umfang der Bauvorlageberechtigung seines Niederlassungsmitgliedstaates bauvorlageberechtigt, oder
4. einen berufsqualifizierenden Hochschulabschluss eines Studiums der Fachrichtung Architektur, Hochbau oder des Bauingenieurwesens nachweist, danach mindestens zwei Jahre auf dem Gebiet der Entwurfsplanung von Gebäuden praktisch tätig gewesen ist und Bediensteter einer juristischen Person des öffentlichen Rechts ist, für die dienstliche Tätigkeit.

(3) [1]Bauvorlageberechtigt für
1. freistehende, eingeschossige Gebäude mit einer Brutto-Grundfläche bis zu 80 m²;

2. Änderungen an Gebäuden der Gebäudeklassen 1 und 2 soweit sie sich nicht auf die Änderung der Art der Nutzung beziehen sowie deren Erweiterung um nicht mehr als 80 m² und
3. freistehende oder einseitig angebaute Garagen bis zu 100 m² Brutto-Grundfläche

ist auch, wer Meisterin oder Meister des Maurer-, Betonbauer- oder des Zimmererhandwerks ist oder diesen nach § 7 Absatz 3, 7 oder 9 der Handwerksordnung gleichgestellt ist. [2]Die Bauvorlageberechtigung nach Satz 1 entsteht sechs Jahre nach Erwerb der dort genannten Qualifikation. [3]Nach Satz 1 bauvorlageberechtigt sind auch Personen, die in einem anderen Mitgliedstaat der Europäischen Union, einem anderen Vertragsstaat des Abkommens über den Europäischen Wirtschaftsraum oder der Schweiz zur Erbringung von Entwurfsleistungen nach Satz 1 rechtmäßig niedergelassen sind, eine vergleichbare Berechtigung vorweisen können und diese Leistungen nur vorübergehend und gelegentlich im Freistaat Sachsen erbringen. [4]Die Bauvorlageberechtigten nach den Sätzen 1 und 3 sind verpflichtet, sich jährlich im Bereich des öffentlichen Baurechts fortzubilden. [5]Die Erfüllung der jährlichen Fortbildungspflicht haben die Bauvorlageberechtigten gegenüber der Ingenieurkammer Sachsen nachzuweisen. [6]Sie haben sich ausreichend gegen Haftpflichtansprüche zu versichern, die aus ihrer eigenverantwortlichen Tätigkeit herrühren können. [7]Es ist eine Nachhaftung des Versicherers für mindestens fünf Jahre nach Beendigung des Versicherungsvertrages zu vereinbaren. [8]Die Mindestversicherungssumme beträgt für jeden Versicherungsfall 1,5 Millionen Euro für Personenschäden und 300 000 Euro für Sach- und Vermögensschäden. [9]Als Jahreshöchstleistung für alle im Versicherungsjahr verursachten Schäden muss der dreifache Betrag der Mindestversicherungssumme veranschlagt sein.

§ 66
Bautechnische Nachweise

(1) [1]Die Einhaltung der Anforderungen an die Standsicherheit, den Brand-, Schall-, und Erschütterungsschutz ist nach näherer Maßgabe der Verordnung aufgrund § 88 Absatz 3 nachzuweisen (bautechnische Nachweise). [2]Dies gilt nicht für verfahrensfreie Bauvorhaben, einschließlich der Beseitigung von Anlagen, soweit nicht in diesem Gesetz oder in der Rechtsverordnung aufgrund § 88 Absatz 3 anderes bestimmt ist. [3]Die Bauvorlageberechtigung nach § 65 Absatz 2 Nummer 1, 2 und 4 schließt die Berechtigung zur Erstellung der bautechnischen Nachweise ein, soweit nicht nachfolgend Abweichendes bestimmt ist.

(2) [1]Bei
1. Gebäuden der Gebäudeklasse 1 bis 3 und
2. sonstigen baulichen Anlagen, die keine Gebäude sind,

muss der Standsicherheitsnachweis von einer Person mit einem berufsqualifizierenden Hochschulabschluss eines Studiums der Fachrichtung Architektur, Hochbau oder des Bauingenieurwesens mit einer mindestens dreijährigen Berufserfahrung in der Tragwerksplanung erstellt sein, die in einer von der Ingenieurkammer Sachsen zu führenden Liste der qualifizierten Tragwerksplaner eingetragen ist. [2]Eintragungen anderer Länder gelten auch im Freistaat Sachsen. [3]Auch bei anderen Bauvorhaben darf der Standsicherheitsnachweis von einem Tragwerksplaner nach Satz 1 oder 2 erstellt werden. [4]Bei Bauvorhaben der Gebäudeklasse 4, ausgenommen Sonderbauten sowie Mittel- und Großgaragen im Sinne der Verordnung nach § 88 Absatz 1 Nummer 3, muss der Brandschutznachweis erstellt sein von
1. einem für das Bauvorhaben Bauvorlageberechtigten, der die erforderlichen Kenntnisse des Brandschutzes nachgewiesen hat,
2. a) einem Angehörigen der Fachrichtungen Architektur, Hochbau, Bauingenieurwesen oder eines Studiengangs mit Schwerpunkt Brandschutz, der ein Studium an einer deutschen Hochschule oder ein gleichwertiges Studium an einer ausländischen Hochschule erfolgreich abgeschlossen hat, oder

b) einem Absolventen einer Ausbildung für mindestens den gehobenen feuerwehrtechnischen Dienst,

der nach Abschluss der Ausbildung mindestens zwei Jahre auf dem Gebiet der brandschutztechnischen Planung und Ausführung von Gebäuden oder deren Prüfung praktisch tätig gewesen ist und die erforderlichen Kenntnisse des Brandschutzes nachgewiesen hat,

und der in einer von der Architektenkammer Sachsen oder der Ingenieurkammer Sachsen zu führenden Liste der qualifizierten Brandschutzplaner eingetragen ist. [5]Eintragungen anderer Länder gelten auch im Freistaat Sachsen. [6]Auch bei anderen Bauvorhaben darf der Brandschutznachweis von einem Brandschutzplaner nach Satz 4 erstellt werden. [7]Die Anerkennung als Prüfingenieur im Sinne der Verordnung nach § 88 Absatz 2 schließt die Berechtigung zur Erstellung der bautechnischen Nachweise in seinem jeweiligen Fachbereich ein. [8]Für Personen, die in einem anderen Mitgliedstaat der Europäischen Union, einem anderen Vertragsstaat des Abkommens über den Europäischen Wirtschaftsraum oder der Schweiz zur Erstellung von Standsicherheits- oder Brandschutznachweisen niedergelassen sind, gelten die §§ 41f und 41g des Sächsischen Ingenieurgesetzes entsprechend. [9]Zuständige Stelle für Personen nach Satz 1 ist die Ingenieurkammer Sachsen, für Personen nach Satz 4 die Ingenieurkammer Sachsen oder die Architektenkammer Sachsen und für Personen nach Satz 7 die oberste Bauaufsichtsbehörde.

(3) [1]Bei Gebäuden der Gebäudeklassen 4 und 5 muss der Standsicherheitsnachweis bauaufsichtlich geprüft sein. [2]Dies gilt auch bei

1. Gebäuden der Gebäudeklasse 1 bis 3, ausgenommen Wohngebäude der Gebäudeklassen 1 und 2,
2. Behältern, Brücken, Stützmauern, Tribünen und
3. sonstigen baulichen Anlagen, die keine Gebäude sind, mit einer Höhe von mehr als 10 m,

wenn dies nach Maßgabe eines in der Rechtsverordnung nach § 88 Absatz 3 geregelten Kriterienkatalogs erforderlich ist. [3]Bei

1. Sonderbauten,
2. Mittel- und Großgaragen im Sinne der Verordnung nach § 88 Absatz 1 Nummer 3 und
3. Gebäuden der Gebäudeklasse 5,

muss der Brandschutznachweis bauaufsichtlich geprüft sein.

(4) [1]Außer in den Fällen des Absatzes 3 werden bautechnische Nachweise nicht geprüft. [2]§ 67 bleibt unberührt. [3]Einer bauaufsichtlichen Prüfung bedarf es ferner nicht, soweit für das Bauvorhaben Standsicherheitsnachweise vorliegen, die von einem Prüfamt allgemein geprüft sind (Typenprüfung). [4]Typenprüfungen anderer Länder gelten auch im Freistaat Sachsen.

§ 67
Abweichungen

(1) [1]Die Bauaufsichtsbehörde soll Abweichungen von Anforderungen dieses Gesetzes und aufgrund dieses Gesetzes erlassener Vorschriften zulassen, wenn sie unter Berücksichtigung des Zwecks der jeweiligen Anforderung und unter Würdigung der öffentlich-rechtlich geschützten nachbarlichen Belange mit den öffentlichen Belangen, insbesondere den Anforderungen des § 3 Satz 1 vereinbar sind. [2]Dies gilt insbesondere für

1. Vorhaben, die der Weiternutzung bestehender Gebäude dienen,
2. Vorhaben zur Energieeinsparung und Nutzung erneuerbarer Energien,
3. Vorhaben zur Erprobung neuer Bau- und Wohnformen.

[3]§ 88a Absatz 1 Satz 3 bleibt unberührt. [4]Der Zulassung einer Abweichung bedarf es auch nicht, wenn bautechnische Nachweise bauaufsichtlich geprüft werden.

(2) [1]Die Zulassung von Abweichungen nach Absatz 1, von Ausnahmen und Befreiungen von den Festsetzungen eines Bebauungsplans oder einer sonstigen städtebaulichen Satzung oder von Regelungen der Baunutzungsverordnung in der Fassung der Bekanntmachung vom 21. November 2017

(BGBl. I S. 3786), die durch Artikel 2 des Gesetzes vom 14. Juni 2021 (BGBl. I S. 1802) geändert worden ist, in der jeweils geltenden Fassung, ist gesondert schriftlich zu beantragen; der Antrag ist zu begründen. [2]Für Anlagen, die keiner Genehmigung bedürfen, sowie für Abweichungen von Vorschriften, die im Genehmigungsverfahren nicht geprüft werden, gilt Satz 1 entsprechend.
(3) Über Abweichungen nach Absatz 1 Satz 1 von örtlichen Bauvorschriften sowie über Ausnahmen und Befreiungen nach Absatz 2 Satz 1 entscheidet bei verfahrensfreien Bauvorhaben die Gemeinde nach Maßgabe der Absätze 1 und 2.

§ 68
Bauantrag, Bauvorlagen

(1) Der Bauantrag ist schriftlich bei der unteren Bauaufsichtsbehörde einzureichen.
(2) [1]Mit dem Bauantrag sind alle für die Beurteilung des Bauvorhabens und die Bearbeitung des Bauantrags erforderlichen Bauvorlagen einzureichen. [2]Näheres regelt die Rechtsverordnung nach § 88 Absatz 3.
(3) In besonderen Fällen kann zur Beurteilung der Einwirkung des Bauvorhabens auf die Umgebung verlangt werden, dass es in geeigneter Weise auf dem Baugrundstück dargestellt wird.
(4) [1]Der Bauherr und der Entwurfsverfasser haben den Bauantrag, der Entwurfsverfasser die Bauvorlagen zu unterschreiben. [2]Die von Fachplanern nach § 54 Absatz 2 bearbeiteten Unterlagen müssen auch von diesen unterschrieben sein. [3]Ist der Bauherr nicht Grundstückseigentümer, kann die Zustimmung des Grundstückseigentümers zu dem Bauvorhaben gefordert werden.

§ 69
Behandlung des Bauantrags

(1) [1]Die Bauaufsichtsbehörde hört zum Bauantrag die Gemeinde und diejenigen Stellen,
1. deren Beteiligung oder Anhörung für die Entscheidung über den Bauantrag durch Rechtsvorschrift vorgeschrieben ist, oder
2. ohne deren Stellungnahme die Genehmigungsfähigkeit des Bauantrags nicht beurteilt werden kann.

[2]Die Beteiligung oder Anhörung entfällt, wenn die Gemeinde oder die jeweilige Stelle dem Bauantrag bereits vor Einleitung des Baugenehmigungsverfahrens zugestimmt hat. [3]Bedarf die Erteilung der Baugenehmigung der Zustimmung oder des Einvernehmens einer anderen Körperschaft, Behörde oder sonstigen Stelle, gilt diese als erteilt, wenn sie nicht einen Monat nach Eingang des Ersuchens verweigert wird. [4]Von der Frist nach Satz 3 abweichende Regelungen durch Rechtsvorschrift bleiben unberührt. [5]Stellungnahmen bleiben unberücksichtigt, wenn sie nicht innerhalb eines Monats nach Aufforderung zur Stellungnahme bei der Bauaufsichtsbehörde eingehen, es sei denn, die verspätete Stellungnahme ist für die Rechtmäßigkeit der Entscheidung über den Bauantrag von Bedeutung.
(2) [1]Sobald der Bauantrag und die Bauvorlagen vollständig sind, bestätigt die Bauaufsichtsbehörde unverzüglich dem Bauherrn die Vollständigkeit von Bauantrag und Bauvorlagen und den nach Absatz 4 ermittelten Zeitpunkt der Entscheidung. [2]Sind der Bauantrag oder die Bauvorlagen unvollständig oder weisen sie sonstige erhebliche Mängel auf, fordert die Bauaufsichtsbehörde unverzüglich den Bauherrn zur Behebung der Mängel innerhalb einer angemessenen Frist auf. [3]Werden die Mängel innerhalb der Frist nicht behoben, gilt der Antrag als zurückgenommen.
(3) Die Bauaufsichtsbehörde hat möglichst frühzeitig auf das Erfordernis der Erteilung anderer öffentlich-rechtlicher Genehmigungen oder Erlaubnisse vor Baubeginn hinzuweisen.
(4) [1]Die Bauaufsichtsbehörde entscheidet innerhalb von drei Monaten über den Bauantrag. [2]Die Frist nach Satz 1 beginnt mit dem bestätigten Eingangsdatum nach Absatz 2 Satz 1. [3]Erklärt die Gemeinde, dass das vereinfachte Baugenehmigungsverfahren durchgeführt werden soll, beginnt die Frist nicht vor Eingang der Erklärung der Gemeinde bei der Bauaufsichtsbehörde. [4]Sie kann bei Vor-

liegen eines wichtigen Grundes um höchstens zwei Monate verlängert werden. [5]Wird die Frist verlängert, ist dies dem Bauherrn unter Nennung der Gründe und unter Angabe des voraussichtlichen Zeitpunkts der Entscheidung mitzuteilen.

(5) [1]Im vereinfachten Verfahren nach § 63, ausgenommen bei baulichen Anlagen nach § 62 Absatz 1 Satz 2 Nummer 3, gilt die Genehmigung als erteilt, wenn die Bauaufsichtsbehörde nicht innerhalb der Frist des Absatzes 4 über den Bauantrag entschieden hat. [2]Die Bauaufsichtsbehörde hat auf Antrag des Bauherrn darüber ein Zeugnis auszustellen. [3]Das Zeugnis steht der Genehmigung gleich. [4]§ 66 bleibt unberührt.

§ 70
Beteiligung der Nachbarn und der Öffentlichkeit

(1) [1]Die Bauaufsichtsbehörde muss die Eigentümer benachbarter Grundstücke (Nachbarn) vor Erteilung von Abweichungen und Befreiungen benachrichtigen, wenn zu erwarten ist, dass öffentlich-rechtlich geschützte nachbarliche Belange berührt werden. [2]Einwendungen sind innerhalb von zwei Wochen nach Zugang der Benachrichtigung bei der Bauaufsichtsbehörde schriftlich oder zur Niederschrift vorzubringen.

(2) Die Benachrichtigung entfällt, wenn die zu benachrichtigenden Nachbarn die Lagepläne und Bauzeichnungen unterschrieben oder der Erteilung von Abweichungen und Befreiungen schriftlich zugestimmt haben.

(3) [1]Haben die Nachbarn dem Bauvorhaben nicht zugestimmt, ist ihnen die Baugenehmigung zuzustellen. [2]Bei Bauvorhaben, die keiner Genehmigung bedürfen, ist ihnen die Entscheidung über die Erteilung von Abweichungen und Befreiungen zuzustellen. [3]Bei mehr als 20 Nachbarn kann die Zustellung nach den Sätzen 1 oder 2 durch öffentliche Bekanntmachung ersetzt werden; die Bekanntmachung hat den verfügenden Teil der Baugenehmigung oder die Entscheidung über Abweichungen oder Befreiungen, die Rechtsbehelfsbelehrung und einen Hinweis darauf zu enthalten, wo die Akten eingesehen werden können. [4]Sie ist im amtlichen Veröffentlichungsblatt der Bauaufsichtsbehörde bekannt zu machen. [5]Die Zustellung gilt mit dem Tag der Bekanntmachung als bewirkt.

(4) [1]Bei baulichen Anlagen, die aufgrund ihrer Beschaffenheit oder ihres Betriebs geeignet sind, die Allgemeinheit oder die Nachbarschaft zu gefährden, zu benachteiligen oder zu belästigen, kann die Bauaufsichtsbehörde auf Antrag des Bauherrn das Bauvorhaben in ihrem amtlichen Veröffentlichungsblatt und außerdem in örtlichen Tageszeitungen, die im Bereich des Standorts der Anlage verbreitet sind, öffentlich bekannt machen; verfährt die Bauaufsichtsbehörde nach Halbsatz 1, finden die Absätze 1 und 2 keine Anwendung. [2]In der Bekanntmachung nach Satz 1 Halbsatz 1 ist darauf hinzuweisen,

1. wo und wann die Akten des Verfahrens eingesehen werden können,
2. wo und wann Einwendungen gegen das Bauvorhaben vorgebracht werden können,
3. welche Rechtsfolgen mit Ablauf der Frist des Satzes 3 eintreten und
4. dass die Zustellung der Entscheidung nach Absatz 3 Satz 1 oder Satz 2 durch öffentliche Bekanntmachung ersetzt werden kann.

[3]Mit Ablauf einer Frist von einem Monat nach der Bekanntmachung des Bauvorhabens nach Satz 1 Halbsatz 1 sind alle öffentlich-rechtlichen Einwendungen gegen das Bauvorhaben ausgeschlossen. [4]Die Zustellung der Entscheidung nach Absatz 3 Satz 1 oder Satz 2 kann durch öffentliche Bekanntmachung ersetzt werden; Satz 1 Halbsatz 1 und Absatz 3 Satz 3 Halbsatz 2 und Satz 5 gelten entsprechend.

(5) [1]Bei der Errichtung, Änderung oder Nutzungsänderung

1. eines oder mehrerer Gebäude, wenn dadurch dem Wohnen dienende Nutzungseinheiten mit einer Größe von insgesamt mehr als 5 000 m² Bruttogrundfläche geschaffen werden,
2. baulicher Anlagen, die öffentlich zugänglich sind, wenn dadurch die gleichzeitige Nutzung durch mehr als 100 zusätzliche Besucher ermöglicht wird, und

3. baulicher Anlagen, die nach Durchführung des Bauvorhabens Sonderbauten nach § 2 Absatz 4 Nummer 9 Buchstabe c, Nummer 10 bis 13, 15 und 16 sind,

ist eine Öffentlichkeitsbeteiligung nach Artikel 15 der Richtlinie 2012/18/EU in Verbindung mit § 10 Absatz 3 Satz 1 bis 5, Absatz 4 Nummer 1, 2 und 4, Absatz 5 und 7 Satz 1 des Bundes-Immissionsschutzgesetzes durchzuführen, wenn sie innerhalb eines Achtungsabstandes eines Betriebsbereiches im Sinne des § 3 Absatz 5a des Bundes-Immissionsschutzgesetzes liegen. [2]Haben mehr als 20 Personen Einwendungen erhoben, kann die Zustellung durch die öffentliche Bekanntmachung ersetzt werden, § 10 Absatz 8 des Bundes-Immissionsschutzgesetzes gilt entsprechend. [3]Besteht für das Vorhaben eine Pflicht zur Durchführung einer Umweltverträglichkeitsprüfung, muss die Bekanntmachung des Vorhabens darüber hinaus den Anforderungen des § 19 Absatz 1 des Gesetzes über die Umweltverträglichkeitsprüfung entsprechen.

§ 71
Ersetzung des gemeindlichen Einvernehmens

(1) Hat eine Gemeinde ihr nach § 14 Absatz 2 Satz 2, § 22 Absatz 5 Satz 1, § 36 Absatz 1 Satz 1 und 2 des Baugesetzbuches erforderliches Einvernehmen rechtswidrig versagt, ist das fehlende Einvernehmen nach Maßgabe der Absätze 2 bis 4 zu ersetzen.

(2) [1]§ 114 der Sächsischen Gemeindeordnung in der Fassung der Bekanntmachung vom 9. März 2018 (SächsGVBl. S. 62), die zuletzt durch Artikel 1 des Gesetzes vom 9. Februar 2022 (SächsGVBl. S. 134) geändert worden ist, in der jeweils geltenden Fassung, findet keine Anwendung. [2]§§ 115 und 116 der Sächsischen Gemeindeordnung finden nach Maßgabe der Absätze 1, 3 und 4 Anwendung.

(3) [1]Entscheidungen der Bauaufsichtsbehörde in Fällen des Absatzes 1 gelten im Hinblick auf das versagte Einvernehmen der Gemeinde zugleich als Ersatzvornahme im Sinne des § 116 der Sächsischen Gemeindeordnung. [2]Sie sind insoweit zu begründen. [3]Widerspruch und Anfechtungsklage haben auch insoweit keine aufschiebende Wirkung, als die Genehmigung als Ersatzvornahme gilt.

(4) [1]Die Gemeinde ist vor Erlass der Genehmigung anzuhören. [2]Dabei ist ihr Gelegenheit zu geben, binnen angemessener Frist erneut über das gemeindliche Einvernehmen zu entscheiden.

§ 72
Baugenehmigung, Baubeginn

(1) Die Baugenehmigung ist zu erteilen, wenn dem Bauvorhaben keine öffentlich-rechtlichen Vorschriften entgegenstehen, die im bauaufsichtlichen Genehmigungsverfahren zu prüfen sind.

(2) [1]Die Baugenehmigung bedarf der Schriftform. [2]Sie ist nur insoweit zu begründen, als Abweichungen oder Befreiungen von nachbarschützenden Vorschriften zugelassen werden und der Nachbar nicht nach § 70 Absatz 2 zugestimmt hat.

(3) Die Baugenehmigung kann unter Auflagen, Bedingungen und dem Vorbehalt der nachträglichen Aufnahme, Änderung oder Ergänzung einer Auflage sowie befristet erteilt werden.

(4) Die Baugenehmigung wird unbeschadet der Rechte Dritter erteilt.

(5) [1]Die Gemeinde ist, wenn sie nicht Bauaufsichtsbehörde ist, von der Erteilung, Verlängerung, Ablehnung, Rücknahme und dem Widerruf einer Baugenehmigung, Teilbaugenehmigung, eines Vorbescheids, einer Zustimmung, einer Abweichung, einer Ausnahme oder einer Befreiung zu unterrichten. [2]Eine Ausfertigung des Bescheids ist beizufügen.

(6) Mit der Bauausführung oder mit der Ausführung des jeweiligen Bauabschnitts darf erst begonnen werden, wenn

1. die Baugenehmigung dem Bauherrn zugegangen ist und
2. die bautechnischen Nachweise nach § 66 sowie
3. die Baubeginnsanzeige

der Bauaufsichtsbehörde vorliegen.

(7) [1]Vor Baubeginn eines Gebäudes müssen die Grundrissfläche abgesteckt und seine Höhenlage festgelegt sein. [2]Baugenehmigungen

und Bauvorlagen müssen an der Baustelle von Baubeginn an vorliegen.

(8) Der Bauherr hat den Ausführungsbeginn genehmigungsbedürftiger Vorhaben und die Wiederaufnahme der Bauarbeiten nach einer Unterbrechung von mehr als drei Monaten mindestens eine Woche vorher der Bauaufsichtsbehörde schriftlich mitzuteilen (Baubeginnsanzeige).

§ 72a
Typengenehmigung

(1) [1]Für bauliche Anlagen oder Teile derselben, die in derselben Ausführung an mehreren Stellen errichtet werden sollen, erteilt die oberste Bauaufsichtsbehörde auf Antrag eine Typengenehmigung, wenn die baulichen Anlagen oder Teile derselben den Anforderungen nach diesem Gesetz oder aufgrund dieses Gesetzes erlassener Vorschriften entsprechen. [2]Eine Typengenehmigung kann auch für bauliche Anlagen erteilt werden, die in unterschiedlicher Ausführung, aber nach einem bestimmten System und aus bestimmten Bauteilen an mehreren Stellen errichtet werden sollen. [3]In ihr sind die zulässigen unterschiedlichen Ausführungen festzulegen. [4]Für Fliegende Bauten wird eine Typengenehmigung nicht erteilt.

(2) [1]Die Typengenehmigung gilt fünf Jahre. [2]Die Frist kann auf Antrag jeweils bis zu fünf Jahre verlängert werden. [3]Sie kann auch rückwirkend verlängert werden, wenn der Antrag vor Fristablauf bei der obersten Bauaufsichtsbehörde eingegangen ist.

(3) Typengenehmigungen anderer Bundesländer gelten auch im Freistaat Sachsen.

(4) Die §§ 65 bis 67 Absatz 1 und 2 Satz 1, § 68 Absatz 1, 2 und 4 Satz 1 und 2 sowie § 69 Absatz 2 gelten entsprechend.

(5) [1]Eine Typengenehmigung entbindet nicht von der Verpflichtung, ein bauaufsichtliches Verfahren durchzuführen. [2]Die in der Typengenehmigung entschiedenen Fragen sind von der Bauaufsichtsbehörde nicht mehr zu prüfen. [3]Dies gilt entsprechend für die bautechnischen Nachweise nach § 66. [4]Soweit es aufgrund örtlicher Verhältnisse im Einzelfall erforderlich ist, kann die Bauaufsichtsbehörde weitere Auflagen machen oder genehmigte Typen ausschließen.

§ 73
Geltungsdauer der Genehmigung

(1) Die Baugenehmigung und die Teilbaugenehmigung erlöschen, wenn innerhalb von drei Jahren nach ihrer Erteilung mit der Ausführung des Bauvorhabens nicht begonnen oder die Bauausführung länger als zwei Jahre unterbrochen worden ist; die Einlegung eines Rechtsbehelfs eines Dritten hemmt den Lauf der Frist bis zur Unanfechtbarkeit der Genehmigung.

(2) [1]Die Frist nach Absatz 1 kann auf schriftlichen Antrag jeweils um bis zu zwei Jahre verlängert werden. [2]Sie kann auch rückwirkend verlängert werden, wenn der Antrag vor Fristablauf bei der Bauaufsichtsbehörde eingegangen ist.

§ 74
Teilbaugenehmigung

[1]Ist ein Bauantrag eingereicht, kann der Beginn der Bauarbeiten für die Baugrube und für einzelne Bauteile oder Bauabschnitte auf schriftlichen Antrag schon vor Erteilung der Baugenehmigung gestattet werden (Teilbaugenehmigung). [2]§ 72 gilt entsprechend.

§ 75
Vorbescheid

[1]Vor Einreichung des Bauantrags ist auf Antrag des Bauherrn zu einzelnen Fragen des Bauvorhabens ein Vorbescheid zu erteilen. [2]Der Vorbescheid gilt drei Jahre; die Einlegung eines Rechtsbehelfs eines Dritten hemmt den Lauf der Frist bis zur Unanfechtbarkeit des Vorbescheids. [3]Die Frist kann auf schriftlichen Antrag jeweils bis zu einem Jahr verlängert werden. [4]§§ 68, 69 Absatz 1 bis 3, §§ 70, 72 Absatz 1 bis 4 und § 73 Absatz 2 Satz 2 gelten entsprechend.

§ 76
Genehmigung Fliegender Bauten

(1) [1]Fliegende Bauten sind bauliche Anlagen, die geeignet und bestimmt sind, an verschiedenen Orten wiederholt aufgestellt und zerlegt zu werden. [2]Baustelleneinrichtungen und Baugerüste sowie Bühnen- und Traversenkonstruktionen innerhalb von Gebäuden sind keine Fliegenden Bauten.

(2) [1]Fliegende Bauten bedürfen, bevor sie erstmals aufgestellt und in Gebrauch genommen werden, einer Ausführungsgenehmigung. [2]Dies gilt nicht für

1. Fliegende Bauten mit einer Höhe bis zu 5 m, die nicht dazu bestimmt sind, von Besuchern betreten zu werden;
2. Fliegende Bauten mit einer Höhe bis zu 5 m, die für Kinder betrieben werden und eine Geschwindigkeit von höchstens 1 m/s haben;
3. Bühnen, die Fliegende Bauten sind, einschließlich Überdachungen und sonstigen Aufbauten mit einer Höhe bis zu 5 m, einer Grundfläche bis zu 100 m² und einer Fußbodenhöhe bis zu 1,50 m;
4. erdgeschossige Zelte und betretbare Verkaufsstände, die Fliegende Bauten sind, jeweils mit einer Grundfläche bis zu 75 m² und
5. aufblasbare Spielgeräte mit einer Höhe des betretbaren Bereichs von bis zu 5 m oder mit überdachten betretbaren Bereichen, bei denen die Entfernung zum Ausgang nicht mehr als 3 m, sofern ein Absinken der Überdachung konstruktiv verhindert wird nicht mehr als 10 m, beträgt.

(3) [1]Die Ausführungsgenehmigung wird auf Antrag durch eine von der obersten Bauaufsichtsbehörde in der aufgrund von § 88 Absatz 4 Nummer 6 erlassenen Rechtsverordnung bestimmten Stelle erteilt, wenn der Antragsteller seine Hauptwohnung oder seine gewerbliche Niederlassung im Freistaat Sachsen hat. [2]Hat der Antragsteller seine Hauptwohnung oder seine gewerbliche Niederlassung außerhalb der Bundesrepublik Deutschland, ist die nach Satz 1 bestimmte Stelle zuständig, wenn der Fliegende Bau zum ersten Mal im Bereich des Freistaates Sachsen aufgestellt oder in Gebrauch genommen werden soll, Absatz 4 Satz 5 gilt entsprechend.

(4) [1]Die Ausführungsgenehmigung wird für eine bestimmte Frist erteilt, die höchstens fünf Jahre betragen soll. [2]Sie kann auf schriftlichen Antrag von der für die Erteilung der Ausführungsgenehmigung zuständigen Stelle jeweils bis zu fünf Jahren verlängert werden. [3]§ 73 Absatz 2 Satz 2 gilt entsprechend. [4]Die Ausführungsgenehmigungen werden in ein Prüfbuch eingetragen, dem eine Ausfertigung der mit einem Genehmigungsvermerk zu versehenden Bauvorlagen beizufügen ist. [5]Ausführungsgenehmigungen anderer Länder gelten auch im Freistaat Sachsen.

(5) [1]Der Inhaber der Ausführungsgenehmigung hat den Wechsel seines Wohnsitzes oder seiner gewerblichen Niederlassung oder die Übertragung eines Fliegenden Baus an Dritte der Stelle anzuzeigen, die die Ausführungsgenehmigung erteilt hat. [2]Die Stelle hat die Änderungen in das Prüfbuch einzutragen und sie, wenn mit den Änderungen ein Wechsel der Zuständigkeit verbunden ist, der nunmehr zuständigen Stelle mitzuteilen.

(6) [1]Fliegende Bauten, die nach Absatz 2 Satz 1 einer Ausführungsgenehmigung bedürfen, dürfen unbeschadet anderer Vorschriften nur in Gebrauch genommen werden, wenn ihre Aufstellung der Bauaufsichtsbehörde des Aufstellungsortes unter Vorlage des Prüfbuches angezeigt ist. [2]Die Bauaufsichtsbehörde kann die Inbetriebnahme dieser Fliegenden Bauten von einer Gebrauchsabnahme abhängig machen. [3]Das Ergebnis der Abnahme ist in das Prüfbuch einzutragen. [4]In der Ausführungsgenehmigung kann bestimmt werden, dass Anzeigen nach Satz 1 nicht erforderlich sind, wenn eine Gefährdung im Sinne des § 3 Satz 1 nicht zu erwarten ist.

(7) [1]Die für die Erteilung der Gebrauchsabnahme zuständige Bauaufsichtsbehörde kann Auflagen machen oder die Aufstellung oder den Gebrauch Fliegender Bauten untersagen, soweit dies nach den örtlichen Verhältnissen oder zur Abwehr von Gefahren erforderlich ist, insbesondere weil die Betriebssicherheit oder Standsicherheit nicht oder nicht mehr

gewährleistet ist oder weil von der Ausführungsgenehmigung abgewichen wird. [2]Wird die Aufstellung oder der Gebrauch untersagt, ist dies in das Prüfbuch einzutragen. [3]Die ausstellende Stelle ist zu benachrichtigen, das Prüfbuch ist einzuziehen und der ausstellenden Stelle zuzuleiten, wenn die Herstellung ordnungsgemäßer Zustände innerhalb angemessener Frist nicht zu erwarten ist.

(8) [1]Bei Fliegenden Bauten, die von Besuchern betreten und längere Zeit an einem Aufstellungsort betrieben werden, kann die für die Gebrauchsabnahme zuständige Bauaufsichtsbehörde aus Gründen der Sicherheit Nachabnahmen durchführen. [2]Das Ergebnis der Nachabnahme ist in das Prüfbuch einzutragen.

(9) § 68 Absatz 1, 2 und 4, § 81 Absatz 1 und 4 gelten entsprechend.

§ 77
Bauaufsichtliche Zustimmung

(1) [1]Nicht verfahrensfreie Bauvorhaben bedürfen keiner Genehmigung, Genehmigungsfreistellung und Bauüberwachung, wenn

1. die Leitung der Entwurfsarbeiten und die Bauüberwachung einer Baudienststelle des Bundes oder eines Landes übertragen ist und
2. die Baudienststelle mindestens mit einem Bediensteten mit der Befähigung zum höheren bautechnischen Verwaltungsdienst und mit sonstigen geeigneten Fachkräften ausreichend besetzt ist.

[2]Solche baulichen Anlagen bedürfen jedoch der Zustimmung der oberen Bauaufsichtsbehörde. [3]Die Zustimmung entfällt, wenn die Gemeinde nicht widerspricht und, soweit ihre öffentlich-rechtlich geschützten Belange von Abweichungen, Ausnahmen und Befreiungen berührt sein können, die Nachbarn dem Bauvorhaben zustimmen. [4]Keiner Genehmigung, Genehmigungsfreistellung oder Zustimmung bedürfen unter den Voraussetzungen des Satzes 1 Baumaßnahmen in oder an bestehenden Gebäuden, soweit sie nicht zu einer Erweiterung des Bauvolumens oder zu einer nicht verfahrensfreien Nutzungsänderung führen, sowie die Beseitigung baulicher Anlagen. [5]Satz 3 gilt nicht für bauliche Anlagen, für die nach § 70 Absatz 5 eine Öffentlichkeitsbeteiligung durchzuführen ist.

(2) Der Antrag auf Zustimmung ist bei der oberen Bauaufsichtsbehörde einzureichen.

(3) [1]Die obere Bauaufsichtsbehörde prüft

1. die Übereinstimmung mit den Vorschriften über die Zulässigkeit der baulichen Anlagen nach den §§ 29 bis 38 des Baugesetzbuches und
2. andere öffentlich-rechtliche Anforderungen, soweit wegen der Zustimmung eine Entscheidung nach anderen öffentlich-rechtlichen Vorschriften entfällt oder ersetzt wird.

[2]Sie führt bei den in Absatz 1 Satz 5 genannten Anlagen die Öffentlichkeitsbeteiligung nach § 70 Absatz 5 durch. [3]Die obere Bauaufsichtsbehörde entscheidet über Ausnahmen, Befreiungen und Abweichungen von den nach Satz 1 zu prüfenden sowie von anderen Vorschriften, soweit sie nachbarschützend sind und die Nachbarn nicht zugestimmt haben. [4]Im Übrigen bedarf die Zulässigkeit von Ausnahmen, Befreiungen und Abweichungen keiner bauaufsichtlichen Entscheidung. [5]Die Baudienststelle trägt die Verantwortung dafür, dass die Unterhaltung der Anlagen in ihrem Zuständigkeitsbereich den öffentlich-rechtlichen Vorschriften entspricht; die Eingriffsmöglichkeit der unteren Bauaufsichtsbehörde nach § 58 Absatz 2 bleibt unberührt.

(4) [1]Die Gemeinde ist vor Erteilung der Zustimmung zu hören. [2]§ 36 Absatz 2 Satz 2 Halbsatz 1 des Baugesetzbuches gilt entsprechend. [3]Im Übrigen sind die Vorschriften über das Baugenehmigungsverfahren entsprechend anzuwenden.

(5) [1]Anlagen, die der Landesverteidigung, dienstlichen Zwecken der Bundespolizei oder dem zivilen Bevölkerungsschutz dienen, sind abweichend von den Absätzen 1 bis 4 der oberen Bauaufsichtsbehörde vor Baubeginn in geeigneter Weise zur Kenntnis zu bringen; das Kenntnisgabeverfahren entfällt, wenn die Gemeinde dem Bauvorhaben nicht widerspricht. [2]Im Übrigen wirken die Bauaufsichtsbehörden nicht mit. [3]§ 76 Absatz 2 bis 9 findet auf Fliegende Bauten, die der Landesverteidigung, dienstlichen Zwecken der Bundespoli-

zei oder dem zivilen Bevölkerungsschutz dienen, keine Anwendung.

ABSCHNITT 4
Bauaufsichtliche Maßnahmen

§ 78
Verbot unrechtmäßig gekennzeichneter Bauprodukte

Sind Bauprodukte entgegen § 21 mit dem Ü-Zeichen gekennzeichnet, kann die Bauaufsichtsbehörde die Verwendung dieser Bauprodukte untersagen und deren Kennzeichnung entwerten oder beseitigen lassen.

§ 79
Einstellung von Arbeiten

(1) [1]Werden Anlagen im Widerspruch zu öffentlich-rechtlichen Vorschriften errichtet, geändert oder beseitigt, kann die Bauaufsichtsbehörde die Einstellung der Arbeiten anordnen. [2]Dies gilt auch dann, wenn
1. die Ausführung eines Vorhabens entgegen den Vorschriften des § 72 Absatz 6 und 8 begonnen wurde, oder
2. bei der Ausführung
   a) eines genehmigungsbedürftigen Bauvorhabens von den genehmigten Bauvorlagen,
   b) eines genehmigungsfreigestellten Bauvorhabens von den eingereichten Unterlagen abgewichen wird,
3. Bauprodukte verwendet werden, die entgegen der Verordnung (EU) Nr. 305/2011 keine CE-Kennzeichnung oder entgegen § 21 Absatz 3 kein Ü-Zeichen tragen, und
4. Bauprodukte verwendet werden, die unberechtigt mit der CE-Kennzeichnung oder dem Ü-Zeichen (§ 21 Absatz 3) gekennzeichnet sind.

(2) Werden unzulässige Arbeiten trotz einer schriftlich oder mündlich verfügten Einstellung fortgesetzt, kann die Bauaufsichtsbehörde die Baustelle versiegeln oder die an der Baustelle vorhandenen Bauprodukte, Geräte, Maschinen und Bauhilfsmittel in amtlichen Gewahrsam bringen.

§ 80
Beseitigung von Anlagen, Nutzungsuntersagung

[1]Werden Anlagen im Widerspruch zu öffentlich-rechtlichen Vorschriften errichtet oder geändert, kann die Bauaufsichtsbehörde die teilweise oder vollständige Beseitigung der Anlagen anordnen, wenn nicht auf andere Weise rechtmäßige Zustände hergestellt werden können. [2]Werden Anlagen im Widerspruch zu öffentlich-rechtlichen Vorschriften genutzt, kann diese Nutzung untersagt werden.

ABSCHNITT 5
Bauüberwachung

§ 81
Bauüberwachung

(1) Die Bauaufsichtsbehörde kann die Einhaltung der öffentlich-rechtlichen Vorschriften und Anforderungen und die ordnungsgemäße Erfüllung der Pflichten der am Bau Beteiligten überprüfen.

(2) [1]Die Bauaufsichtsbehörde überwacht nach näherer Maßgabe der Rechtsverordnung nach § 88 Absatz 2 die Bauausführung bei baulichen Anlagen
1. nach § 66 Absatz 3 Satz 1 und 2 hinsichtlich des von ihr bauaufsichtlich geprüften Standsicherheitsnachweises und
2. nach § 66 Absatz 3 Satz 3 hinsichtlich des von ihr bauaufsichtlich geprüften Brandschutznachweises.

[2]Bei Gebäuden der Gebäudeklasse 4, ausgenommen Sonderbauten sowie Mittel- und Großgaragen im Sinne der Verordnung nach § 88 Absatz 1 Nummer 3, ist die mit dem Brandschutznachweis übereinstimmende Bauausführung vom Nachweisersteller oder einem anderen Nachweisberechtigten im Sinne des § 66 Absatz 2 Satz 4 oder von einer als Prüfingenieur für Brandschutz anerkannten Person zu bestätigen. [3]Bei nach § 72a genehmigten baulichen Anlagen oder Teilen derselben gelten die Sätze 1 und 2 entsprechend.

(3) Im Rahmen der Bauüberwachung können Proben von Bauprodukten, soweit erforderlich, auch aus fertigen Bauteilen zu Prüfzwecken entnommen werden.
(4) Im Rahmen der Bauüberwachung ist jederzeit Einblick in die Genehmigungen, Zulassungen, Prüfzeugnisse, Übereinstimmungszertifikate, Zeugnisse und Aufzeichnungen über die Prüfungen von Bauprodukten, in die CE-Kennzeichnungen und Leistungserklärungen nach der Verordnung (EU) Nr. 305/2011 sowie in die Bautagebücher und andere vorgeschriebene Aufzeichnungen zu gewähren.
(5) Die Bauaufsichtsbehörde soll, soweit sie im Rahmen der Bauüberwachung Erkenntnisse über systematische Rechtsverstöße gegen die Verordnung (EU) Nr. 305/2011 erlangt, diese der für die Marktüberwachung zuständigen Stelle mitteilen.

§ 82
Bauzustandsanzeigen, Aufnahme der Nutzung

(1) [1]Die Bauaufsichtsbehörde kann verlangen, dass ihr Beginn und Beendigung bestimmter Bauarbeiten angezeigt werden. [2]Die Bauarbeiten dürfen erst fortgesetzt werden, wenn die Bauaufsichtsbehörde der Fortführung der Bauarbeiten zugestimmt hat.
(2) [1]Der Bauherr hat die beabsichtigte Aufnahme der Nutzung einer nicht verfahrensfreien baulichen Anlage mindestens zwei Wochen vorher der Bauaufsichtsbehörde anzuzeigen. [2]In den Fällen des § 81 Absatz 2 Satz 2, auch in Verbindung mit Satz 3, ist die jeweilige Bestätigung mit der Anzeige vorzulegen.
(3) [1]Eine bauliche Anlage darf erst benutzt werden, wenn sie selbst, Zufahrtswege, Wasserversorgungs- und Abwasserentsorgungs- sowie Gemeinschaftsanlagen in dem erforderlichen Umfang sicher benutzbar sind, nicht jedoch vor dem in Absatz 2 bezeichneten Zeitpunkt. [2]Feuerstätten dürfen erst in Betrieb genommen werden, wenn der bevollmächtigte Bezirksschornsteinfeger die Tauglichkeit und die sichere Benutzbarkeit der Abgasanlagen bescheinigt hat. [3]Verbrennungsmotoren und Blockheizkraftwerke dürfen erst dann in Betrieb genommen werden, wenn er die Tauglichkeit und sichere Benutzbarkeit der Leitungen zur Abführung von Verbrennungsgasen bescheinigt hat.

ABSCHNITT 6
Baulasten

§ 83
Baulasten, Baulastenverzeichnis

(1) [1]Durch Erklärung gegenüber der Bauaufsichtsbehörde können Grundstückseigentümer öffentlich-rechtliche Verpflichtungen zu einem ihre Grundstücke betreffenden Tun, Dulden oder Unterlassen übernehmen, die sich nicht schon aus öffentlich-rechtlichen Vorschriften ergeben. [2]Baulasten werden unbeschadet der Rechte Dritter mit der Eintragung in das Baulastenverzeichnis wirksam und wirken auch gegenüber Rechtsnachfolgern.
(2) [1]Die Erklärung nach Absatz 1 bedarf der Schriftform. [2]Die Unterschrift muss öffentlich beglaubigt oder vor der Bauaufsichtsbehörde geleistet oder von ihr anerkannt werden.
(3) [1]Die Baulast geht durch schriftlichen Verzicht der Bauaufsichtsbehörde unter. [2]Der Verzicht ist zu erklären, wenn ein öffentliches Interesse an der Baulast nicht mehr besteht. [3]Vor dem Verzicht sollen der Verpflichtete und die durch die Baulast Begünstigten angehört werden. [4]Der Verzicht wird mit der Löschung der Baulast im Baulastenverzeichnis wirksam.
(4) [1]Das Baulastenverzeichnis wird von der Bauaufsichtsbehörde geführt. [2]In das Baulastenverzeichnis können auch eingetragen werden

1. andere baurechtliche Verpflichtungen des Grundstückseigentümers zu einem sein Grundstück betreffendes Tun, Dulden oder Unterlassen und
2. Auflagen, Bedingungen, Befristungen und Widerrufsvorbehalte.

(5) Wer ein berechtigtes Interesse darlegt, kann in das Baulastenverzeichnis Einsicht nehmen oder sich einen Auszug erstellen lassen.

TEIL 6
Ausführungsbestimmungen zum Baugesetzbuch

§ 84
Abweichungen von § 35 des Baugesetzbuches

(1) § 35 Absatz 4 Satz 1 Nummer 1 Buchstabe c des Baugesetzbuches ist nicht anzuwenden.

(2) [1]§ 35 Absatz 1 Nummer 5 des Baugesetzbuches findet auf Vorhaben, die der Erforschung, Entwicklung oder Nutzung der Windenergie dienen, nur Anwendung, wenn mit ihnen ein Mindestabstand von 1 000 m eingehalten wird

1. zu Wohngebäuden, die im Geltungsbereich eines Bebauungsplans nach § 30 des Baugesetzbuches nicht nur ausnahmsweise zulässig sind,
2. zu Wohngebäuden, die innerhalb im Zusammenhang bebauter Ortsteile nach § 34 des Baugesetzbuches nicht nur ausnahmsweise zulässig sind, und
3. zu zulässiger Wohnbebauung im Außenbereich, die aus mindestens fünf Wohngebäuden besteht.

[2]Der Abstand bemisst sich von der Mitte des Mastfußes zu den nächstgelegenen Wohngebäuden, die zulässig errichtet wurden oder errichtet werden dürfen.

(3) Absatz 2 findet keine Anwendung auf Vorhaben, für welche der Antrag auf Genehmigung bis zum 30. September 2022 vollständig bei der zuständigen Behörde eingegangen ist.

(4) [1]Vorhaben des Repowering nach § 16b des Bundes-Immissionsschutzgesetzes sind bei Windenergieanlagen auch mit einem geringeren Abstand als dem Mindestabstand nach Absatz 2 Satz 1 zulässig, wenn

1. die Gemeinde, auf deren Gebiet das Vorhaben geplant ist, sowie
2. die Gemeinde, auf deren Gebiet Wohngebäude im Sinne des Absatzes 2 Satz 1 mit einem Abstand von weniger als 1 000 m zum Vorhaben stehen oder zulässig sind,

dem geringeren Abstand zustimmt. [2]Die Zustimmung der Gemeinde erfolgt jeweils durch Beschluss des Gemeinderates im Einvernehmen mit den Ortschaftsräten der Ortschaften, auf deren Gebiet das Vorhaben geplant ist, sowie mit den Ortschaftsräten der Ortschaften, auf deren Gebiet Wohngebäude im Sinne des Absatzes 2 Satz 1 Nummer 1, 2 oder 3 mit einem Abstand von weniger als 1 000 m zum Vorhaben stehen oder zulässig sind. [3]Beschlüsse nach Satz 2 sind öffentlich bekanntzumachen. [4]Die kommunalverfassungsrechtlichen Vorschriften über die Durchführung von Bürgerbegehren und Bürgerentscheiden bleiben unberührt.

(5) [1]Vorhaben, die der Erforschung, Entwicklung oder Nutzung der Windenergie dienen, jedoch keine solchen des Repowering von Windenergieanlagen nach § 16b des Bundes-Immissionsschutzgesetzes sind, sind mit einem geringeren Abstand als dem Mindestabstand von 1 000 m zu Wohnbebauung nach Absatz 2 Satz 1 zulässig, wenn

1. die Gemeinde, auf deren Gebiet das Vorhaben geplant ist, sowie
2. die Gemeinde, auf deren Gebiet Wohngebäude mit einem Abstand von weniger als 1 000 m zum Vorhaben stehen,

dem geringeren Abstand zustimmt. [2]Die Zustimmung der Gemeinde erfolgt jeweils durch Beschluss des Gemeinderates im Einvernehmen mit den Ortschaftsräten der Ortschaften, auf deren Gebiet das Vorhaben geplant ist, sowie mit den Ortschaftsräten der Ortschaften auf deren Gebiet Wohngebäude mit einem Abstand von weniger als 1 000 m zum Vorhaben stehen. [3]Beschlüsse nach Satz 2 sind öffentlich bekanntzumachen. [4]Die kommunalverfassungsrechtlichen Vorschriften über die Durchführung von Bürgerbegehren und Bürgerentscheiden bleiben unberührt.

(6) Absatz 2 findet keine Anwendung auf Regionalpläne und Bauleitpläne, die vor dem 8. Juni 2022 beschlossen wurden, sowie auf Flächen in Windenergiegebieten gemäß § 2 Nummer 1 des Windenergieflächenbedarfsgesetzes vom 20. Juli 2022 (BGBl. I S. 1353).

§ 85
Zuständigkeitsregelungen für Aufgaben nach dem Baugesetzbuch

(1) [1]Die Aufgaben der höheren Verwaltungsbehörden nach § 10 Absatz 2 des Baugesetzbuches werden für das Gebiet der Gemeinden, die der Rechtsaufsicht des Landratsamtes unterstehen, dem Landkreis übertragen. [2]Dies gilt nicht, soweit anstelle der Gemeinde eine Körperschaft des öffentlichen Rechts, die der Rechtsaufsicht der Landesdirektion Sachsen untersteht, die Bebauungspläne aufstellt oder Satzungen erlässt.
(2) [1]Die Aufgaben der höheren Verwaltungsbehörde nach § 6 Absatz 1 und 3 des Baugesetzbuches werden für Flächennutzungspläne von Gemeinden, die der Rechtsaufsicht des Landratsamtes unterstehen, dem Landkreis übertragen. [2]Dasselbe gilt für Flächennutzungspläne von Verwaltungsverbänden und anderen Körperschaften des öffentlichen Rechts, die der Rechtsaufsicht des Landratsamtes unterstehen. [3]Unterliegen die Planungsbereiche gemeinsamer Flächennutzungspläne (§ 204 des Baugesetzbuches) oder Flächennutzungspläne und Satzungen eines Planungsverbandes (§ 205 des Baugesetzbuches) der Zuständigkeit verschiedener Landkreise, ist die Landesdirektion Sachsen für die Entscheidung im Genehmigungs- und Zustimmungsverfahren zuständig.
(3) Zuständige Behörde für die Erteilung der Zustimmung zur Beschränkung der Geltungsdauer der Kosten- und Finanzierungsübersicht gemäß § 149 Absatz 4 des Baugesetzbuches ist die Landesdirektion Sachsen.
(4) Für die Aufgaben nach den Absätzen 1 und 2 findet § 58 Absatz 1 und 5 entsprechende Anwendung.
(5) Der Freistaat Sachsen gewährt den Landkreisen für die nach den Absätzen 1 und 2 übertragenen Aufgaben einen Mehrbelastungsausgleich von 0,53 Euro jährlich je Einwohner.

§ 86
Bildung eines Oberen Gutachterausschusses, Aufsicht über die Gutachterausschüsse und den Oberen Gutachterausschuss

(1) Für den Bereich des Freistaates Sachsen wird gemäß § 198 Absatz 1 des Baugesetzbuches ein Oberer Gutachterausschuss gebildet.
(2) Die Aufsicht (Rechtsaufsicht) über die Gutachterausschüsse führen
1. der Staatsbetrieb Geobasisinformation und Vermessung Sachsen als obere Rechtsaufsichtsbehörde und
2. das Staatsministerium für Regionalentwicklung als oberste Rechtsaufsichtsbehörde.

(3) Die Rechtsaufsicht über den Oberen Gutachterausschuss führt das Sächsische Staatsministerium für Regionalentwicklung.
(4) [1]Die Aufsichtsbehörden prüfen die Einhaltung der Rechtsvorschriften bei der Aufgabenwahrnehmung der Gutachterausschüsse und des Oberen Gutachterausschusses, die Einhaltung der den Gutachtern auferlegten Pflichten sowie die Geschäftsführung der Gutachterausschüsse und des Oberen Gutachterausschusses und ihrer Geschäftsstellen. [2]Die §§ 111 und 113 bis 116 der Sächsischen Gemeindeordnung gelten entsprechend.
(5) Vor Erhebung einer verwaltungsgerichtlichen Klage gegen die Entscheidung des Gutachterausschusses oder des Oberen Gutachterausschusses bedarf es keiner Nachprüfung in einem Vorverfahren.

TEIL 7
Ordnungswidrigkeiten, Rechtsvorschriften, Übergangsvorschriften

§ 87
Ordnungswidrigkeiten

(1) [1]Ordnungswidrig handelt, wer vorsätzlich oder fahrlässig
1. einer nach § 88 Absatz 1 bis 3 erlassenen Rechtsverordnung oder einer nach § 89

Absatz 1 und 2 erlassenen Satzung zuwiderhandelt, sofern die Rechtsverordnung oder die Satzung für einen bestimmten Tatbestand auf diese Bußgeldvorschrift verweist;
2. einer vollziehbaren schriftlichen Anordnung der Bauaufsichtsbehörde zuwiderhandelt, die aufgrund dieses Gesetzes oder aufgrund einer nach diesem Gesetz zulässigen Rechtsverordnung oder Satzung erlassen worden ist, sofern die Anordnung auf die Bußgeldvorschrift verweist;
3. ohne die erforderliche Baugenehmigung (§ 59 Absatz 1), Teilbaugenehmigung (§ 74) oder Abweichung (§ 67) oder abweichend davon bauliche Anlagen errichtet, ändert, benutzt oder entgegen § 61 Absatz 3 Satz 2 bis 4 beseitigt;
4. entgegen der Vorschrift des § 62 Absatz 3 Satz 3 und 4 mit der Ausführung eines Bauvorhabens beginnt;
5. Fliegende Bauten ohne Ausführungsgenehmigung (§ 76 Absatz 2) oder ohne Anzeige und Abnahme (§ 76 Absatz 6) in Gebrauch nimmt;
6. entgegen der Vorschrift des § 72 Absatz 6 mit den Bauarbeiten beginnt, entgegen der Vorschrift des § 61 Absatz 3 Satz 5 mit der Beseitigung einer Anlage beginnt, entgegen der Vorschrift des § 82 Absatz 1 Bauarbeiten fortsetzt oder entgegen der Vorschrift des § 82 Absatz 2 bauliche Anlagen nutzt;
7. die Baubeginnsanzeige (§ 72 Absatz 8) nicht oder nicht fristgerecht erstattet;
8. Bauprodukte mit dem Ü-Zeichen kennzeichnet, ohne dass dafür die Voraussetzungen nach § 21 Absatz 3 vorliegen;
9. Bauprodukte entgegen § 21 Absatz 3 ohne das Ü-Zeichen verwendet;
10. Bauarten entgegen § 16a ohne Bauartgenehmigung oder allgemeines bauaufsichtliches Prüfzeugnis für Bauarten anwendet;
11. als Bauherr, Entwurfsverfasser, Unternehmer, Bauleiter oder als deren Vertreter den Vorschriften der § 53 Absatz 1 Satz 1 bis 3, 5 und 6, § 54 Absatz 1 Satz 3, § 55 Absatz 1 Satz 1 und 2 oder § 56 Absatz 1 zuwiderhandelt oder
12. ohne dazu berechtigt zu sein, als Entwurfsverfasser den Bauantrag und die Bauvorlagen unterschreibt oder bautechnische Nachweise im Sinne des § 66 Absatz 1 Satz 1 erstellt.

[2]Ist eine Ordnungswidrigkeit nach Satz 1 Nummer 8 bis 10 begangen worden, können Gegenstände, auf die sich die Ordnungswidrigkeit bezieht, eingezogen werden. [3]§ 22 des Gesetzes über Ordnungswidrigkeiten in der Fassung der Bekanntmachung vom 19. Februar 1987 (BGBl. I S. 602), das zuletzt durch Artikel 31 des Gesetzes vom 5. Oktober 2021 (BGBl. I S. 4607) geändert worden ist, in der jeweils geltenden Fassung, ist anzuwenden.

(2) Ordnungswidrig handelt auch, wer wider besseres Wissen
1. unrichtige Angaben macht oder unrichtige Pläne oder Unterlagen vorlegt, um einen nach diesem Gesetz vorgesehenen Verwaltungsakt zu erwirken oder zu verhindern,
2. als Prüfingenieur unrichtige Prüfberichte erstellt oder
3. als Tragwerksplaner unrichtige Angaben zur Prüfpflicht nach § 66 Absatz 3 Satz 2 macht.

(3) Die Ordnungswidrigkeit kann mit einer Geldbuße bis zu 500 000 Euro geahndet werden.

(4) Verwaltungsbehörde im Sinne des § 36 Absatz 1 Nummer 1 des Gesetzes über Ordnungswidrigkeiten ist in den Fällen des Absatzes 1 Satz 1 Nummer 8 bis 10 die oberste Bauaufsichtsbehörde, in den übrigen Fällen die untere Bauaufsichtsbehörde.

§ 88
Rechtsvorschriften

(1) Zur Verwirklichung der in § 3 Satz 1, § 16a Absatz 1 und § 16b Absatz 1 bezeichneten Anforderungen wird die oberste Bauaufsichtsbehörde ermächtigt, durch Rechtsverordnung Vorschriften zu erlassen über
1. die nähere Bestimmung allgemeiner Anforderungen der §§ 4 bis 48;

2. Anforderungen an Feuerungsanlagen (§ 42) sowie Abweichungen von § 42 Absatz 3 Satz 1 für Gasfeuerstätten;
3. Anforderungen an Garagen und Gebäude für Fahrradabstellplätze (§ 49);
4. besondere Anforderungen oder Erleichterungen, die sich aus der besonderen Art oder Nutzung der baulichen Anlagen für Errichtung, Änderung, Unterhaltung, Betrieb und Nutzung ergeben (§ 51), sowie über die Anwendung solcher Anforderungen auf bestehende bauliche Anlagen dieser Art;
5. Erst-, Wiederholungs- und Nachprüfung von Anlagen, die zur Verhütung erheblicher Gefahren oder Nachteile ständig ordnungsgemäß unterhalten werden müssen, und die Erstreckung dieser Nachprüfungspflicht auf bestehende Anlagen sowie
6. die Anwesenheit fachkundiger Personen beim Betrieb technisch schwieriger baulicher Anlagen und Einrichtungen wie Bühnenbetriebe und technisch schwierige Fliegende Bauten einschließlich des Nachweises der Befähigung dieser Personen.

(2) [1]Die oberste Bauaufsichtsbehörde wird ermächtigt, durch Rechtsverordnung Vorschriften zu erlassen über
1. Prüfingenieure und Prüfämter, denen bauaufsichtliche Prüfaufgaben einschließlich der Bauüberwachung und der Bauzustandsbesichtigung übertragen werden, sowie
2. Prüfsachverständige, die im Auftrag des Bauherrn oder des sonstigen nach Bauordnungsrecht Verantwortlichen die Einhaltung bauordnungsrechtlicher Anforderungen prüfen und bescheinigen.

[2]Die Rechtsverordnung nach Satz 1 regelt, soweit erforderlich,
1. die Fachbereiche und die Fachrichtungen, in denen Prüfingenieure, Prüfämter und Prüfsachverständige tätig werden;
2. die Anerkennungsvoraussetzungen und das Anerkennungsverfahren;
3. Erlöschen, Rücknahme und Widerruf der Anerkennung einschließlich der Festlegung einer Altersgrenze;
4. die Aufgabenerledigung und
5. die Vergütung.

(3) [1]Die oberste Bauaufsichtsbehörde wird ermächtigt, durch Rechtsverordnung Vorschriften zu erlassen über
1. Umfang, Inhalt und Zahl der erforderlichen Unterlagen einschließlich der Vorlagen bei der Anzeige der beabsichtigten Beseitigung von Anlagen nach § 61 Absatz 3 Satz 2 und bei der Genehmigungsfreistellung nach § 62;
2. die erforderlichen Anträge, Anzeigen, Nachweise, Bescheinigungen und Bestätigungen, auch bei verfahrensfreien Bauvorhaben;
3. das Verfahren im Einzelnen, insbesondere
   a) die Übermittlung elektronischer Dokumente und
   b) die Ersetzung der Schriftform durch die elektronische Form, sowie
4. die Verarbeitung personenbezogener Daten zum Zweck der Erfüllung der bauaufsichtlichen Aufgaben nach § 58, insbesondere die Erhebung und Übermittlung im Rahmen der notwendigen Beteiligung anderer öffentlicher Stellen, sowie die Übermittlung an sonstige Stellen, soweit diese die Daten zur Erfüllung der ihnen obliegenden öffentlichen Aufgaben benötigen, wobei Umfang und Empfänger der zu übermittelnden Daten sowie die zulässigen Zwecke der Verwendung und die Dauer der Speicherung zu bestimmen sind.

[2]Sie kann dabei für verschiedene Arten von Bauvorhaben unterschiedliche Anforderungen und Verfahren festlegen.

(4) Die oberste Bauaufsichtsbehörde wird ermächtigt, durch Rechtsverordnung
1. die Zuständigkeit für die vorhabenbezogene Bauartgenehmigung nach § 16a Absatz 2 Satz 1 Nummer 2 und den Verzicht darauf im Einzelfall nach § 16a Absatz 4 sowie für die Zustimmung und den Verzicht auf Zustimmung im Einzelfall (§ 20) auf unmittelbar der obersten Bauaufsichtsbehörde nachgeordnete Behörden zu übertragen;
2. die Zuständigkeit für die Anerkennung von Prüf-, Zertifizierungs- und Überwa-

chungsstellen (§ 24) auf andere Behörden zu übertragen; die Zuständigkeit kann auch auf eine Behörde eines anderen Landes übertragen werden, die der Aufsicht einer obersten Bauaufsichtsbehörde untersteht oder an deren Willensbildung die oberste Bauaufsichtsbehörde mitwirkt;
3. das Ü-Zeichen festzulegen und zu diesem Zeichen zusätzliche Angaben zu verlangen;
4. das Anerkennungsverfahren nach § 24, die Voraussetzungen für die Anerkennung, ihre Rücknahme, ihren Widerruf und ihr Erlöschen zu regeln, insbesondere auch Altersgrenzen festzulegen, sowie eine ausreichende Haftpflichtversicherung zu fordern;
5. die Zuständigkeit nach § 7 Absatz 1 der Verordnung über das Inverkehrbringen von Heizkesseln und Geräten nach dem Bauproduktengesetz vom 28. April 1998 (BGBl. I S. 796), die zuletzt durch Artikel 4 des Gesetzes vom 27. Juli 2021 (BGBl. I S. 3146) geändert worden ist, in der jeweils geltenden Fassung, ganz oder teilweise auf andere Stellen auch außerhalb des Freistaates Sachsen zu übertragen;
6. die Zuständigkeit für die Erteilung von Typengenehmigungen nach § 72a auf ihr unmittelbar nachgeordnete Behörden zu übertragen;
7. die Erteilung von Ausführungsgenehmigungen für Fliegende Bauten nach § 76 auf bestimmte Stellen zu übertragen und
8. die Zuständigkeit zur Erteilung von Befähigungszeugnissen für fachkundige Personen nach Absatz 1 Nummer 6 auf unmittelbar der obersten Bauaufsichtsbehörde nachgeordnete Behörden, der Aufsicht des Freistaates Sachsen unterstehende Körperschaften des öffentlichen Rechts oder fachlich geeignete Privatpersonen zu übertragen.

(4a) Die oberste Bauaufsichtsbehörde kann durch Rechtsverordnung vorschreiben, dass für bestimmte Bauprodukte und Bauarten, auch soweit sie Anforderungen nach anderen Rechtsvorschriften unterliegen, hinsichtlich dieser Anforderungen § 16a Absatz 2, §§ 17 bis 25 ganz oder teilweise anwendbar sind, wenn die anderen Rechtsvorschriften dies verlangen oder zulassen.

(5) [1]Die oberste Bauaufsichtsbehörde wird ermächtigt, durch Rechtsverordnung zu bestimmen, dass die Anforderungen der aufgrund des § 31 des Gesetzes über überwachungsbedürftige Anlagen, in der jeweils geltenden Fassung, und des § 49 Absatz 4 des Energiewirtschaftsgesetzes vom 7. Juli 2005 (BGBl. I S. 1970, 3621), das zuletzt durch Artikel 84 des Gesetzes vom 10. August 2021 (BGBl. I S. 3436) geändert worden ist, in der jeweils geltenden Fassung, erlassenen Rechtsverordnungen entsprechend für Anlagen gelten, die weder gewerblichen noch wirtschaftlichen Zwecken dienen und in deren Gefahrenbereich auch keine Arbeitnehmer beschäftigt werden. [2]Sie kann auch die Verfahrensvorschriften dieser Verordnungen für anwendbar erklären oder selbst das Verfahren bestimmen sowie Zuständigkeiten und Gebühren regeln. [3]Dabei kann sie auch vorschreiben, dass danach zu erteilende Erlaubnisse die Baugenehmigung oder die Zustimmung nach § 77 einschließlich der zugehörigen Abweichungen einschließen sowie dass § 27 Absatz 5 Nummer 4 des Gesetzes über überwachungsbedürftige Anlagen insoweit Anwendung findet.

(6) [1]Die Architektenkammer Sachsen und die Ingenieurkammer Sachsen werden ermächtigt, durch Satzungen Regelungen über die Eintragung in die gemäß § 66 Absatz 2 Satz 4 zu führenden Listen der qualifizierten Brandschutzplaner zu treffen, insbesondere
1. die Festlegung allgemeiner Verfahrensregelungen, insbesondere
   a) Anforderungen an die Antragstellung und an die vorzulegenden Nachweise,
   b) die Festlegung der Zuständigkeiten des gemeinsamen Prüfungsausschusses und des gemeinsamen Ausschusses nach § 28 Absatz 1 des Sächsischen Ingenieurgesetzes und § 28 Absatz 1 des Sächsischen Architektengesetzes,
   c) Folgen von Versäumnis, Rücktritt und Täuschungshandlungen sowie

d) Dokumentationspflichten und Aktenführung;
2. die Möglichkeiten, den Nachweis der erforderlichen Kenntnisse des Brandschutzes auf folgende Weise erbringen zu können:
   a) erfolgreiche Absolvierung einer zweistufigen Prüfung bei der Architektenkammer Sachsen oder der Ingenieurkammer Sachsen, bestehend aus der Vorlage von geeigneten, selbst erstellten Brandschutzkonzepten oder Brandschutznachweisen und einer mündlichen Prüfung oder
   b) Nachweis eines erfolgreichen Abschlusses von Prüfungen oder Belegarbeiten im Bereich des Brandschutzes bei einem externen Weiterbildungsträger, wenn die Abschlüsse als gleichwertig anerkannt werden; die Gleichwertigkeit dieser Abschlüsse kann auch nur für einen Teil des erforderlichen Kenntnisnachweises anerkannt werden;
3. das Prüfungsverfahren nach Nummer 2 Buchstabe a, insbesondere
   a) die Arbeitsweise des Prüfungsausschusses,
   b) die Teilnahme von Vertretern der Aufsichtsbehörde,
   c) den Inhalt und Umfang der zweistufigen Prüfung,
   d) die Festlegung von Bewertungskriterien,
   e) die Möglichkeit eines Nachteilsausgleichs für Menschen mit Behinderung und
   f) Wiederholungsmöglichkeiten;

   die mündliche Prüfung gilt als bestanden, wenn die Fragen zu Teilgebieten des Brandschutzes zu insgesamt mindestens 80 Prozent fehlerfrei oder vertretbar begründet beantwortet wurden;
4. die Festlegung von Kriterien für die Prüfung der Gleichwertigkeit externer Prüfungsnachweise.

[2]Die Satzungen nach Satz 1 bedürfen der Genehmigung der Aufsichtsbehörde.

§ 88a
Technische Baubestimmungen

(1) [1]Die Anforderungen nach § 3 können durch Technische Baubestimmungen konkretisiert werden. [2]Die Technischen Baubestimmungen sind zu beachten. [3]Von den in den Technischen Baubestimmungen enthaltenen Planungs-, Bemessungs- und Ausführungsregelungen kann abgewichen werden, wenn mit einer anderen Lösung in gleichem Maße die Anforderungen erfüllt werden und die Technischen Baubestimmungen eine Abweichung nicht ausdrücklich ausschließen. [4]§ 16a Absatz 2, § 17 Absatz 1 und § 67 Absatz 1 bleiben unberührt.

(2) Die Konkretisierungen können durch Bezugnahmen auf technische Regeln und deren Fundstellen oder auf andere Weise erfolgen, insbesondere in Bezug auf
1. bestimmte bauliche Anlagen oder ihre Teile,
2. die Planung, Bemessung und Ausführung baulicher Anlagen und ihrer Teile,
3. die Leistung von Bauprodukten in bestimmten baulichen Anlagen oder ihren Teilen, insbesondere
   a) Planung, Bemessung und Ausführung baulicher Anlagen bei Einbau eines Bauproduktes,
   b) Merkmale von Bauprodukten, die sich für einen Verwendungszweck auf die Erfüllung der Anforderungen nach § 3 Satz 1 auswirken,
   c) Verfahren für die Feststellung der Leistung eines Bauproduktes im Hinblick auf Merkmale, die sich für einen Verwendungszweck auf die Erfüllung der Anforderungen nach § 3 Satz 1 auswirken,
   d) zulässige oder unzulässige besondere Verwendungszwecke,
   e) die Festlegung von Klassen und Stufen in Bezug auf bestimmte Verwendungszwecke sowie
   f) die für einen bestimmten Verwendungszweck anzugebende oder erforderliche und anzugebende Leistung in Bezug auf ein Merkmal, das sich für einen Verwendungszweck

auf die Erfüllung der Anforderungen nach § 3 Satz 1 auswirkt, soweit vorgesehen in Klassen und Stufen,
4. die Bauarten und die Bauprodukte, die nur eines allgemeinen bauaufsichtlichen Prüfzeugnisses nach § 16a Absatz 3 oder § 19 Absatz 1 bedürfen,
5. die Voraussetzungen zur Abgabe der Übereinstimmungserklärung für ein Bauprodukt nach § 22 und
6. die Art, den Inhalt und die Form technischer Dokumentation.

(3) Die Technischen Baubestimmungen sollen nach den Grundanforderungen gemäß Anhang I der Verordnung (EU) Nr. 305/2011 gegliedert sein.

(4) Die Technischen Baubestimmungen enthalten die in § 17 Absatz 3 genannte Liste.

(5) [1]Die oberste Bauaufsichtsbehörde macht nach Anhörung der beteiligten Kreise zur Durchführung dieses Gesetzes und der aufgrund dieses Gesetzes erlassenen Rechtsverordnungen die Technischen Baubestimmungen nach Absatz 1 als Verwaltungsvorschrift bekannt. [2]Soweit diese Technischen Baubestimmungen einem vom Deutschen Institut für Bautechnik im Einvernehmen mit den obersten Bauaufsichtsbehörden der Länder veröffentlichten Muster einer Verwaltungsvorschrift über Technische Baubestimmungen entsprechen und zu diesem Muster bereits eine Anhörung der beteiligten Kreise durch das Deutsche Institut für Bautechnik erfolgt ist, kann eine Anhörung nach Satz 1 entfallen. [3]Bei der Bekanntmachung kann hinsichtlich ihres Inhalts auf die Fundstelle verwiesen werden.

§ 89
Örtliche Bauvorschriften

(1) Die Gemeinden können durch Satzung örtliche Bauvorschriften erlassen über
1. besondere Anforderungen an die äußere Gestaltung baulicher Anlagen sowie von Werbeanlagen und Warenautomaten zur Erhaltung und Gestaltung von Ortsbildern;
2. das Verbot von Werbeanlagen und Warenautomaten aus ortsgestalterischen Gründen;
3. die Lage, Größe, Beschaffenheit, Ausstattung und Unterhaltung von Kinderspielplätzen (§ 8 Absatz 2);
4. die Zahl, Größe und Beschaffenheit der Stellplätze und Garagen, Fahrradabstellplätze sowie Gebäude für Fahrradabstellplätze (§ 49 Absatz 1), die unter Berücksichtigung der Sicherheit und Leichtigkeit des Verkehrs, der Bedürfnisse des ruhenden Verkehrs und der Erschließung durch Einrichtungen des öffentlichen Personennahverkehrs für Anlagen erforderlich sind, bei denen ein Zu- und Abgangsverkehr mit Kraftfahrzeugen oder Fahrrädern zu erwarten ist, einschließlich des Mehrbedarfs bei Änderungen und Nutzungsänderungen der Anlagen sowie die Ablösung der Herstellungspflicht, deren Voraussetzung und die Höhe der Ablösungsbeträge, die nach Art der Nutzung und Lage der Anlage unterschiedlich geregelt werden kann;
5. die Gestaltung der Plätze für bewegliche Abfallbehälter und der unbebauten Flächen der bebauten Grundstücke sowie über die Notwendigkeit, Art, Gestaltung und Höhe von Einfriedungen; dabei kann bestimmt werden, dass Vorgärten nicht als Arbeitsflächen oder Lagerflächen benutzt werden dürfen;
6. von § 6 abweichende Maße der Abstandsflächentiefe, soweit dies zur Gestaltung des Ortsbildes oder zur Verwirklichung der Festsetzungen einer städtebaulichen Satzung erforderlich ist und eine ausreichende Belichtung sowie der Brandschutz gewährleistet sind, sowie
7. die Begrünung baulicher Anlagen.

(2) [1]Örtliche Bauvorschriften können auch durch Bebauungsplan oder, soweit das Baugesetzbuch dies vorsieht, durch andere Satzungen nach den Vorschriften des Baugesetzbuches erlassen werden. [2]Werden die örtlichen Bauvorschriften durch Bebauungsplan oder durch eine sonstige städtebauliche Satzung nach dem Baugesetzbuch erlassen, sind die §§ 1 bis 4c, 8 bis 10a, 13 bis 18, 30, 31,

33, 36 und 214 bis 215 des Baugesetzbuches entsprechend anzuwenden.

(3) [1]Anforderungen nach den Absätzen 1 und 2 können innerhalb der örtlichen Bauvorschrift auch in Form zeichnerischer Darstellungen gestellt werden. [2]Ihre Bekanntgabe kann dadurch ersetzt werden, dass dieser Teil der örtlichen Bauvorschrift bei der Gemeinde zur Einsicht ausgelegt wird. [3]Hierauf ist in den örtlichen Bauvorschriften hinzuweisen.

§ 90 Übergangsvorschriften

(1) [1]Vor In-Kraft-Treten dieses Gesetzes eingeleitete Verfahren sind nach dem bisherigen Verfahrensvorschriften weiterzuführen. [2]Hiervon ausgenommen sind Bauvorhaben, die keinem Verfahren mehr unterliegen. [3]Die materiellen Vorschriften, die durch dieses Gesetz geändert werden und den Bauherrn begünstigen, sind auch auf die vor In-Kraft-Treten dieses Gesetzes eingeleiteten Verfahren anzuwenden.

(2) Solange § 20 Absatz 1 der Baunutzungsverordnung zur Begriffsbestimmung des Vollgeschosses auf Landesrecht verweist, gelten Geschosse, deren Deckenoberfläche im Mittel mehr als 1,40 m über die Geländeoberfläche hinausragt und die über mindestens zwei Drittel ihrer Grundfläche eine lichte Höhe von mindestens 2,30 m haben, als Vollgeschosse.

(3) [1]Abweichend von § 66 Absatz 2 Satz 4 genügt bis zum 1. April 2017 die Bauvorlageberechtigung nach § 65 Absatz 2 Nummer 1, 2 und 4. [2]Abweichend von § 66 Absatz 3 Satz 3 Nummer 3 muss bis zum 1. April 2017 der Brandschutznachweis auch bei Gebäuden der Gebäudeklasse 4 bauaufsichtlich geprüft sein.

(4) [1]Die Verwendung des Ü-Zeichens auf Bauprodukten, die die CE-Kennzeichnung aufgrund der Verordnung (EU) Nr. 305/2011 tragen, ist ab dem 25. November 2017 nicht mehr zulässig. [2]Sind bereits in Verkehr gebrachte Bauprodukte, die die CE-Kennzeichnung aufgrund der Verordnung (EU) Nr. 305/2011 tragen, mit dem Ü-Zeichen gekennzeichnet, verliert das Ü-Zeichen ab dem 25. November 2017 seine Gültigkeit.

(5) Bis zum 24. November 2017 für Bauarten erteilte allgemeine bauaufsichtliche Zulassungen und Zustimmungen im Einzelfall gelten als Bauartgenehmigung fort.

(6) [1]Bestehende Anerkennungen als Prüf-, Überwachungs- und Zertifizierungsstellen bleiben in dem bis zum 24. November 2017 geregelten Umfang wirksam. [2]Vor dem 25. November 2017 gestellte Anträge gelten als Anträge nach diesem Gesetz.

Verordnung
des Sächsischen Staatsministeriums für Regionalentwicklung zur Durchführung der Sächsischen Bauordnung (Durchführungsverordnung zur SächsBO – DVOSächsBO)

Vom 2. September 2004 (SächsGVBl. S. 427), die zuletzt durch die Verordnung vom 16. Juli 2024 (SächsGVBl. S. 748) geändert worden ist

– Fassung ab 17. August 2024 –

INHALTSÜBERSICHT

TEIL 1
Durchführung bauordnungsrechtlicher Verfahren

Abschnitt 1
Bauvorlagen

§ 1
Baugenehmigungsverfahren

(1) [1]Nach § 68 Absatz 2 Satz 1 der Sächsischen Bauordnung in der Fassung der Bekanntmachung vom 11. Mai 2016 (SächsGVBl. S. 186), die zuletzt durch Artikel 2 des Gesetzes vom 11. Dezember 2018 (SächsGVBl. S. 706) geändert worden ist, in der jeweils geltenden Fassung, vorzulegende Bauvorlagen sind:
1. der Lageplan und ein Auszug aus der Liegenschaftskarte (§ 9);
2. die Bauzeichnungen (§ 10);
3. die Baubeschreibung (§ 11);

4. der Standsicherheitsnachweis, der Brandschutznachweis und andere bautechnische Nachweise (§ 12);
5. bei Vorhaben nach § 66 Absatz 3 Satz 2 Nummer 1 bis 3 der Sächsischen Bauordnung eine Erklärung der Tragwerksplanerin oder des Tragwerksplaners zur Erforderlichkeit einer Prüfung des Standsicherheitsnachweises nach § 12 Absatz 3;
6. die erforderlichen Angaben über die Wasserversorgungs- und Abwasserentsorgungsanlagen einschließlich eines Leitungsplans der Wasser- und Abwasserleitungen auf dem Grundstück;
7. die erforderlichen Angaben zur Energieversorgung;
8. bei Vorhaben im Geltungsbereich eines Bebauungsplans einen Auszug aus dem Bebauungsplan mit Eintragung des Grundstücks und eine prüffähige Berechnung über die zulässige, die vorhandene und die geplante Grundfläche und Grundflächenzahl, Geschossfläche und Geschossflächenzahl und, soweit erforderlich, Baumasse und Baumassenzahl auf dem Baugrundstück;
9. der Erhebungsbogen des Statistischen Landesamtes für die Erhebungseinheiten gemäß § 2 Absatz 1 des Hochbaustatistikgesetzes vom 5. Mai 1998 (BGBl. I S. 869), das zuletzt durch Artikel 2 des Gesetzes vom 26. Juli 2016 (BGBl. I S. 1839) geändert worden ist, in der jeweils geltenden Fassung.

[2]Die Bauvorlagen sind mit dem Bauantrag vorzulegen, wenn § 7 Absatz 3 und 4 nichts anderes bestimmt.

(2) Im vereinfachten Baugenehmigungsverfahren muss in den Fällen des § 66 Absatz 3 Satz 1 und 2 der Sächsischen Bauordnung ein geprüfter Standsicherheitsnachweis, in den Fällen des § 66 Absatz 3 Satz 3 Nummer 2 und 3 der Sächsischen Bauordnung ein geprüfter Brandschutznachweis vorgelegt werden.

§ 2
Genehmigungsfreistellung

(1) Für die Genehmigungsfreistellung sind die in § 1 Absatz 1 Nummer 1 bis 9 genannten sowie folgende Bauvorlagen einzureichen:
1. eine Bestätigung der Gemeinde, dass der Anschluss des Grundstücks an eine befahrbare öffentliche Verkehrsfläche, die Trinkwasserversorgung, die Abwasserbeseitigung sowie eine den örtlichen Verhältnissen entsprechende ausreichende Löschwasserversorgung spätestens bei Nutzungsbeginn gesichert ist;
2. eine Erklärung der Entwurfsverfasserin oder des Entwurfsverfassers, dass
   a) die öffentlich-rechtlichen Vorschriften eingehalten werden,
   b) die Bauvorlagen vollständig erstellt sind,
   c) Ausnahmen und Befreiungen nach § 31 des Baugesetzbuches in der Fassung der Bekanntmachung vom 3. November 2017 (BGBl. I S. 3634), in der jeweils geltenden Fassung, nicht erforderlich sind und
   d) Abweichungen nach § 67 der Sächsischen Bauordnung gesondert beantragt werden;
3. eine Erklärung der Bauherrin oder des Bauherrn, in der sie oder er für den Fall des § 62 Absatz 2 Nummer 4 der Sächsischen Bauordnung bestimmt, ob die Einreichung seiner Unterlagen als Bauantrag zu behandeln ist, wenn die Gemeinde die Durchführung eines vereinfachten Genehmigungsverfahrens fordert.

(2) In den Fällen des § 66 Absatz 3 Satz 1 und 2 der Sächsischen Bauordnung muss ein geprüfter Standsicherheitsnachweis, in den Fällen des § 66 Absatz 3 Satz 3 Nummer 2 und 3 der Sächsischen Bauordnung ein geprüfter Brandschutznachweis vorgelegt werden.

§ 3
Beseitigung von Anlagen

[1]Der Anzeige auf Beseitigung von Anlagen gemäß § 61 Absatz 3 Satz 2 der Sächsischen Bauordnung ist ein Lageplan, der die

Lage der zu beseitigenden Anlagen darstellt, unter Bezeichnung des Grundstücks nach Straße und Hausnummer und der Erhebungsbogen des Statistischen Landesamtes für Bauabgang gemäß § 2 Absatz 2 des Hochbaustatistikgesetzes beizufügen. [2]In den Fällen des § 61 Absatz 3 Satz 3 Halbsatz 1 der Sächsischen Bauordnung ist die Bestätigung der Tragwerksplanerin oder des Tragwerksplaners vorzulegen.

§ 4
Genehmigung von Werbeanlagen

(1) Dem Antrag auf Erteilung einer Genehmigung für die Errichtung, Anbringung und Änderung von Werbeanlagen sind die in § 1 Nummer 1 bis 3 genannten Bauvorlagen und, soweit erforderlich, der Standsicherheitsnachweis beizufügen.

(2) Der Lageplan muss insbesondere enthalten:
1. die Angaben nach § 9 Absatz 4 Nummer 1, 2 und 4;
2. die Festsetzungen im Bebauungsplan über die Art des Baugebiets;
3. festgesetzte Baulinien, Baugrenzen oder sonstige Begrenzungslinien;
4. vorhandene bauliche Anlagen auf dem Grundstück;
5. den Aufstellungs- oder Anbringungsort der geplanten Werbeanlage;
6. die Abstände der geplanten Werbeanlage zu öffentlichen Verkehrs- und Grünflächen unter Angabe der Straßenklasse.

(3) Die Bauzeichnungen, für die ein Maßstab nicht kleiner als 1:50 zu verwenden ist, müssen insbesondere enthalten:
1. die Ausführung der geplanten Werbeanlage;
2. die Darstellung der geplanten Werbeanlage in Verbindung mit der baulichen Anlage, vor der oder in deren Nähe sie aufgestellt, errichtet oder an der sie angebracht werden soll; dabei kann in Einzelfällen die farbgetreue Wiedergabe aller sichtbaren Teile der geplanten Werbeanlage verlangt werden.

(4) In der Baubeschreibung sind, soweit dies nach § 11 Absatz 1 erforderlich ist, insbesondere anzugeben:
1. der Aufstellungs- oder Anbringungsort;
2. Art und Größe der geplanten Anlage;
3. Werkstoffe und Farben der geplanten Anlage;
4. die Art des Baugebiets;
5. benachbarte Signalanlagen und Verkehrszeichen.

§ 5
Ausführungsgenehmigung Fliegender Bauten

[1]Dem Antrag auf Erteilung der Ausführungsgenehmigung Fliegender Bauten nach § 76 der Sächsischen Bauordnung sind die in § 1 Nummer 2 bis 4 genannten Bauvorlagen beizufügen. [2]Der Standsicherheitsnachweis ist durch das Prüfamt gemäß § 31 Absatz 1 Satz 2 Nummer 2 zu prüfen. [3]Die Baubeschreibung muss ausreichende Angaben über die Konstruktion, den Aufbau und den Betrieb Fliegender Bauten enthalten. [4]Die Bauvorlagen sind in zweifacher Ausfertigung einzureichen.

§ 6
Vorbescheid

Dem Antrag auf Erteilung eines Vorbescheides nach § 75 der Sächsischen Bauordnung sind nur die nach § 1 erforderlichen Bauvorlagen beizufügen, die zur Beurteilung der durch den Vorbescheid zu entscheidenden Fragen des Bauvorhabens erforderlich sind.

§ 7
Sonstige Bauvorlagen, Verzicht auf Bauvorlagen und Nachreichung von Bauvorlagen

(1) Die Bauaufsichtsbehörde kann weitere Bauvorlagen fordern, wenn diese zur Beurteilung des Bauvorhabens erforderlich sind.

(2) Die Bauaufsichtsbehörde soll auf Bauvorlagen verzichten, wenn diese zur Beurteilung des Bauvorhabens nicht erforderlich sind.

(3) Die Bauaufsichtsbehörde kann gestatten, dass einzelne Bauvorlagen nachgereicht werden.

(4) [1]Die Bauaufsichtsbehörde kann gestatten, dass der Brandschutznachweis spätestens bei Baubeginn vorgelegt wird. [2]Der Standsicherheitsnachweis sowie die sonstigen bautechnischen Nachweise können der Bauaufsichtsbehörde spätestens bei Baubeginn vorgelegt werden.

§ 8
Zahl und Beschaffenheit der Bauvorlagen

(1) [1]Die Bauvorlagen sind bei der unteren Bauaufsichtsbehörde grundsätzlich in dreifacher Ausfertigung einzureichen. [2]§ 62 Absatz 3 Satz 1 der Sächsischen Bauordnung bleibt unberührt. [3]Sind andere Stellen am Genehmigungsverfahren zu beteiligen, ist für jede zu beteiligende Stelle eine weitere Mehrfertigung einzureichen, soweit in dieser Verordnung nichts anderes bestimmt ist. [4]Die Nachweise nach § 1 Absatz 1 Nummer 4 sind jeweils in zweifacher Ausfertigung einzureichen.

(2) Die Bauvorlagen müssen aus alterungsbeständigem Papier oder gleichwertigem Material lichtbeständig hergestellt sein und dem Format DIN A 4 entsprechen oder auf diese Größe gefaltet sein.

(3) Hat die oberste Bauaufsichtsbehörde Vordrucke öffentlich bekannt gemacht, sind diese zu verwenden.

(4) Die Absätze 1 bis 3 gelten nicht für elektronische Bauvorlagen.

§ 9
Auszug aus der Liegenschaftskarte, Lageplan

(1) [1]Der Auszug aus der Liegenschaftskarte soll bei Antragstellung nicht älter als ein halbes Jahr sein. [2]Er muss das Grundstück und die benachbarten Grundstücke im Umkreis von mindestens 50 m um das Grundstück darstellen. [3]Das Grundstück ist farblich zu kennzeichnen. [4]Der Auszug ist mit dem Namen der Bauherrin oder des Bauherrn, des Bauvorhabens und dem Datum des dazugehörigen Bauantrags oder dem Datum der Einreichung der Vorlage in der Genehmigungsfreistellung zu beschriften.

(2) [1]Der Lageplan ist auf der Grundlage der Daten des Liegenschaftskatasters zu erstellen. [2]Dabei soll ein Maßstab nicht kleiner als 1 : 500 verwendet werden. [3]Die Bauaufsichtsbehörde kann einen größeren Maßstab fordern, wenn es für die Beurteilung des Vorhabens erforderlich ist. [4]Der Lageplan ist durch eine Sachverständige oder einen Sachverständigen zu erstellen, wenn für die Grundstücksgrenze ein Katasternachweis nach § 12 Abs. 2 der Durchführungsverordnung zum Sächsischen Vermessungs- und Katastergesetz vom 6. Juli 2011 (SächsGVBl. S. 271), die zuletzt durch Artikel 2 der Verordnung vom 29. Juni 2019 (SächsGVBl. S. 551) geändert worden ist, in der jeweils geltenden Fassung, nicht vorliegt und wenn

1. Gebäude an der Grundstücksgrenze oder so errichtet werden sollen, dass nur die in § 6 Absatz 5 der Sächsischen Bauordnung vorgeschriebenen Tiefen der Abstandsflächen eingehalten werden;
2. die vorgeschriebenen Tiefen der Abstandsflächen verringert werden sollen oder
3. die Flächen für Abstände ganz oder teilweise auf Nachbargrundstücken liegen.

(3) Sachverständige im Sinne des Absatzes 2 Satz 4 sind die zu Katastervermessungen nach dem Sächsischen Vermessungs- und Katastergesetz vom 29. Januar 2008 (SächsGVBl. S. 138), das zuletzt durch das Gesetz vom 24. Mai 2019 (SächsGVBl. S. 431) geändert worden ist, in der jeweils geltenden Fassung, befugten Behörden sowie die öffentlich bestellten Vermessungsingenieurinnen und Vermessungsingenieure.

(4) Der Lageplan muss, soweit dies zur Beurteilung des Vorhabens erforderlich ist, enthalten:

1. seinen Maßstab und die Lage des Grundstücks zur Nordrichtung;
2. die im Liegenschaftskataster geführten Flächengrößen, Flurstücksnummern und die Flurstücksgrenzen des Grundstücks;

3. die im Liegenschaftskataster geführten Flurstücksnummern und die Flurstücksgrenzen der im Lageplan dargestellten benachbarten Grundstücke;
4. die im Grundbuch geführte Bezeichnung des Grundstücks und der im Lageplan dargestellten benachbarten Grundstücke mit den jeweiligen Eigentümerangaben;
5. die Höhenlage der Eckpunkte des Grundstücks und der Eckpunkte der geplanten baulichen Anlage mit Bezug auf das jeweilige Höhenbezugssystem;
6. die Breite und die Höhenlage vorhandener oder in Bebauungsplänen enthaltener Verkehrsflächen mit Bezug auf das jeweilige Höhenbezugssystem unter Angabe der Straßenklasse sowie die in Planfeststellungsbeschlüssen ausgewiesenen Verkehrsflächen im Bereich des Vorhabens;
7. die Lage des öffentlichen Entwässerungskanals, die Höhe seiner Sohle sowie die Rückstauebene;
8. die Lage der Entwässerungsgrundleitung bis zum öffentlichen Kanal einschließlich des Anschlusskanals und deren Nennweiten, die Lage der Reinigungsöffnungen und -schächte oder die Lage der Abwasserbehandlungsanlagen mit der Abwassereinleitung;
9. die Festsetzungen im Bebauungsplan über die Art und das Maß der baulichen Nutzung und über die überbaubare Grundstücksfläche (Baulinien und Baugrenzen);
10. die vorhandenen baulichen Anlagen auf dem Grundstück und auf den benachbarten Grundstücken mit Angabe ihrer Nutzung, Geschosszahl, Hauptgesims- oder Außenwandhöhe, Dachform und der Bauart der Außenwände und der Bedachung;
11. Kulturdenkmale im Sinne des § 2 des Sächsischen Denkmalschutzgesetzes vom 3. März 1993 (SächsGVBl. S. 229), das zuletzt durch Artikel 2 des Gesetzes vom 2. August 2019 (SächsGVBl. S. 644) geändert worden ist, in der jeweils geltenden Fassung, und geschützte Baumbestände auf dem Baugrundstück und auf den Nachbargrundstücken;
12. die geplanten baulichen Anlagen unter Angabe der Außenmaße, der Dachform, der Höhenlage des Erdgeschossfußbodens zur Straße, der Grenzabstände, der Abstände zu anderen baulichen Anlagen auf dem Grundstück und den benachbarten Grundstücken, der Lage und Breite der Zu- und Abfahrten, der Tiefe und Breite der Abstandsflächen (Abstandsflächenplan);
13. die Abstände der geplanten baulichen Anlage zu öffentlichen Verkehrs- und Grünflächen, Friedhöfen, Wasserflächen und Wäldern;
14. die Aufteilung der nicht überbauten Flächen unter Angabe der Lage, Anzahl und Größe der Stellplätze für Kraftfahrzeuge, der Zufahrten und Bewegungsflächen für die Feuerwehr, der Kinderspielplätze, der Plätze für Abfallbehälter und der Flächen, die begrünt werden oder mit Bäumen bepflanzt werden sollen;
15. Flächen, die von Baulasten, Grunddienstbarkeiten oder Abstandsflächenübernahmeerklärungen betroffen sind;
16. Brunnen, Abfallgruben, Dungstätten, Jauchebehälter, Flüssigmistbehälter und Gärfutterbehälter sowie deren Abstände zu baulichen Anlagen;
17. Hochspannungsleitungen und unterirdische Leitungen für das Fernmeldewesen oder für die Versorgung mit Elektrizität, Gas, Wärme und Wasser sowie deren Abstände zu baulichen Anlagen;
18. ortsfeste Behälter für Gase, Öle oder wassergefährdende oder brennbare Flüssigkeiten sowie deren Abstände zu baulichen Anlagen;
19. Hydranten und andere Wasserentnahmestellen für Feuerlöschzwecke.

(5) Der Inhalt des Lageplans nach Absatz 4 Nummer 14 bis 19 und die Abstandsflächen sind auf besonderen Blättern darzustellen, wenn der Lageplan sonst unübersichtlich würde.

(6) [1]Für die Darstellung im Lageplan sind die Zeichen oder Farben der Nummern 1 und 3 der Anlage 1 zu verwenden. [2]Die sonstigen Darstellungen sind, soweit erforderlich, durch Beschriftung zu kennzeichnen.

(7) Bei Änderungen baulicher Anlagen, bei denen Außenwände und Dächer sowie die Nutzung nicht verändert werden, ist der Lageplan nicht erforderlich.

§ 10
Bauzeichnungen

(1) [1]Für die Bauzeichnungen soll ein Maßstab nicht kleiner als 1 : 100 verwendet werden, soweit nichts anderes bestimmt ist. [2]Die Bauaufsichtsbehörde kann einen anderen Maßstab verlangen oder zulassen, wenn ein solcher zur Darstellung der erforderlichen Eintragung notwendig oder ausreichend ist.

(2) In den Bauzeichnungen sind insbesondere darzustellen:

1. die Gründung der geplanten baulichen Anlage und, soweit erforderlich, die Gründungen benachbarter baulicher Anlagen;
2. die Grundrisse aller Geschosse mit Angabe der vorgesehenen Nutzung der Räume und mit Einzeichnung der
   a) Treppen,
   b) lichten Öffnungsmaße sowie Art und Anordnung der Türen an und in Rettungswegen,
   c) Schornsteine, Abgasleitungen und Verbindungsstücke,
   d) Räume für die Aufstellung von Feuerstätten und die Brennstofflagerung unter Angabe der dafür vorgesehenen Nennwärmeleistung und Lagermenge,
   e) ortsfesten Behälter für wassergefährdende oder brennbare Flüssigkeiten oder für verflüssigte oder nicht verflüssigte Gase,
   f) Aufzugsschächte und nutzbaren Grundflächen der Fahrkörbe von Personenaufzügen,
   g) Lüftungsleitungen, Installationsschächte und Abfallschächte,
   h) Räume für die Aufstellung von Lüftungsanlagen,
   i) Bäder und Toilettenräume, Entwässerungsgrundleitungen sowie Entwässerungseinrichtungen unterhalb der Rückstauebene,
   j) Feuermelde- und Feuerlöscheinrichtungen mit Angabe ihrer Art;
3. die Schnitte, aus denen ersichtlich sind
   a) die Höhenlage des Erdgeschossfußbodens mit Bezug auf das jeweilige Höhenbezugssystem,
   b) die Höhe des Fußbodens des höchstgelegenen Aufenthaltsraumes über der Geländeoberfläche,
   c) die Geschosshöhen und die lichten Raumhöhen,
   d) der Verlauf der Treppen und Rampen mit ihrem Steigungsverhältnis,
   e) der Anschnitt der vorhandenen und der geplanten Geländeoberfläche,
   f) das Maß der Wandhöhe H je Außenwand in dem zur Bestimmung der Abstandsflächen erforderlichen Umfang (§ 6 Abs. 4 der Sächsischen Bauordnung), soweit dieses nicht im Lageplan oder in den Ansichten angegeben ist,
   g) Dachhöhen und Dachneigungen;
4. die Ansichten der geplanten baulichen Anlage mit dem Anschluss an Nachbargebäude unter Angabe von Baustoffen und Farben sowie der Geländeoberfläche und des Straßengefälles.

(3) In den Bauzeichnungen sind anzugeben:

1. der Maßstab;
2. die Maße und die wesentlichen Baustoffe und Bauarten;
3. das Brandverhalten der Baustoffe und die Feuerwiderstandsdauer der Bauteile, soweit aus Gründen des Brandschutzes Forderungen gestellt werden;
4. die Rohbaumaße der Fensteröffnungen in Aufenthaltsräumen;
5. die Lage des Raumes für die Hauptanschlüsse der Versorgungsleitungen und
6. bei Änderung baulicher Anlagen die zu beseitigenden und die neuen Bauteile.

(4) [1]Für die Darstellung in den Bauzeichnungen sind die Zeichen oder Farben der Nummer 2 der Anlage 1 zu verwenden. [2]Im Übrigen soll für die Darstellung in den Bauzeichnungen die DIN 1356 Teil 1, Ausgabe Februar 1995, erschienen im Beuth-Verlag GmbH, Berlin und Köln, und archivmäßig

gesichert hinterlegt beim Deutschen Patent- und Markenamt, verwendet werden.

§ 11
Baubeschreibung

(1) In der Baubeschreibung sind das Vorhaben und seine Nutzung zu erläutern, soweit dies zur Beurteilung erforderlich ist und die notwendigen Angaben nicht in den Lageplan und die Bauzeichnungen aufgenommen werden können.
(2) Wird das Vorhaben nicht an eine Sammelkanalisation angeschlossen, ist die ordnungsgemäße Abwasserbeseitigung nachzuweisen (§ 44 der Sächsischen Bauordnung).
(3) Für gewerbliche Anlagen, die einer gewerberechtlichen Erlaubnis nicht bedürfen, muss die Baubeschreibung zusätzliche Angaben enthalten über
1. die Art der gewerblichen Tätigkeiten unter Angabe der Betriebszeiten, der Art, der Zahl und des Aufstellungsortes der Maschinen oder Apparate, der Art und Menge der Rohstoffe, der Betriebsmittel und der herzustellenden Erzeugnisse und der Art ihrer Lagerung, soweit sie feuer-, explosions-, gesundheitsgefährlich oder wassergefährdend sind;
2. die Art, die Menge und den Verbleib der Abfälle und des besonders zu behandelnden Abwassers und
3. die Zahl der Beschäftigten.

(4) Für landwirtschaftliche Betriebe muss die Baubeschreibung zusätzliche Angaben enthalten über
1. die Größe der Betriebsflächen, die Nutzungsarten und die Eigentumsverhältnisse;
2. Art und Umfang der Viehhaltung;
3. Lagerung und Verbleib tierischer Ausscheidungen.

(5) In der Baubeschreibung sind ferner die für die Gebührenberechnung erforderlichen Kennwerte anzugeben.

§ 12
Standsicherheitsnachweis, Brandschutznachweis und andere bautechnische Nachweise

(1) Für den Nachweis der Standsicherheit sind eine Darstellung des gesamten statischen Systems, die erforderlichen Konstruktionszeichnungen und die erforderlichen Berechnungen vorzulegen.
(2) [1]Die statischen Berechnungen müssen die Standsicherheit der baulichen Anlagen und ihrer Teile nachweisen. [2]Die Beschaffenheit des Baugrundes und seine Tragfähigkeit sind anzugeben. [3]Die Standsicherheit kann auf andere Weise als durch statische Berechnungen nachgewiesen werden, wenn hierdurch die Anforderungen an einen Standsicherheitsnachweis in gleichem Maße erfüllt werden. [4]Auf die Vorlage eines besonderen Standsicherheitsnachweises kann verzichtet werden, wenn die baulichen Anlagen oder ihre Teile nach Bauart, statischem System, baulicher Durchbildung und Abmessungen sowie hinsichtlich ihrer Beanspruchung einer bewährten, insbesondere durch Technische Baubestimmungen nach § 88a Absatz 1 der Sächsischen Bauordnung im Einzelnen festgelegten Ausführung entsprechen.
(3) Bei Vorhaben nach § 66 Absatz 3 Satz 2 der Sächsischen Bauordnung ist dem Standsicherheitsnachweis eine Erklärung der Tragwerksplanerin oder des Tragwerksplaners zur Prüfpflicht nach Maßgabe des Kriterienkataloges der Anlage 2 beizufügen.
(4) [1]Zum Brandschutznachweis ist im Lageplan, den Bauzeichnungen und in der Baubeschreibung das Brandschutzkonzept darzulegen. [2]Insbesondere sind anzugeben:
1. die Art der Nutzung mit Angaben zu der Anzahl der Personen, die die bauliche Anlage nutzen, die Brandlasten und Brandgefahren;
2. das Brandverhalten der Baustoffe und der Bauteile entsprechend den Benennungen nach § 26 der Sächsischen Bauordnung in Verbindung mit Kapitel A 2 der Anlage zur Verwaltungsvorschrift des Sächsischen Staatsministeriums des Innern zur Einführung Technischer Bau-

bestimmungen vom 15. Dezember 2017 (SächsABl. 2018 S. 52) in der jeweils geltenden Fassung;
3. die Bauteile und Einrichtungen, die dem Brandschutz dienen, wie Brandwände, Trennwände, Unterdecken, Feuerschutzabschlüsse, Rauchschutztüren, Entrauchungsanlagen;
4. die brandschutztechnischen Abstände;
5. der erste und zweite Rettungsweg nach § 33 der Sächsischen Bauordnung;
6. die Zugänge, Zufahrten und Bewegungsflächen für die Feuerwehr sowie die Aufstellflächen für Hubrettungsfahrzeuge und
7. die ausreichende Löschwasserversorgung.

[3]Die Angaben sind mit zusätzlichen Bauzeichnungen und Beschreibungen zu erläutern, wenn die Vorkehrungen des Brandschutzes andernfalls nicht hinreichend deutlich erkennbar sind. [4]Soweit Abweichungen nach § 88a Absatz 1 und § 67 Absatz 1 der Sächsischen Bauordnung vorliegen, sind diese zu benennen. [5]In diesen Fällen ist der Nachweis zu führen, dass mit der Abweichung oder mit einer anderen Lösung dennoch den allgemeinen Anforderungen nach § 3 Satz 1 der Sächsischen Bauordnung entsprochen wird. [6]Für Gebäude, die Sonderbauten sind, und bei Abweichungen sind, soweit für die Beurteilung erforderlich, zusätzlich anzugeben:
1. Rettungswegbreiten und -längen;
2. Sicherheitsbeleuchtung und Kennzeichnung der Rettungswege;
3. technische Anlagen zur Branderkennung, Brandmeldung, Alarmierung, Personenrettung, Brandbekämpfung, Rauch- und Wärmeabführung;
4. die Löschwasserrückhaltung und
5. betriebliche und organisatorische Vorkehrungen zum Brandschutz.

[7]Für Gebäude, die Sonderbauten sind, ist ein gesondertes Brandschutzkonzept vorzulegen.

(5) Zum Nachweis des Schall- und Erschütterungsschutzes sind, soweit erforderlich, Einzelnachweise durch Zeichnung, Beschreibung, Berechnung, Prüfzeugnisse oder Gutachten vorzulegen.

(6) Finden Bauprodukte Verwendung oder Bauarten Anwendung, für die gemäß § 17 Absatz 1 der Sächsischen Bauordnung Verwendbarkeitsnachweise, gemäß § 16a Absatz 2 der Sächsischen Bauordnung Bauartgenehmigungen oder gemäß § 16a Absatz 3 der Sächsischen Bauordnung allgemeine bauaufsichtliche Prüfzeugnisse für Bauarten erforderlich sind, sind diese den Nachweisführungen nach den Absätzen 2, 4 und 5 beizufügen.

ABSCHNITT 2
Elektronische Durchführung

§ 12a
Elektronische Verwaltungsleistungen

(1) Elektronisch eingereicht werden können Anträge, Anzeigen, Erklärungen, Bauvorlagen und Unterlagen, soweit sie erforderlich sind für
1. die Erteilung einer Baugenehmigung nach den §§ 63 und 64 der Sächsischen Bauordnung,
2. die Erteilung einer Teilbaugenehmigung nach § 74 der Sächsischen Bauordnung,
3. die Verlängerung der Geltungsdauer einer Baugenehmigung nach § 73 Absatz 2 der Sächsischen Bauordnung,
4. die Erteilung eines Vorbescheides nach § 75 Satz 1 der Sächsischen Bauordnung,
5. die Verlängerung der Geltungsdauer eines Vorbescheides nach § 75 Satz 3 der Sächsischen Bauordnung,
6. die Zulassung von Abweichungen, Ausnahmen und Befreiungen nach § 67 Absatz 2 der Sächsischen Bauordnung,
7. die Genehmigungsfreistellung nach § 62 Absatz 2 in Verbindung mit Absatz 1 der Sächsischen Bauordnung,
8. den Baubeginn nach § 72 Absatz 6 und 8 der Sächsischen Bauordnung,
9. die Beseitigung von Anlagen nach § 61 Absatz 3 Satz 2 der Sächsischen Bauordnung.

(2) [1]Die Bauherrin, der Bauherr, die Antragstellerin oder der Antragsteller entscheidet darüber, ob das Verfahren nach Absatz 1 elektronisch durchgeführt wird. [2]Sind mehrere

Personen Bauherrin, Bauherr, Antragstellerin oder Antragsteller, so entscheiden sie darüber gemeinsam. [3]Werden Bauanträge und Anzeigen elektronisch eingereicht, sind auch die Bauvorlagen und Unterlagen elektronisch ein- und nachzureichen. [4]Wenn die Bauherrin, der Bauherr, die Antragstellerin oder der Antragsteller sich nach Satz 1 dafür entscheidet, das Verfahren elektronisch durchzuführen, so hat sie oder er die Entwurfsverfasserin oder den Entwurfsverfasser mit der elektronischen Einreichung zu beauftragen und dazu zu bevollmächtigen.

§ 12b Nutzerkonto

(1) Wer elektronische Verwaltungsleistungen nach § 12a Absatz 1 in Anspruch nehmen will, muss ein Nutzerkonto nach § 2 Absatz 5 des Onlinezugangsgesetzes vom 14. August 2017 (BGBl. I S. 3122, 3138), das zuletzt durch Artikel 16 des Gesetzes vom 28. Juni 2021 (BGBl. I S. 2250; 2023 I Nr. 230) geändert worden ist, in der jeweils geltenden Fassung, beim Bundesportal im Internet unter der Adresse „https:\id.bund.de" einrichten.

(2) [1]Die Identifizierung beim Einrichten des Nutzerkontos hat mindestens das Sicherheitsniveau „substantiell" nach Artikel 8 Absatz 2 Buchstabe b der Verordnung (EU) Nr. 910/2014 des Europäischen Parlaments und des Rates vom 23. Juli 2014 über elektronische Identifizierung und Vertrauensdienste für elektronische Transaktionen im Binnenmarkt und zur Aufhebung der Richtlinie 1999/93/EG (ABl. L 257 vom 28.8.2014, S. 73, L 23 vom 29.1.2015, S. 19, L 155 vom 14.6.2016, S. 44), in der jeweils geltenden Fassung, zu erfüllen. [2]Sie kann erfolgen durch:

1. den elektronischen Identitätsnachweis nach § 18 des Personalausweisgesetzes,
2. den elektronischen Identitätsnachweis nach § 12 des eID-Karte-Gesetzes vom 21. Juni 2019 (BGBl. I S. 846), das durch Artikel 3 des Gesetzes vom 5. Juli 2021 (BGBl. I S. 2281) geändert worden ist, in der jeweils geltenden Fassung,
3. den elektronischen Identitätsnachweis nach § 78 Absatz 5 des Aufenthaltsgesetzes,
4. den elektronischen Identitätsnachweis eines Mitgliedstaates der Europäischen Union oder eines diesen durch Abkommen gleichgestellten Staates oder
5. durch ein ELSTER-Zertifikat, das von der Finanzverwaltung bei der Registrierung im Dienstleistungsportal der Finanzverwaltung nach § 87a Absatz 6 Satz 1 der Abgabenordnung erteilt wurde.

§ 12c Formerfordernisse

(1) Die Authentifizierung bei Verwendung des Nutzerkontos ersetzt die Schriftform, die vorgeschrieben ist für

1. den Bauantrag nach § 68 Absatz 1 und 4 Satz 1 der Sächsischen Bauordnung,
2. die Bauvorlagen nach § 68 Absatz 4 Satz 1 der Sächsischen Bauordnung,
3. den Antrag auf Verlängerung der Geltungsdauer einer Baugenehmigung nach § 73 Absatz 2 Satz 1 der Sächsischen Bauordnung,
4. den Antrag auf Erteilung eines Vorbescheides und auf Verlängerung der Geltungsdauer des Vorbescheides nach § 75 Satz 1 und 3 der Sächsischen Bauordnung,
5. den Antrag auf Abweichungen, Ausnahmen und Befreiungen nach § 67 Absatz 2 Satz 1 der Sächsischen Bauordnung,
6. die Vorlage von Unterlagen bei der Genehmigungsfreistellung nach § 62 Absatz 3 Satz 1 und § 62 Absatz 5 Satz 2 in Verbindung mit § 68 Absatz 4 Satz 1 der Sächsischen Bauordnung,
7. die Anzeige des Baubeginns nach § 72 Absatz 8 der Sächsischen Bauordnung,
8. die Anzeige einer beabsichtigten Beseitigung von Anlagen nach § 61 Absatz 3 Satz 2 der Sächsischen Bauordnung.

(2) [1]Abweichend von § 68 Absatz 4 Satz 1 der Sächsischen Bauordnung ist bei der elektronischen Einreichung des Bauantrages durch die Bauherrin oder den Bauherrn die Unterschrift der Entwurfsverfasserin oder des Ent-

wurfsverfassers sowie bei der elektronischen Einreichung des Bauantrages durch die Entwurfsverfasserin oder den Entwurfsverfasser die Unterschrift der Bauherrin oder des Bauherrn nicht erforderlich. [2]Abweichend von § 68 Absatz 4 Satz 1 der Sächsischen Bauordnung müssen bei der elektronischen Einreichung von Bauvorlagen durch die Bauherrin oder den Bauherrn die Bauvorlagen nicht von der Entwurfsverfasserin oder dem Entwurfsverfasser unterschrieben sein. [3]Die Bauvorlagen müssen die Person der Entwurfsverfasserin oder des Entwurfsverfassers erkennen lassen, für deren korrekte Angabe die Bauherrin oder der Bauherr verantwortlich ist.

(3) [1]Abweichend von § 68 Absatz 4 Satz 2 der Sächsischen Bauordnung müssen Fachplanerinnen und Fachplaner die von ihnen gefertigten Unterlagen nicht unterzeichnen, wenn diese die Bauherrin, der Bauherr, die Entwurfsverfasserin oder der Entwurfsverfasser elektronisch einreicht. [2]Die Unterlagen müssen die Person der Fachplanerin oder des Fachplaners erkennen lassen, für deren korrekte Angabe die Entwurfsverfasserin oder der Entwurfsverfasser verantwortlich ist.

§ 12d
Elektronische Bauvorlagen

(1) [1]Dateien müssen als Einzeldateien im PDF-Format eingereicht werden. [2]Dateianlagen innerhalb der Dateien sind unzulässig. [3]Die Dateien dürfen keine Sicherheitseinstellungen und keinen Schreibschutz enthalten. [4]Lageplan und Bauzeichnungen müssen neben der numerischen Angabe des Maßstabes auch eine graphische, mit den tatsächlichen Distanzen beschriftete Maßstabsleiste enthalten, sofern nicht Maßketten eine Kalibrierung ermöglichen.

(2) [1]Standsicherheits- und Brandschutznachweise, die nach § 66 Absatz 3 der Sächsischen Bauordnung bauaufsichtlich zu prüfen sind, werden als elektronisches Abbild des von der Erstellerin oder dem Ersteller unterschriebenen Originals eingereicht. [2]Für Standsicherheitsnachweise gilt dies nicht, wenn sie von der Entwurfsverfasserin oder dem Entwurfsverfasser erstellt worden sind.

(3) Bei bautechnischen Nachweisen, die keiner bauaufsichtlichen Prüfung unterliegen, ist die Bauherrin oder der Bauherr für die korrekte Angabe der Person der Nachweiserstellerin oder des Nachweiserstellers verantwortlich.

§ 12e
Elektronische Genehmigungsfreistellung

(1) [1]Abweichend von § 62 Absatz 3 Satz 1 der Sächsischen Bauordnung sind die Unterlagen nur bei der unteren Bauaufsichtsbehörde einzureichen. [2]Ist die untere Bauaufsichtsbehörde nicht selbst die betroffene Gemeinde, leitet sie die Unterlagen unverzüglich an diese weiter und teilt ihr mit, wann die Unterlagen elektronisch eingereicht wurden. [3]Maßgebend für die Äußerungsfrist der Gemeinde nach § 62 Absatz 3 Satz 2 der Sächsischen Bauordnung ist der Zeitpunkt der elektronischen Einreichung der Unterlagen bei der unteren Bauaufsichtsbehörde.

(2) [1]Abweichend von § 62 Absatz 5 Satz 2 in Verbindung mit § 68 Absatz 4 Satz 1 der Sächsischen Bauordnung müssen die Unterlagen bei der Genehmigungsfreistellung sowie die Erklärungen nach § 2 Absatz 1 Nummer 2 und 3 nicht unterschrieben sein. [2]Die Unterlagen müssen die Person der Entwurfsverfasserin oder des Entwurfsverfassers erkennen lassen, für deren korrekte Angabe die Bauherrin oder der Bauherr verantwortlich ist.

§ 12f
Elektronische Zulassung von Abweichungen, Ausnahmen und Befreiungen

[1]Abweichend von § 70 Absatz 2 der Sächsischen Bauordnung kann die Unterschrift der Nachbarin oder des Nachbarn auf den Lageplänen und Bauzeichnungen sowie ihre oder seine schriftliche Zustimmung zur Erteilung von Abweichungen und Befreiungen als elektronisches Abbild des unterschriebenen Originals eingereicht werden. [2]Die Bauaufsichtsbehörde kann die Vorlage des unterschriebenen Originals verlangen.

§ 12g
Formerfordernisse für Behörden, Bekanntgabe von Verwaltungsakten

(1) Für eine durch Rechtsvorschrift angeordnete Schriftform bei elektronischen Verwaltungsakten in Verfahren nach § 12a Absatz 1 gilt § 1 Satz 1 des Gesetzes zur Regelung des Verwaltungsverfahrens- und des Verwaltungszustellungsrechts für den Freistaat Sachsen in Verbindung mit § 3a Absatz 3 Nummer 3 des Verwaltungsverfahrensgesetzes.
(2) Für die Bekanntgabe von Verwaltungsakten in Verfahren nach § 12a Absatz 1 gilt § 2a des Gesetzes zur Regelung des Verwaltungsverfahrens- und des Verwaltungszustellungsrechts für den Freistaat Sachsen.

TEIL 2
Bautechnische Prüfung von Bauvorhaben, Prüfung von technischen Anlagen, Ausführungsgenehmigung Fliegender Bauten

Abschnitt 1
Allgemeine Vorschriften zu Prüfingenieurinnen, Prüfingenieuren und Prüfsachverständigen

§ 13
Fachbereiche und Fachrichtungen

(1) [1]Prüfingenieurinnen und Prüfingenieure werden anerkannt in den Fachbereichen
1. Standsicherheit und
2. Brandschutz.

[2]Prüfsachverständige werden anerkannt in den Fachbereichen
1. technische Anlagen und
2. Erd- und Grundbau.

(2) [1]Prüfingenieurinnen und Prüfingenieure für Standsicherheit werden anerkannt in den Fachrichtungen Massivbau, Metallbau und Holzbau. [2]Die Anerkennung kann für eine oder mehrere Fachrichtungen ausgesprochen werden.

§ 14
Prüfingenieurinnen, Prüfingenieure und Prüfsachverständige

(1) [1]Prüfingenieurinnen, Prüfingenieure nehmen in ihrem jeweiligen Fachbereich bauaufsichtliche Prüfaufgaben aufgrund der Sächsischen Bauordnung oder von Vorschriften aufgrund der Sächsischen Bauordnung im Auftrag der Bauaufsichtsbehörde oder der Bauherrin oder des Bauherrn wahr. [2]Sie unterstehen der Fachaufsicht der obersten Bauaufsichtsbehörde oder der von ihr bestimmten Behörde.
(2) [1]Prüfsachverständige prüfen und bescheinigen in ihrem jeweiligen Fachbereich im Auftrag der Bauherrin, des Bauherrn oder der oder des sonstigen nach Bauordnungsrecht Verantwortlichen die Einhaltung bauordnungsrechtlicher Anforderungen, soweit dies in der Sächsischen Bauordnung oder in Vorschriften aufgrund der Sächsischen Bauordnung vorgesehen ist. [2]Sie nehmen keine hoheitlichen bauaufsichtlichen Prüfaufgaben wahr. [3]Die Prüfsachverständigen sind im Rahmen der ihnen obliegenden Pflichten unabhängig und an Weisungen der Auftraggeberin oder des Auftraggebers nicht gebunden.

§ 15
Übertragung von Prüfaufgaben und Erteilung von Prüfaufträgen

(1) [1]Bei Sonderbauten, bei denen die bauaufsichtliche Prüfung des Standsicherheitsnachweises oder des Brandschutznachweises nach § 66 Absatz 3 der Sächsischen Bauordnung erforderlich ist, kann die Bauaufsichtsbehörde die bauaufsichtliche Prüfung an eine Prüfingenieurin oder einen Prüfingenieur für den jeweiligen Fachbereich und der jeweiligen Fachrichtung oder an ein Prüfamt übertragen. [2]In diesem Fall wird der Prüfauftrag von der Bauaufsichtsbehörde erteilt.
(2) Soweit in anderen Fällen nach der Sächsischen Bauordnung eine bauaufsichtliche Prüfung des Standsicherheitsnachweises oder des Brandschutznachweises erforderlich ist,

wird der Prüfauftrag von der Bauherrin oder dem Bauherrn erteilt.

(3) [1]Die Beauftragung mit der bauaufsichtlichen Prüfung nach den Absätzen 1 und 2 schließt die Überwachung der Bauausführung hinsichtlich des geprüften bautechnischen Nachweises mit ein. [2]Die Prüfberichte über die Bauüberwachung sind der Bauaufsichtsbehörde spätestens mit der Anzeige nach § 82 Absatz 2 der Sächsischen Bauordnung vorzulegen.

(4) [1]Ein Wechsel der beauftragten Prüfingenieurin oder des beauftragten Prüfingenieurs darf nur aus einem wichtigen, in der Person der Prüfingenieurin oder des Prüfingenieurs liegenden Grund erfolgen. [2]Ein wichtiger Grund liegt insbesondere vor, wenn die Prüfingenieurin oder der Prüfingenieur verstorben oder auf unbestimmte Zeit erkrankt ist.

§ 16
Voraussetzungen der Anerkennung

(1) Soweit nachfolgend nichts anderes geregelt ist, werden als Prüfingenieurinnen, Prüfingenieure und Prüfsachverständige nur Personen anerkannt, welche die allgemeinen Voraussetzungen des § 17 sowie die besonderen Voraussetzungen ihres jeweiligen Fachbereichs und, soweit erforderlich, ihrer jeweiligen Fachrichtung nachgewiesen haben.

(2) [1]Die Anerkennung kann bei Bewerberinnen und Bewerbern, die nicht Deutsche im Sinne des Artikel 116 Absatz 1 des Grundgesetzes sind, versagt werden, wenn die Gegenseitigkeit nicht gewahrt ist. [2]Dies gilt nicht für Bewerberinnen und Bewerber, welche die Staatsangehörigkeit eines Mitgliedstaates der Europäischen Union, eines anderen Vertragsstaates des Abkommens über den Europäischen Wirtschaftsraum oder der Schweiz haben.

§ 17
Allgemeine Voraussetzungen

[1]Prüfingenieurinnen, Prüfingenieure und Prüfsachverständige können nur Personen sein, die

1. nach ihrer Persönlichkeit Gewähr dafür bieten, dass sie ihre Aufgaben ordnungsgemäß im Sinne des § 18 erfüllen;
2. die Fähigkeit besitzen, öffentliche Ämter zu bekleiden;
3. eigenverantwortlich und unabhängig tätig sind;
4. den Geschäftssitz im Freistaat Sachsen haben und
5. die deutsche Sprache in Wort und Schrift beherrschen.

[2]Eigenverantwortlich tätig im Sinne des Satzes 1 Nummer 3 ist,

1. wer die berufliche Tätigkeit als einzige Inhaberin oder einziger Inhaber eines Büros selbstständig auf eigene Rechnung und Verantwortung ausübt,
2. wer
   a) sich mit anderen Prüfingenieurinnen, Prüfingenieuren, Prüfsachverständigen, Ingenieurinnen, Ingenieuren, Architektinnen oder Architekten zusammengeschlossen hat und
   b) innerhalb dieses Zusammenschlusses Vorstand, Geschäftsführerin, Geschäftsführer, persönlich haftende Gesellschafterin oder persönlich haftender Gesellschafter mit einer rechtlich gesicherten leitenden Stellung ist sowie
   c) kraft Satzung, Statut oder Gesellschaftsvertrag dieses Zusammenschlusses die Aufgaben als Prüfingenieurin, Prüfingenieur, Prüfsachverständige oder Prüfsachverständiger selbstständig auf eigene Rechnung und Verantwortung und frei von Weisungen ausüben kann oder
3. wer als Hochschullehrerin oder Hochschullehrer im Rahmen einer Nebentätigkeit in selbstständiger Beratung tätig ist.

[3]Unabhängig tätig im Sinne des Satzes 1 Nummer 3 ist, wer bei Ausübung seiner Tätigkeit weder eigene Produktions-, Handels- oder Lieferinteressen hat noch fremde Interessen dieser Art vertritt, die unmittelbar oder mittelbar im Zusammenhang mit seiner Tätigkeit stehen.

§ 18
Allgemeine Pflichten

(1) [1]Prüfingenieurinnen, Prüfingenieure und Prüfsachverständige haben ihre Tätigkeit unparteiisch, gewissenhaft und gemäß den bauordnungsrechtlichen Vorschriften zu erfüllen. [2]Sie müssen sich darüber und über die Entwicklungen in ihrem Fachbereich stets auf dem Laufenden halten und über die für ihre Aufgabenerfüllung erforderlichen Geräte und Hilfsmittel verfügen. [3]Die Prüfung der bautechnischen Nachweise muss am Geschäftssitz der Prüfingenieurin oder des Prüfingenieurs, für den die Anerkennung als Prüfingenieurin oder Prüfingenieur ausgesprochen worden ist, erfolgen. [4]Unbeschadet weitergehender Vorschriften dürfen sich Prüfingenieurinnen, Prüfingenieure und Prüfsachverständige bei ihrer Tätigkeit der Mitwirkung befähigter und zuverlässiger an ihrem Geschäftssitz angestellter Mitarbeiterinnen und Mitarbeiter nur in einem solchen Umfang bedienen, dass sie deren Tätigkeit jederzeit voll überwachen können. [5]Prüfingenieurinnen, Prüfingenieure und Prüfsachverständige müssen mit einer Haftungssumme von mindestens je 500 000 EUR für Personen- sowie für Sach- und Vermögensschäden je Schadensfall, die mindestens zweimal im Versicherungsjahr zur Verfügung stehen muss, haftpflichtversichert sein. [6]Die Anerkennungsbehörde (§ 19 Absatz 1 Satz 1) ist die zuständige Stelle im Sinne des § 117 Absatz 2 des Versicherungsvertragsgesetzes vom 23. November 2007 (BGBl. I S. 2631), das zuletzt durch Artikel 2 des Gesetzes vom 30. November 2019 (BGBl. I S. 1942) geändert worden ist, in der jeweils geltenden Fassung.

(2) Ergeben sich Änderungen der Verhältnisse der Prüfingenieurinnen, Prüfingenieure und Prüfsachverständigen nach § 19 Absatz 2 Satz 2 Nummer 4 und 5, sind sie verpflichtet, dies der obersten Bauaufsichtsbehörde unverzüglich anzuzeigen.

(3) Prüfingenieurinnen, Prüfingenieure und Prüfsachverständige dürfen nicht tätig werden, wenn sie, ihre Mitarbeiterinnen und Mitarbeiter oder Angehörige des Zusammenschlusses nach § 17 Satz 2 Nummer 2 bereits, insbesondere als Entwurfsverfasserinnen, Entwurfsverfasser, Nachweiserstellerinnen, Nachweisersteller, Bauleiterinnen, Bauleiter, Unternehmerinnen oder Unternehmer, mit dem Gegenstand der Prüfung oder der Bescheinigung befasst waren oder wenn ein sonstiger Befangenheitsgrund im Sinne des § 21 des Verwaltungsverfahrensgesetzes vorliegt.

(4) [1]Die Prüfingenieurin, der Prüfingenieur oder die oder der Prüfsachverständige, die oder der aus wichtigem Grund einen Auftrag nicht annehmen kann, muss die Ablehnung unverzüglich erklären. [2]Sie oder er hat den Schaden zu ersetzen, der aus einer schuldhaften Verzögerung dieser Erklärung entsteht.

(5) Ergibt sich bei der Tätigkeit der Prüfingenieurinnen, Prüfingenieure und Prüfsachverständigen, dass der Auftrag teilweise einem anderen Fachbereich oder einer anderen Fachrichtung zuzuordnen ist, sind sie verpflichtet, die Auftraggeberin oder den Auftraggeber zu unterrichten.

§ 19
Anerkennungsverfahren

(1) [1]Als Anerkennungsbehörde entscheidet die oberste Bauaufsichtsbehörde über den schriftlichen Antrag auf Anerkennung als Prüfingenieurin oder Prüfingenieur und der Eintragungsausschuss der Ingenieurkammer Sachsen über den Antrag auf Anerkennung als Prüfsachverständige oder Prüfsachverständiger. [2]Die Durchführung von Anerkennungsverfahren für Prüfingenieurinnen und Prüfingenieure wird von der obersten Bauaufsichtsbehörde im Sächsischen Amtsblatt unter Angabe einer Antragsfrist bekanntgemacht.

(2) [1]Im Antrag auf Anerkennung muss angegeben sein,

1. für welche Fachbereiche und, soweit vorgesehen, für welche Fachrichtungen die Anerkennung beantragt wird und
2. ob und wie oft die Antragstellerin oder der Antragsteller sich bereits erfolglos auch in einem anderen Land einem Anerkennungsverfahren in diesen Fachberei-

chen und, soweit vorgesehen, Fachrichtungen unterzogen hat.
[2]Dem Antrag sind die für die Anerkennung erforderlichen Nachweise beizugeben, insbesondere
1. ein Lebenslauf mit lückenloser Angabe des fachlichen Werdegangs bis zum Zeitpunkt der Antragstellung;
2. je eine Kopie der Abschluss- und Beschäftigungszeugnisse;
3. der Nachweis über den Antrag auf Erteilung eines Führungszeugnisses zur Vorlage bei einer Behörde nach § 30 Absatz 5 des Bundeszentralregistergesetzes in der Fassung der Bekanntmachung vom 21. September 1984 (BGBl. I S. 1229, 1985 I S. 195), das zuletzt durch Artikel 7 des Gesetzes vom 12. Dezember 2019 (BGBl. I S. 2510) geändert worden ist, in der jeweils geltenden Fassung, der nicht älter als drei Monate sein soll, oder ein gleichwertiges Dokument eines Mitgliedstaates der Europäischen Union, eines anderen Vertragsstaates des Abkommens über den Europäischen Wirtschaftsraum oder der Schweiz;
4. Angaben über etwaige sonstige Niederlassungen;
5. Angaben über eine etwaige Beteiligung an einer Gesellschaft, deren Zweck die Planung oder Durchführung von Bauvorhaben ist und
6. die Nachweise über die Erfüllung der besonderen Voraussetzungen für die Anerkennung in den jeweiligen Fachbereichen und, soweit vorgesehen, Fachrichtungen.

[3]Die Anerkennungsbehörde kann, soweit erforderlich, weitere Unterlagen anfordern.

(2a) [1]Das Verfahren kann auch über den einheitlichen Ansprechpartner nach dem Gesetz über den einheitlichen Ansprechpartner im Freistaat Sachsen vom 13. August 2009 (SächsGVBl. S. 446), das zuletzt durch Artikel 2 Absatz 2 des Gesetzes vom 5. April 2019 (SächsGVBl. S. 245) geändert worden ist, in der jeweils geltenden Fassung, in Verbindung mit § 1 des Gesetzes zur Regelung des Verwaltungsverfahrens- und des Verwaltungszustellungsrechts für den Freistaat Sachsen und den §§ 71a bis 71e des Verwaltungsverfahrensgesetzes abgewickelt werden. [2]§ 42a des Verwaltungsverfahrensgesetzes findet Anwendung.

(3) Die Anerkennungsbehörde führt nach Fachbereichen und Fachrichtungen gesonderte Listen der Prüfingenieurinnen, Prüfingenieure und Prüfsachverständigen, die auf ihrer Internetseite bekannt gemacht werden.

(4) [1]Verlegt die Prüfingenieurin, der Prüfingenieur oder die oder der Prüfsachverständige ihren oder seinen Geschäftssitz, für den die Anerkennung als Prüfingenieurin, Prüfingenieur, Prüfsachverständige oder Prüfsachverständiger ausgesprochen worden ist, in ein anderes Land, hat sie oder er dies der Anerkennungsbehörde anzuzeigen. [2]Die Anerkennungsbehörde übersendet die über die Prüfingenieurin, den Prüfingenieur, die Prüfsachverständige oder den Prüfsachverständigen vorhandenen Akten der Anerkennungsbehörde des Landes, in dem sie oder er ihren oder seinen neuen Geschäftssitz gründen will. [3]Mit der Eintragung in die Liste des anderen Landes erlischt die Eintragung in die Liste nach Absatz 3. [4]Verlegt die Prüfingenieurin, der Prüfingenieur oder die oder der Prüfsachverständige ihren oder seinen Geschäftssitz in den Freistaat Sachsen, findet für die Eintragung in die Liste nach Absatz 3 kein neues Anerkennungsverfahren statt.

§ 19a
Weitere Niederlassungen

[1]Die Errichtung einer weiteren Niederlassung als Prüfingenieurin, Prüfingenieur, Prüfsachverständige oder Prüfsachverständiger in der Bundesrepublik Deutschland bedarf der Genehmigung durch die Anerkennungsbehörde. [2]Dem Antrag sind die für die Genehmigung erforderlichen Nachweise beizugeben, insbesondere sind Angaben zur Eigenverantwortlichkeit der Tätigkeit in der weiteren Niederlassung, zu den Mitarbeiterinnen und Mitarbeitern, die bei der Prüftätigkeit mitwirken sollen, sowie zur Sicherstellung der Überwachung der ordnungsgemäßen Bauausführung zu machen. [3]Die Genehmigung ist zu versagen, wenn wegen der Zahl der Mitarbeiterinnen und Mitarbeiter, die bei der

Prüftätigkeit mitwirken sollen, der Entfernung zwischen den Niederlassungen oder aus anderen Gründen Bedenken gegen die ordnungsgemäße Aufgabenerledigung bestehen. [4]Liegt die weitere Niederlassung in einem anderen Land, entscheidet die Anerkennungsbehörde im Einvernehmen mit der Anerkennungsbehörde des anderen Landes. [5]Für die Prüftätigkeit an der weiteren Niederlassung gelten § 18 Absatz 1 Satz 3 und 4 sowie § 26 Absatz 2 Satz 2 entsprechend.

§ 20 Erlöschen, Widerruf und Rücknahme der Anerkennung

(1) Die Anerkennung erlischt, wenn

1. die Prüfingenieurin, der Prüfingenieur oder die oder der Prüfsachverständige
   a) gegenüber der Anerkennungsbehörde schriftlich darauf verzichtet,
   b) das 70. Lebensjahr vollendet hat oder
   c) die Fähigkeit zur Bekleidung öffentlicher Ämter verliert oder
2. der nach § 18 Absatz 1 Satz 5 erforderliche Versicherungsschutz nicht mehr besteht.

(2) Unbeschadet des § 1 des Gesetzes zur Regelung des Verwaltungsverfahrens- und des Verwaltungszustellungsrechts für den Freistaat Sachsen in Verbindung mit § 49 des Verwaltungsverfahrensgesetzes kann die Anerkennung widerrufen werden, wenn die Prüfingenieurin, der Prüfingenieur oder die oder der Prüfsachverständige

1. in Folge geistiger und körperlicher Gebrechen nicht mehr in der Lage ist, ihre oder seine Tätigkeit ordnungsgemäß auszuüben;
2. gegen die ihr oder ihm obliegenden Pflichten schwerwiegend, wiederholt oder mindestens grob fahrlässig verstoßen hat;
3. ihre oder seine Tätigkeit in einem Umfang ausübt, die eine ordnungsgemäße Erfüllung ihrer oder seiner Pflichten nicht erwarten lässt, oder
4. in der Bundesrepublik Deutschland außerhalb des Geschäftssitzes, für den die Anerkennung als Prüfingenieurin, Prüfingenieur, Prüfsachverständige oder Prüfsachverständiger ausgesprochen worden ist, ohne die erforderliche Genehmigung nach § 19a weitere Niederlassungen als Prüfingenieurin, Prüfingenieur, Prüfsachverständige oder Prüfsachverständiger errichtet.

(3) § 1 des Gesetzes zur Regelung des Verwaltungsverfahrens- und des Verwaltungszustellungsrechts für den Freistaat Sachsen bleibt unberührt.

(4) Die Anerkennungsbehörde kann in Abständen von mindestens fünf Jahren nachprüfen, ob die Anerkennungsvoraussetzungen noch vorliegen.

§ 21 Führung der Bezeichnung Prüfingenieurin, Prüfingenieur, Prüfsachverständige oder Prüfsachverständiger

Wer nicht als Prüfingenieurin, Prüfingenieur, Prüfsachverständige oder Prüfsachverständiger in einem bestimmten Fachbereich und, soweit vorgesehen, in einer bestimmten Fachrichtung nach dieser Verordnung anerkannt ist, darf die Bezeichnung Prüfingenieurin, Prüfingenieur, Prüfsachverständige oder Prüfsachverständiger für diesen Fachbereich und für diese Fachrichtung nicht führen.

§ 22 Gleichwertigkeit, gegenseitige Anerkennung

(1) [1]Anerkennungen anderer Länder gelten auch im Freistaat Sachsen, wenn hinsichtlich der Anerkennungsvoraussetzungen und des Tätigkeitsbereiches eine Gleichwertigkeit gegeben ist. [2]Anerkennungen anderer Länder gelten nur, solange die Prüfingenieurin, der Prüfingenieur oder die oder der Prüfsachverständige das 70. Lebensjahr noch nicht vollendet hat. [3]Dabei sind die Anerkennung als Prüfingenieurin oder Prüfingenieur und die Anerkennung als Prüfsachverständige oder Prüfsachverständiger für den jeweiligen Fachbereich und, soweit vorgesehen, für die jeweilige Fachrichtung gleichwertig. [4]Eine

weitere Eintragung in die von der Anerkennungsbehörde nach § 19 Absatz 3 geführte Liste erfolgt nicht.

(2) [1]Personen, die in einem anderen Mitgliedstaat der Europäischen Union, einem anderen Vertragsstaat des Abkommens über den Europäischen Wirtschaftsraum oder der Schweiz zur Wahrnehmung von Aufgaben im Sinne dieser Verordnung niedergelassen sind, sind berechtigt, als Prüfingenieurin, Prüfingenieur, Prüfsachverständige oder Prüfsachverständiger Aufgaben nach dieser Verordnung auszuführen, wenn sie

1. hinsichtlich des Tätigkeitsbereiches eine vergleichbare Berechtigung besitzen,
2. dafür hinsichtlich der Anerkennungsvoraussetzungen und des Nachweises von Kenntnissen vergleichbare Anforderungen erfüllen mussten und
3. die deutsche Sprache in Wort und Schrift beherrschen.

[2]Sie haben das erstmalige Tätigwerden vorher der Anerkennungsbehörde anzuzeigen und dabei

1. eine Bescheinigung darüber, dass sie in einem Mitgliedstaat der Europäischen Union, einem anderen Vertragsstaat des Abkommens über den Europäischen Wirtschaftsraum oder der Schweiz rechtmäßig zur Wahrnehmung von Aufgaben im Sinne dieser Verordnung niedergelassen sind und ihnen die Ausübung dieser Tätigkeiten zum Zeitpunkt der Vorlage der Bescheinigung nicht, auch nicht vorübergehend, untersagt ist und
2. einen Nachweis darüber, dass sie im Staat ihrer Niederlassung dafür die Voraussetzungen des Satzes 1 Nummer 2 erfüllen mussten, vorzulegen.

[3]Die Anerkennungsbehörde hat auf Antrag zu bestätigen, dass die Anzeige nach Satz 2 erfolgt ist; sie soll das Tätigwerden untersagen, wenn die Voraussetzungen des Satzes 1 nicht erfüllt sind.

(3) [1]Personen, die in einem Mitgliedstaat der Europäischen Union, einem anderen Vertragsstaat des Abkommens über den Europäischen Wirtschaftsraum oder der Schweiz zur Wahrnehmung von Aufgaben im Sinne dieser Verordnung niedergelassen sind, ohne im Sinne des Absatzes 2 Satz 1 Nummer 2 vergleichbar zu sein, sind berechtigt, als Prüfingenieurin, Prüfingenieur, Prüfsachverständige oder Prüfsachverständiger Aufgaben nach dieser Verordnung auszuführen, wenn ihnen die Anerkennungsbehörde bescheinigt hat, dass sie die Anforderungen hinsichtlich der Anerkennungsvoraussetzungen, des Nachweises von Kenntnissen und des Tätigkeitsbereiches nach dieser Verordnung erfüllen. [2]Die Bescheinigung wird auf Antrag erteilt, dem die zur Beurteilung erforderlichen Unterlagen beizufügen sind.

(4) [1]Anzeigen und Bescheinigungen nach den Absätzen 2 und 3 sind nicht erforderlich, wenn bereits in einem anderen Land eine Anzeige erfolgt ist oder eine Bescheinigung erteilt wurde. [2]Verfahren nach den Absätzen 2 und 3 können über den einheitlichen Ansprechpartner nach dem Gesetz über den einheitlichen Ansprechpartner im Freistaat Sachsen in Verbindung mit § 1 des Gesetzes zur Regelung des Verwaltungsverfahrens- und des Verwaltungszustellungsrechts für den Freistaat Sachsen und den §§ 71a bis 71e des Verwaltungsverfahrensgesetzes abgewickelt werden. [3]§ 42a des Verwaltungsverfahrensgesetzes findet Anwendung.

ABSCHNITT 2
Prüfingenieurinnen, Prüfingenieure, Prüfämter, Typenprüfung, Fliegende Bauten

Unterabschnitt 1
Prüfingenieurinnen und Prüfingenieure für Standsicherheit

§ 23
Besondere Voraussetzungen

[1]Als Prüfingenieurinnen und Prüfingenieure für Standsicherheit in den Fachrichtungen Massivbau, Metallbau und Holzbau werden nur Personen anerkannt, die

1. das Studium des Bauingenieurwesens an einer deutschen Hochschule oder ein gleichwertiges Studium an einer auslän-

dischen Hochschule abgeschlossen haben;
2. nach Abschluss des Studiums bis zum Ende der Antragsfrist nach § 19 Absatz 1 Satz 2 mindestens zehn Jahre mit der Aufstellung von Standsicherheitsnachweisen, der technischen Bauleitung oder mit vergleichbaren Tätigkeiten betraut gewesen sind, wovon sie mindestens fünf Jahre lang Standsicherheitsnachweise aufgestellt haben und mindestens ein Jahr lang mit der technischen Bauleitung betraut gewesen sein müssen; die Zeit einer technischen Bauleitung darf jedoch nur bis zu höchstens drei Jahren angerechnet werden;
3. durch ihre Leistungen als Ingenieurinnen und Ingenieure, insbesondere durch die Aufstellung von Standsicherheitsnachweisen für statisch und konstruktiv schwierige Vorhaben, überdurchschnittliche Fähigkeiten bewiesen haben;
4. die für eine Prüfingenieurin oder einen Prüfingenieur erforderlichen Fachkenntnisse und Erfahrungen besitzen und
5. über die erforderlichen Kenntnisse der einschlägigen bauordnungsrechtlichen Vorschriften verfügen.

[2]Das Vorliegen der Anerkennungsvoraussetzungen nach Satz 1 Nummer 2 bis 5 ist durch eine Bescheinigung des Prüfungsausschusses nachzuweisen.

§ 24
Prüfungsausschuss

(1) [1]Die oberste Bauaufsichtsbehörde bildet einen Prüfungsausschuss. [2]Sie kann auch bestimmen, dass die Prüfung bei einem Prüfungsausschuss abzulegen ist, der in einem anderen Land besteht oder gemeinsam mit anderen Ländern gebildet worden ist.

(2) [1]Der Prüfungsausschuss besteht aus mindestens sechs Mitgliedern. [2]Die oberste Bauaufsichtsbehörde beruft die Mitglieder des Prüfungsausschusses; sie kann stellvertretende Mitglieder für den Verhinderungsfall berufen. [3]Dem Prüfungsausschuss sollen mindestens angehören:

1. eine Hochschulprofessorin oder ein Hochschulprofessor für jede Fachrichtung;
2. ein Mitglied aus dem Bereich der Bauwirtschaft oder ein von der Ingenieurkammer Sachsen vorgeschlagenes Mitglied;
3. ein von der Vereinigung der Prüfingenieure für Bautechnik in Sachsen e. V. vorgeschlagenes Mitglied und
4. ein Mitglied aus dem Geschäftsbereich einer obersten Bauaufsichtsbehörde.

[4]Die Berufung erfolgt für fünf Jahre. [5]Wiederberufungen sind zulässig. [6]Abweichend von Satz 4 endet die Mitgliedschaft im Prüfungsausschuss

1. wenn die Voraussetzungen für die Berufung nach Satz 3 nicht mehr vorliegen oder
2. mit der Vollendung des 70. Lebensjahrs.

[7]Der Abschluss eines eingeleiteten Prüfungsverfahrens bleibt unberührt. [8]Unbeschadet des Satzes 3 Nummer 4 ist die oberste Bauaufsichtsbehörde berechtigt, an den Sitzungen und Beratungen des Prüfungsausschusses ohne Stimmrecht teilzunehmen.

(3) [1]Die Mitglieder des Prüfungsausschusses sind unabhängig und an Weisungen nicht gebunden. [2]Sie sind zur Unparteilichkeit und Verschwiegenheit verpflichtet. [3]Sie sind ehrenamtlich tätig und haben Anspruch auf eine angemessene Vergütung sowie auf Ersatz der notwendigen Auslagen einschließlich der Reisekosten. [4]Die oberste Bauaufsichtsbehörde gibt im Sächsischen Amtsblatt bekannt, wie die Höhe der Vergütung bestimmt wird.

(4) [1]Die oberste Bauaufsichtsbehörde bestimmt aus der Mitte des Prüfungsausschusses die Vorsitzende oder den Vorsitzenden und deren oder dessen Stellvertreterin oder Stellvertreter. [2]Der Prüfungsausschuss gibt sich eine Geschäftsordnung.

§ 25
Prüfungsverfahren

(1) [1]Die Anerkennungsbehörde leitet die Antragsunterlagen nach § 19 Absatz 2 Satz 2 Nummer 1, 2 und 6 dem Prüfungsausschuss

zu. [2]Der Prüfungsausschuss bescheinigt gegenüber der Anerkennungsbehörde das Vorliegen der Anerkennungsvoraussetzungen nach § 23 Satz 1 Nummer 2 bis 5. [3]Die Entscheidung ist zu begründen, soweit der Prüfungsausschuss das Vorliegen von Anerkennungsvoraussetzungen verneint, im Übrigen auf Verlangen der Anerkennungsbehörde.

(2) Das Prüfungsverfahren besteht aus
1. der Überprüfung des fachlichen Werdegangs (§ 25a) und
2. der schriftlichen Prüfung (§ 25b).

(3) [1]Eine Bewerberin oder ein Bewerber, die oder der die schriftliche Prüfung nach Absatz 2 Nummer 2 nicht bestanden hat, kann sie nur zweimal wiederholen. [2]Dies gilt auch, soweit eine entsprechende schriftliche oder mündliche Prüfung in einem anderen Land nicht bestanden worden ist.

§ 25a
Überprüfung des fachlichen Werdegangs

(1) [1]Die Überprüfung des fachlichen Werdegangs dient der Feststellung, ob die Bewerberin oder der Bewerber die besonderen Voraussetzungen des § 23 Satz 1 Nummer 2 und 3 erfüllt. [2]Eine Bewerberin oder ein Bewerber, die oder der die Voraussetzungen nicht erfüllt, wird nicht zur schriftlichen Prüfung zugelassen.

(2) [1]Die Bewerberin oder der Bewerber hat eine Referenzobjektliste der von ihr oder ihm bearbeiteten statisch und konstruktiv schwierigen Vorhaben vorzulegen. [2]Dabei sind anzugeben:
1. der Ort und der Zeitraum des Vorhabens,
2. die Bauherrin oder der Bauherr,
3. etwaige statische und konstruktive Besonderheiten,
4. die Bauwerksklasse nach Anlage 3 des Zehnten Sächsischen Kostenverzeichnisses vom 16. August 2021 (SächsGVBl. S. 898), das zuletzt durch Artikel 4 des Gesetzes vom 28. November 2023 (SächsGVBl. S. 870) geändert worden ist, in der jeweils geltenden Fassung,
5. die Art der von der Bewerberin oder dem Bewerber persönlich geleisteten Arbeiten und
6. die Stellen oder Personen, die die von der Bewerberin oder dem Bewerber erstellten Standsicherheitsnachweise geprüft haben.

[3]Die Vorhaben sollen nicht älter als zehn Jahre sein. [4]Aus der Referenzobjektliste muss erkennbar sein, dass die Bewerberin oder der Bewerber eine mindestens fünfjährige Erfahrung im Aufstellen von Standsicherheitsnachweisen auch für überdurchschnittlich schwierige Konstruktionen besitzt. [5]Sie oder er muss innerhalb der beantragten Fachrichtung ein breites Spektrum unterschiedlicher Tragwerke bearbeitet haben.

(3) [1]Aus der Referenzobjektliste hat die Bewerberin oder der Bewerber für jede beantragte Fachrichtung sechs statisch-konstruktiv schwierige Referenzobjekte auszuwählen und eingehender zu beschreiben. [2]Zwei der Referenzobjekte dürfen Ingenieurbauwerke sein. [3]Die Beschreibung soll Angaben enthalten
1. zu dem Bauwerk, das heißt zu der Größe, dem Konstruktionsprinzip, den statischen und konstruktiven Besonderheiten sowie der Bauwerksklasse nach Anlage 3 des Zehnten Sächsischen Kostenverzeichnisses,
2. zu der Bauherrin oder dem Bauherrn und der Auftraggeberin oder dem Auftraggeber,
3. zu der Prüfingenieurin oder dem Prüfingenieur und den persönlich bearbeiteten Teilen

und sie soll um eine Skizze oder ein Foto des Bauwerks ergänzt werden.

(4) [1]Die Referenzobjektliste nach Absatz 2 und die Objektbeschreibungen nach Absatz 3 werden durch zwei Mitglieder des Prüfungsausschusses im Hinblick auf die sich daraus ergebende Eignung der Bewerberin oder des Bewerbers beurteilt. [2]Kommt ein einvernehmlicher Vorschlag nicht zustande, entscheidet der Prüfungsausschuss. [3]Wiederholt die Bewerberin oder der Bewerber das Prüfungsverfahren zum nächsten Termin und war sie oder er im letzten Prüfungsver-

fahren zur schriftlichen Prüfung zugelassen, soll der Prüfungsausschuss ganz oder teilweise auf eine erneute Bewertung des fachlichen Werdegangs und der Referenzobjektliste verzichten.

§ 25b
Schriftliche Prüfung

(1) Die schriftliche Prüfung dient der Feststellung, ob die Bewerberin oder der Bewerber die für eine Prüfingenieurin oder einen Prüfingenieur erforderlichen Fachkenntnisse und Erfahrungen sowie die erforderlichen Kenntnisse der einschlägigen bauordnungsrechtlichen Vorschriften besitzt und anwenden kann.

(2) [1]Kenntnisse sind insbesondere auf folgenden Gebieten nachzuweisen:

1. Statik, Bemessung, Konstruktion und Ausführung von Tragwerken:
   a) Einwirkungen auf Tragwerke,
   b) Standsicherheit von Tragwerken,
   c) Bemessung und konstruktive Durchbildung der Tragwerke,
   d) Zusammenwirken von Tragwerk und Baugrund,
   e) Baugrubensicherung,
   f) Feuerwiderstandsfähigkeit der tragenden und raumabschließenden Bauteile,
   g) Technische Baubestimmungen einschließlich der ihnen zugrunde liegenden Sicherheitskonzepte,
2. bauordnungsrechtliche Vorschriften, insbesondere die Regelungen zur Prüfung von Standsicherheitsnachweisen und Überwachung der Bauausführung, zu Bauprodukten und Bauarten.

[2]Die schriftliche Prüfung besteht aus einem Prüfungsteil „Allgemeine Fachkenntnisse" und einem Prüfungsteil „Besondere Fachkenntnisse". [3]Der Prüfungsteil „Allgemeine Fachkenntnisse" kann sich auf Bauteile und Tragwerke in allen Fachrichtungen bis zur Bauwerksklasse 3 nach Anlage 3 des Zehnten Sächsischen Kostenverzeichnisses erstrecken; Gegenstand der Prüfung können auch Grundbau und Bauphysik sein. [4]Gegenstand des Prüfungsteils „Besondere Fachkenntnisse" ist die jeweils beantragte Fachrichtung; er kann sich auf alle Bauwerksklassen nach Anlage 3 des Zehnten Sächsischen Kostenverzeichnisses erstrecken.

(3) [1]Die oder der Vorsitzende des Prüfungsausschusses lädt die Bewerberinnen und Bewerber in Textform zur Prüfung ein und teilt ihnen die zugelassenen Hilfsmittel mit. [2]Sie werden mit einer Frist von mindestens vier Wochen eingeladen.

(4) [1]Den Bewerberinnen und Bewerbern werden vom Prüfungsausschuss ausgewählte Aufgaben gestellt. [2]Die Bearbeitungszeit der gestellten Aufgaben beträgt je Prüfungsteil 180 Minuten mit einer Pause von jeweils mindestens 30 Minuten. [3]Die Prüfungsteile können an zwei unmittelbar aufeinanderfolgenden Tagen stattfinden. [4]Die Aufsicht führt ein Mitglied des Prüfungsausschusses, das durch eine weitere Person unterstützt wird. [5]Bei Störungen des Prüfungsablaufs kann die Bearbeitungszeit durch das aufsichtführende Mitglied des Prüfungsausschusses angemessen verlängert werden.

(5) Vor Prüfungsbeginn haben sich die Bewerberinnen und Bewerber durch Lichtbildausweis auszuweisen.

(6) [1]Die schriftlichen Arbeiten werden anstelle des Namens mit einer Kennziffer versehen. [2]Es wird eine Liste über die Kennziffern gefertigt, die geheim zu halten ist.

(7) [1]Die Prüfungsarbeiten werden von zwei Mitgliedern des Prüfungsausschusses unabhängig voneinander bewertet. [2]Die Bewertung erfolgt für jede Aufgabe mit ganzen Punkten. [3]Weichen die Bewertungen um nicht mehr als 15 Prozent der möglichen Punktzahl für jede Aufgabe voneinander ab, gilt der Durchschnitt der Bewertungen. [4]Bei größeren Abweichungen entscheidet eine Drittprüferin oder ein Drittprüfer. [5]Die schriftliche Prüfung ist bestanden, wenn in den Prüfungsteilen jeweils mehr als die Hälfte der möglichen Punkte erreicht werden.

(8) Das Ergebnis der schriftlichen Prüfung lautet

1. bei bestandener Prüfung, dass die Bewerberin oder der Bewerber die für eine Prüfingenieurin oder einen Prüfingenieur erforderlichen Fachkenntnisse und Erfah-

rungen sowie die erforderlichen Kenntnisse der einschlägigen bauordnungsrechtlichen Vorschriften nachgewiesen hat, oder
2. bei nicht bestandener Prüfung, dass die Bewerberin oder der Bewerber die für eine Prüfingenieurin oder einen Prüfingenieur erforderlichen Fachkenntnisse und Erfahrungen sowie die erforderlichen Kenntnisse der einschlägigen bauordnungsrechtlichen Vorschriften nicht nachgewiesen hat.

(9) Beantragt eine Prüfingenieurin oder ein Prüfingenieur für Standsicherheit die Erweiterung ihrer oder seiner bestehenden Anerkennung um eine zusätzliche Fachrichtung, erfolgt keine Prüfung im Prüfungsteil „Allgemeine Fachkenntnisse".

§ 25c
Täuschungsversuch, Ordnungsverstöße

(1) Versucht eine Bewerberin oder ein Bewerber bei der schriftlichen Prüfung zu täuschen, einer anderen Bewerberin oder einem anderen Bewerber zu helfen oder ist sie oder er nach Beginn der schriftlichen Prüfung im Besitz nicht zugelassener Hilfsmittel, wird die schriftliche Prüfung als nicht bestanden bewertet.

(2) [1]Bei einer erheblichen Störung des Prüfungsablaufs kann die Bewerberin oder der Bewerber von der weiteren Teilnahme ausgeschlossen werden. [2]Absatz 1 gilt entsprechend.

(3) Die Entscheidungen nach den Absätzen 1 und 2 trifft die oder der Aufsichtsführende.

§ 25d
Rücktritt

[1]Die schriftliche Prüfung gilt als nicht abgelegt, wenn die Bewerberin oder der Bewerber nach erfolgter Zulassung
1. vor Beginn der schriftlichen Prüfung oder
2. nach Beginn der schriftlichen Prüfung aus von ihr oder ihm nicht zu vertretenden Gründen

von der Teilnahme an der schriftlichen Prüfung zurücktritt; der Grund nach Nummer 2 ist gegenüber dem Prüfungsausschuss glaubhaft zu machen, im Krankheitsfall durch Vorlage einer ärztlichen Bestätigung. [2]Im Übrigen gilt die schriftliche Prüfung als nicht bestanden.

§ 26
Aufgabenerledigung

(1) [1]Prüfingenieurinnen und Prüfingenieure für Standsicherheit dürfen nur solche bauaufsichtlichen Prüfungsaufgaben wahrnehmen, für deren Fachrichtung sie anerkannt sind. [2]Sie sind auch berechtigt, einzelne Bauteile mit höchstens durchschnittlichem Schwierigkeitsgrad der anderen Fachrichtungen zu prüfen. [3]Gehören wichtige Bauteile einer baulichen Anlage mit überdurchschnittlichem oder sehr hohem Schwierigkeitsgrad zu Fachrichtungen, für die die Prüfingenieurin oder der Prüfingenieur für Standsicherheit nicht anerkannt ist, hat sie oder er unter ihrer oder seiner Federführung weitere, für diese Fachrichtungen anerkannte Prüfingenieurinnen und Prüfingenieure für Standsicherheit hinzuzuziehen, deren Ergebnisse der Überprüfung in den Prüfbericht aufzunehmen sind. [4]Die Auftraggeberin oder der Auftraggeber ist darüber zu unterrichten.

(1a) Prüfingenieurinnen und Prüfingenieure dürfen Prüfaufträge nur annehmen, wenn sie unter Berücksichtigung des Umfangs ihrer Prüftätigkeit und der Zeit, die sie benötigen, um auf der Baustelle anwesend zu sein, die Überwachung der ordnungsgemäßen Bauausführung nach § 81 Absatz 2 der Sächsischen Bauordnung sicherstellen können.

(2) [1]Prüfingenieurinnen und Prüfingenieure für Standsicherheit können sich als Hochschullehrerinnen und Hochschullehrer vorbehaltlich der dienstrechtlichen Regelungen auch hauptberuflicher Mitarbeiterinnen und Mitarbeiter aus dem ihnen zugeordneten wissenschaftlichen Personal bedienen. [2]Angehörige des Zusammenschlusses nach § 17 Satz 2 Nummer 2 stehen angestellten Mitarbeiterinnen und Mitarbeitern nach § 18 Absatz 1 Satz 4 gleich, sofern die Prüfingenieurin oder

der Prüfingenieur für Standsicherheit hinsichtlich deren Mitwirkung bei der Prüftätigkeit ein Weisungsrecht hat und die Prüfung der Standsicherheitsnachweise an dem Geschäftssitz der Prüfingenieurin oder des Prüfingenieurs erfolgt, für den die Anerkennung als Prüfingenieurin oder Prüfingenieur ausgesprochen worden ist.

(3) [1]Prüfingenieurinnen und Prüfingenieure für Standsicherheit prüfen die Vollständigkeit und Richtigkeit der Standsicherheitsnachweise. [2]Die oberste Bauaufsichtsbehörde kann für den Prüfbericht der Prüfingenieurin oder des Prüfingenieurs ein Muster einführen und dessen Verwendung vorschreiben. [3]Verfügt die Prüfingenieurin oder der Prüfingenieur für Standsicherheit nicht über die zur Beurteilung der Gründung erforderliche Sachkunde oder hat sie oder er Zweifel hinsichtlich der verwendeten Annahmen oder der bodenmechanischen Kenngrößen, sind von ihr oder ihm im Einvernehmen mit der Auftraggeberin oder dem Auftraggeber Prüfsachverständige für den Erd- und Grundbau einzuschalten.

(4) [1]Prüfingenieurinnen und Prüfingenieure für Standsicherheit überwachen die ordnungsgemäße Bauausführung hinsichtlich der von ihnen geprüften Standsicherheitsnachweise. [2]Die Überwachung der ordnungsgemäßen Bauausführung kann sich auf Stichproben beschränken; sie ist jedoch in einem Umfang und einer Häufigkeit vorzunehmen, dass ein ausreichender Einblick in die Bauausführung gewährleistet ist.

(5) Liegen die Voraussetzungen für die Erteilung der Prüfberichte nach den Absätzen 3 und 4 nicht vor, unterrichtet die Prüfingenieurin oder der Prüfingenieur die Bauaufsichtsbehörde.

(6) [1]Die Prüfingenieurinnen und Prüfingenieure für Standsicherheit haben ein Verzeichnis über die von ihnen ausgeführten Prüfaufträge nach einem von der obersten Bauaufsichtsbehörde festgelegten Muster zu führen. [2]Das Verzeichnis ist jeweils für ein Kalenderjahr, spätestens am 31. Januar des folgenden Jahres, der Anerkennungsbehörde vorzulegen.

UNTERABSCHNITT 2
Prüfingenieurinnen und Prüfingenieure für Brandschutz

§ 27
Besondere Voraussetzungen

[1]Als Prüfingenieurinnen und Prüfingenieure für Brandschutz werden nur Personen anerkannt, die

1. als Angehörige der Fachrichtung Architektur, Hochbau, Bauingenieurwesen oder eines Studiengangs mit Schwerpunkt Brandschutz ein Studium an einer deutschen Hochschule, ein gleichwertiges Studium an einer ausländischen Hochschule oder die Ausbildung für mindestens die Laufbahn der ersten Einstiegsebene der Laufbahngruppe 2 der Fachrichtung Feuerwehr abgeschlossen haben,
2. danach mindestens fünf Jahre Erfahrung in der brandschutztechnischen Planung und Ausführung oder in der Prüfung von Gebäuden, insbesondere von Sonderbauten unterschiedlicher Art mit höherem brandschutztechnischen Schwierigkeitsgrad, gesammelt haben,
3. bei der brandschutztechnischen Planung und Ausführung von Sonderbauten nach Nummer 2 oder deren Prüfung überdurchschnittliche Fähigkeiten bewiesen haben,
4. die erforderlichen Kenntnisse im Bereich des abwehrenden Brandschutzes besitzen,
5. die erforderlichen Kenntnisse des Brandverhaltens von Bauprodukten und Bauarten besitzen,
6. die erforderlichen Kenntnisse im Bereich des anlagentechnischen Brandschutzes besitzen und
7. die erforderlichen Kenntnisse der einschlägigen bauordnungsrechtlichen Vorschriften besitzen.

[2]Das Vorliegen der Anerkennungsvoraussetzungen nach Satz 1 Nummer 2 bis 7 ist durch eine Bescheinigung des Prüfungsausschusses nachzuweisen.

§ 28
Prüfungsausschuss

(1) [1]Der Prüfungsausschuss besteht aus mindestens sechs Mitgliedern. [2]Dem Prüfungsausschuss sollen mindestens angehören:
1. ein von der Architektenkammer Sachsen vorgeschlagenes Mitglied;
2. ein von der Ingenieurkammer Sachsen vorgeschlagenes Mitglied;
3. ein Mitglied aus dem Geschäftsbereich einer obersten Bauaufsichtsbehörde;
4. ein Mitglied aus dem Bereich der Feuerwehr oder einer für den Brandschutz zuständigen Behörde;
5. ein Mitglied aus dem Bereich der Sachversicherer und
6. ein Mitglied aus dem Bereich der Forschung und Prüfung auf dem Gebiet des Brandverhaltens von Bauprodukten und Bauarten.

(2) § 24 Absatz 1 und 2 Satz 2, 4 bis 8 sowie Absatz 3 und 4 gilt entsprechend.

§ 29
Prüfungsverfahren

(1) [1]Die Anerkennungsbehörde leitet die Antragsunterlagen nach § 19 Absatz 2 Satz 2 Nummer 1, 2 und 6 dem Prüfungsausschuss zu. [2]Der Prüfungsausschuss bescheinigt gegenüber der Anerkennungsbehörde das Vorliegen der Anerkennungsvoraussetzungen nach § 27 Satz 1 Nummer 2 bis 7.

(2) [1]Das Prüfungsverfahren besteht aus
1. der Überprüfung des fachlichen Werdegangs (§ 29a) und
2. der schriftlichen (§ 29b) und der mündlichen Prüfung (§ 29c).

[2]§ 25 Absatz 1 Satz 3 gilt entsprechend. [3]Eine Bewerberin oder ein Bewerber, die oder der die Prüfung nach Satz 1 Nummer 2 nicht bestanden hat, kann sie insgesamt nur zweimal wiederholen. [4]Dies gilt auch, wenn eine entsprechende schriftliche oder mündliche Prüfung in einem anderen Land nicht bestanden worden ist. [5]Die Prüfung nach Satz 1 Nummer 2 ist im gesamten Umfang zu wiederholen.

§ 29a
Überprüfung des fachlichen Werdegangs

(1) [1]Die Überprüfung des fachlichen Werdegangs dient der Feststellung, ob die Bewerberin oder der Bewerber die besonderen Voraussetzungen des § 27 Satz 1 Nummer 2 und 3 erfüllt. [2]Maßgeblich ist der Zeitpunkt der Entscheidung des Prüfungsausschusses über die Zulassung zur Prüfung. [3]Eine Bewerberin oder ein Bewerber, die oder der die Voraussetzungen nicht erfüllt, wird nicht zur Prüfung zugelassen.

(2) [1]Die Bewerberin oder der Bewerber hat eine Darstellung ihres oder seines fachlichen Werdegangs und eine Referenzobjektliste von Brandschutznachweisen für mindestens zehn Sonderbauvorhaben unterschiedlicher Art mit höherem brandschutztechnischen Schwierigkeitsgrad (Brandschutznachweise für Sonderbauten oder deren Prüfung) vorzulegen. [2]Bei den Vorhaben muss die Bewerberin oder der Bewerber die brandschutztechnische Planung oder deren Prüfung selbst durchgeführt haben und dies erklären. [3]Die Auswahl der Vorhaben hat von der Bewerberin oder dem Bewerber so zu erfolgen, dass ein Zeitraum seiner Tätigkeit von mindestens fünf Jahren widergespiegelt wird. [4]Die Vorhaben sollen nicht älter als zehn Jahre sein; die Bewerberin oder der Bewerber muss über die Unterlagen der Vorhaben und gegebenenfalls Prüfberichte verfügen.

(3) [1]Der Prüfungsausschuss wählt aus der Referenzobjektliste nach Absatz 2 Satz 1 drei Brandschutznachweise oder Prüfberichte aus. [2]Diese Brandschutznachweise oder Prüfberichte sind vom Prüfungsausschuss zu prüfen und zu bewerten, um die überdurchschnittlichen Fähigkeiten nach § 27 Satz 1 Nummer 3 festzustellen. [3]§ 25a Absatz 4 gilt entsprechend.

§ 29b
Schriftliche Prüfung

(1) [1]Kenntnisse sind insbesondere auf folgenden Gebieten nachzuweisen:
1. abwehrender Brandschutz,

2. Brandverhalten von Bauprodukten und Bauarten,
3. anlagentechnischer Brandschutz,
4. einschlägige bauordnungsrechtliche Vorschriften.

[2]Der Schwierigkeitsgrad der Prüfungsaufgaben ist auf das Niveau von Sonderbauten unterschiedlicher Art mit höherem brandschutztechnischen Schwierigkeitsgrad abzustellen.

(2) [1]Den Bewerberinnen und Bewerbern werden vom Prüfungsausschuss ausgewählte Aufgaben gestellt. [2]Die Gesamtbearbeitungszeit der gestellten Aufgaben beträgt zweimal 180 Minuten mit einer Pause von mindestens 30 Minuten.

(3) [1]Die Prüfungsarbeiten werden von zwei Mitgliedern des Prüfungsausschusses unabhängig voneinander bewertet. [2]Die Bewertung erfolgt für jede Aufgabe mit ganzen Punkten. [3]Weichen die Bewertungen um nicht mehr als 15 Prozent der möglichen Punktzahl für jede Aufgabe voneinander ab, gilt der Durchschnitt. [4]Bei größeren Abweichungen gilt § 25a Absatz 4 Satz 2 entsprechend. [5]Die schriftliche Prüfung gilt als bestanden, wenn in den Prüfungsgebieten nach Absatz 1 Satz 1 Nummer 1 bis 4 jeweils mehr als die Hälfte der möglichen Punkte erreicht werden.

(4) § 25b Absatz 1, 3, 4 Satz 5 und 6 sowie Absatz 5 und 6 gilt entsprechend.

(5) Eine Bewerberin oder ein Bewerber, die oder der die schriftliche Prüfung nicht bestanden hat, wird zur mündlichen Prüfung nicht zugelassen.

§ 29c
Mündliche Prüfung

(1) [1]Die mündliche Prüfung erstreckt sich auf die Gebiete nach § 29b Absatz 1 Satz 1 Nummer 1 bis 4. [2]Sie ist vorrangig Verständnisprüfung.

(2) [1]Die mündliche Prüfung soll spätestens zwei Monate nach der Bekanntgabe des Ergebnisses der schriftlichen Prüfung stattfinden. [2]§ 25b Absatz 3 gilt entsprechend.

(3) [1]Die mündliche Prüfung wird von sechs Mitgliedern des Prüfungsausschusses (Prüfungskommission) abgenommen. [2]Neben der oder dem Vorsitzenden des Prüfungsausschusses muss mindestens ein Mitglied aus dem Geschäftsbereich einer obersten Bauaufsichtsbehörde der Prüfungskommission angehören; die oder der Vorsitzende des Prüfungsausschusses bestellt die Prüfungskommission. [3]Weitere Vertreterinnen und Vertreter der obersten Bauaufsichtsbehörden dürfen anwesend sein; an den Beratungen der Prüfungskommission dürfen sie ohne Rede- und Stimmrecht teilnehmen.

(4) Die Dauer der mündlichen Prüfung soll mindestens 20 Minuten und höchstens 30 Minuten betragen.

(5) [1]Über den Verlauf und das Ergebnis der mündlichen Prüfung wird eine Niederschrift angefertigt, die von der oder dem Vorsitzenden des Prüfungsausschusses zu unterschreiben ist. [2]Die Niederschrift muss

1. die Besetzung der Prüfungskommission,
2. die Namen der Bewerberinnen und Bewerber,
3. Beginn und Ende der mündlichen Prüfung,
4. Besonderheiten des Prüfungsablaufs,
5. die Gegenstände der mündlichen Prüfung und
6. die Entscheidungen der Prüfungskommission über die Eignung der Bewerberinnen und Bewerber

enthalten.

(6) [1]Über die Bewertung der mündlichen Prüfung entscheidet die Prüfungskommission. [2]Der Bewerberin oder dem Bewerber wird das Ergebnis unverzüglich mitgeteilt.

(7) Das Ergebnis der Prüfung lautet

1. bei bestandener Prüfung, dass die Bewerberin oder der Bewerber die für eine Prüfingenieurin oder einen Prüfingenieur erforderlichen Fachkenntnisse und Erfahrungen sowie die erforderlichen Kenntnisse der einschlägigen bauordnungsrechtlichen Vorschriften nachgewiesen hat, oder
2. bei nicht bestandener Prüfung, dass die Bewerberin oder der Bewerber die für eine Prüfingenieurin oder einen Prüfingenieur erforderlichen Fachkenntnisse und Erfahrungen sowie die erforderlichen Kenntnisse der einschlägigen bau-

ordnungsrechtlichen Vorschriften nicht nachgewiesen hat.

(8) [1]Die Bewerberin oder der Bewerber kann verlangen, dass ihr oder ihm die Prüfungskommission die Gründe für die vorgenommene Bewertung unmittelbar im Anschluss an die Eröffnung des Ergebnisses mündlich darlegt. [2]Einwendungen gegen die Bewertung der Prüfungsleistungen sind innerhalb von zwei Wochen nach Bekanntgabe der Bewertung gegenüber der Anerkennungsbehörde schriftlich darzulegen. [3]Sie werden der Prüfungskommission zur Überprüfung ihrer Bewertung zugeleitet. [4]§ 74 Absatz 1 Satz 2 und Absatz 2 der Verwaltungsgerichtsordnung in der Fassung der Bekanntmachung vom 19. März 1991 (BGBl. I S. 686), die zuletzt durch Artikel 56 des Gesetzes vom 12. Dezember 2019 (BGBl. I S. 2652) geändert worden ist, in der jeweils geltenden Fassung, bleibt unberührt.

§ 29d
Täuschungsversuch, Ordnungsverstöße, Rücktritt

[1]Die §§ 25c und 25d gelten entsprechend. [2]Abweichend von § 25c Absatz 3 trifft die Entscheidungen nach § 25c Absatz 1 und 2 in der mündlichen Prüfung die Prüfungskommission.

§ 30
Aufgabenerledigung

(1) [1]Prüfingenieurinnen und Prüfingenieure für Brandschutz prüfen die Vollständigkeit und Richtigkeit der Brandschutznachweise unter Beachtung der Leistungsfähigkeit der örtlichen Feuerwehr. [2]Sie haben die für den Brandschutz zuständige Behörde zu beteiligen und deren Anforderungen bezüglich der Brandschutznachweise zu würdigen. [3]Prüfingenieurinnen und Prüfingenieure für Brandschutz überwachen die ordnungsgemäße Bauausführung hinsichtlich der von ihnen geprüften Brandschutznachweise.

(2) § 26 Absatz 1a, 2 und 3 Satz 2, Absatz 4 Satz 2, Absatz 5 und 6 gilt entsprechend.

UNTERABSCHNITT 3
Prüfämter, Typenprüfung, Fliegende Bauten

§ 31
Prüfämter

(1) [1]Prüfämter nehmen bauaufsichtliche Prüfaufgaben wahr. [2]Als Prüfämter von der obersten Bauaufsichtsbehörde anerkannt sind

1. die Landesdirektion Sachsen – Landesstelle für Bautechnik – für die Bereiche Standsicherheit und Brandschutz und
2. die TÜV SÜD Industrie Service GmbH für die Prüfung der Standsicherheit Fliegender Bauten; Sitz des Prüfamtes ist Dresden.

[3]Die TÜV SÜD Industrie Service GmbH untersteht hinsichtlich der Prüfung der Standsicherheit Fliegender Bauten der Fachaufsicht der Landesdirektion Sachsen – Landesstelle für Bautechnik –.

(2) [1]Die Prüfämter müssen mit geeigneten Ingenieurinnen und Ingenieuren besetzt sein. [2]Sie müssen von einer Beamtin oder einem Beamten des höheren bautechnischen Verwaltungsdienstes mit besonderer Vorbildung und Erfahrung im Bauingenieurwesen oder von einer oder einem vergleichbaren Angestellten geleitet werden. [3]Für die TÜV SÜD Industrie Service GmbH kann die oberste Bauaufsichtsbehörde Ausnahmen von den Anforderungen des Satzes 2 zulassen.

(3) Die TÜV SÜD Industrie Service GmbH muss für die Tätigkeit nach Absatz 1 Satz 2 Nummer 2 mit einer Haftungssumme von mindestens 3 000 000 EUR pauschal für Personen-, Sach- und Vermögensschäden je Schadensfall versichert sein.

(4) Anerkennungen anderer Länder gelten auch im Freistaat Sachsen.

§ 32
Typenprüfung, Prüfung der Standsicherheit Fliegender Bauten

(1) Sollen prüfpflichtige bauliche Anlagen oder Teile von baulichen Anlagen (§ 66 Absatz 3 der Sächsischen Bauordnung) in gleicher Ausführung an mehreren Stellen er-

richtet oder verwendet werden, ohne dass deren Standsicherheit bauaufsichtlich geprüft ist, müssen die Standsicherheitsnachweise von der Landesdirektion Sachsen – Landesstelle für Bautechnik – geprüft sein (Typenprüfung).

(2) [1]Die Geltungsdauer der Typenprüfung ist zu befristen. [2]Sie soll nicht mehr als fünf Jahre betragen. [3]Sie kann auf schriftlichen Antrag um jeweils höchstens fünf Jahre verlängert werden.

(3) Die Nachweise der Standsicherheit Fliegender Bauten müssen vom Prüfamt gemäß § 31 Absatz 1 Satz 2 Nummer 2 geprüft werden.

§ 33
Ausführungsgenehmigung Fliegender Bauten

(1) [1]Zuständig für die Erteilung der Ausführungsgenehmigung Fliegender Bauten nach § 76 Absatz 3 Satz 1 der Sächsischen Bauordnung für Antragstellerinnen und Antragsteller mit Hauptwohnung oder gewerblicher Niederlassung im Freistaat Sachsen ist die TÜV SÜD Industrie Service GmbH. [2]Sitz der Stelle zur Erteilung der Ausführungsgenehmigung ist Dresden. [3]Für die Aufgaben des Vollzugs von § 76 der Sächsischen Bauordnung untersteht die TÜV SÜD Industrie Service GmbH der Fachaufsicht der Landesdirektion Sachsen – Landesstelle für Bautechnik –.

(2) Die TÜV SÜD Industrie Service GmbH muss für die Tätigkeit nach Absatz 1 mit einer Haftungssumme von mindestens 3 000 000 EUR pauschal für Personen-, Sach- und Vermögensschäden je Schadensfall versichert sein.

ABSCHNITT 3
Prüfsachverständige für die Prüfung technischer Anlagen

§ 34
Besondere Voraussetzungen

(1) [1]Als Prüfsachverständige für die Prüfung technischer Anlagen im Sinne von §§ 1 und 2 Absatz 1 der Sächsischen Technischen Prüfverordnung vom 7. Februar 2000 (SächsGVBl. S. 127), die zuletzt durch Artikel 3 der Verordnung vom 8. Oktober 2014 (SächsGVBl. S. 647) geändert worden ist, in der jeweils geltenden Fassung, werden nur Personen anerkannt, die

1. ein Ingenieurstudium an einer deutschen Hochschule oder ein gleichwertiges Studium an einer ausländischen Hochschule abgeschlossen haben;
2. den Nachweis ihrer besonderen Sachkunde in der Fachrichtung im Sinne von § 35, auf die sich ihre Prüftätigkeit beziehen soll, durch ein Fachgutachten einer von der obersten Bauaufsichtsbehörde bestimmten Stelle erbracht haben und
3. als Ingenieurinnen oder Ingenieure mindestens fünf Jahre in der Fachrichtung, in der die Prüftätigkeit ausgeübt werden soll, praktisch tätig gewesen sind und dabei mindestens zwei Jahre bei Prüfungen mitgewirkt haben.

[2]Die Anmeldung bei der in Satz 1 Nummer 2 genannten Stelle erfolgt durch die Anerkennungsbehörde.

(2) Abweichend von § 17 Satz 1 Nummer 3 müssen Prüfsachverständige für die Prüfung technischer Anlagen nicht eigenverantwortlich tätig sein, wenn sie Beschäftigte eines Unternehmens oder einer Organisation sind, deren Zweck in der Durchführung vergleichbarer Prüfungen besteht und deren Beschäftigte für die Prüftätigkeit nach Absatz 1 keiner fachlichen Weisung unterliegen.

(3) [1]Bedienstete einer öffentlichen Verwaltung mit den für die Ausübung der Tätigkeit als Prüfsachverständige erforderlichen Kenntnissen und Erfahrungen für technische Anlagen gelten im Zuständigkeitsbereich dieser Verwaltung als Prüfsachverständige nach Ab-

satz 1. [2]Sie werden in der Liste nach § 19 Absatz 3 nicht geführt.

§ 35
Fachrichtungen

Prüfsachverständige für die Prüfung technischer Anlagen können für folgende Fachrichtungen anerkannt werden:
1. Lüftungsanlagen;
2. CO-Warnanlagen;
3. Rauchabzugsanlagen;
4. Druckbelüftungsanlagen;
5. Feuerlöschanlagen;
6. Brandmelde- und Alarmierungsanlagen;
7. Sicherheitsstromversorgungen.

§ 35a
Fachgutachten

(1) [1]Das Fachgutachten dient der Feststellung, ob die Bewerberin oder der Bewerber die für einen Prüfsachverständigen erforderliche besondere Sachkunde in der beantragten Fachrichtung besitzt und anwenden kann. [2]Der Nachweis der besonderen Sachkunde besteht aus einem schriftlichen und einem mündlich-praktischen Teil.
(2) [1]Nachzuweisen sind
1. umfassende Kenntnisse auf dem Gebiet der beantragten Fachrichtung hinsichtlich
   a) Anlagentechnik (Messtechnik, Planung, Berechnung und Konstruktion),
   b) Technischer Baubestimmungen und allgemein anerkannter Regeln der Technik,
2. die erforderlichen Kenntnisse der bauordnungsrechtlichen Vorschriften, insbesondere der Regelungen zur Prüfung technischer Anlagen, zum Brandschutz, zu Bauprodukten und Bauarten.

[2]Gegenstand des mündlich-praktischen Teils ist auch die Erfahrung beim Prüfen von Anlagen der beantragten Fachrichtung (Prüfpraxis, Beurteilungsvermögen, Handhabung der Messgeräte).
(3) [1]Zum mündlich-praktischen Teil wird nur zugelassen, wer den schriftlichen Teil erfolgreich abgelegt hat. [2]§ 29 Absatz 2 Satz 3 und 4 sowie §§ 25c und 25d gelten entsprechend.

§ 36
Aufgabenerledigung

[1]Die Prüfsachverständigen für die Prüfung technischer Anlagen bescheinigen die Übereinstimmung der technischen Anlagen mit den öffentlich-rechtlichen Anforderungen im Sinne von §§ 1 und 2 Absatz 1 der Sächsischen Technischen Prüfverordnung. [2]Werden festgestellte Mängel nicht in der von den Prüfsachverständigen festgelegten Frist beseitigt, haben sie die Bauaufsichtsbehörde über diese Mängel zu unterrichten.

ABSCHNITT 4
Prüfsachverständige für den Erd- und Grundbau

§ 37
Besondere Voraussetzungen

(1) [1]Als Prüfsachverständige für den Erd- und Grundbau werden nur Personen anerkannt, die
1. als Angehörige der Fachrichtung Bauingenieurwesen, der Geotechnik oder eines Studiengangs mit Schwerpunkt Ingenieurgeologie ein Studium an einer deutschen Hochschule oder ein gleichwertiges Studium an einer ausländischen Hochschule abgeschlossen haben;
2. neun Jahre im Bauwesen tätig, davon mindestens drei Jahre im Erd- und Grundbau mit der Anfertigung oder Beurteilung von Standsicherheitsnachweisen betraut gewesen sind;
3. über vertiefte Kenntnisse und Erfahrungen im Erd- und Grundbau verfügen;
4. weder selbst noch ihre Mitarbeiterinnen und Mitarbeiter noch Angehörige des Zusammenschlusses nach § 17 Satz 2 Nummer 2 an einem Unternehmen der Bauwirtschaft oder an einem Bohrunternehmen beteiligt sind.

[2]Der Nachweis der Anerkennungsvoraussetzungen nach Satz 1 Nummer 3 ist durch

ein Fachgutachten eines Beirates, der bei einer von der obersten Bauaufsichtsbehörde bestimmten Stelle gebildet ist, zu erbringen. [3]Über das Vorliegen der Anerkennungsvoraussetzung nach Satz 1 Nummer 4 hat die Bewerberin oder der Bewerber eine besondere Erklärung abzugeben.

(2) Abweichend von § 17 Satz 1 Nummer 3 müssen Prüfsachverständige für den Erd- und Grundbau nicht eigenverantwortlich tätig sein, wenn sie in fachlicher Hinsicht für ihre Tätigkeit allein verantwortlich sind und Weisungen nicht unterliegen.

§ 38
Fachgutachten

Das Fachgutachten beruht auf
1. der Beurteilung von Baugrundgutachten (§ 38a),
2. dem schriftlichen Kenntnisnachweis (§ 38b).

§ 38a
Beurteilung von Baugrundgutachten

(1) [1]Die Bewerberin oder der Bewerber hat dem Beirat (§ 37 Absatz 1 Satz 2) ein Verzeichnis aller innerhalb eines Zeitraums von zwei Jahren vor Antragstellung erstellten Baugrundgutachten vorzulegen. [2]Aus dem Verzeichnis müssen mindestens zehn Gutachten die Bewältigung überdurchschnittlicher Aufgaben darlegen; zwei von diesen zehn Gutachten sind gesondert vorzulegen. [3]Die Gutachten nach Satz 2 Halbsatz 1 müssen folgende erd- und grundbauspezifischen Themen behandeln:
1. Baugrundverformungen und ihre Wirkung auf bauliche Anlagen (Boden-Bauwerk-Wechselwirkung),
2. Sicherheit der Gründung der baulichen Anlage,
3. boden- und felsmechanische Annahmen zum Tragverhalten und zum Berechnungsmodell,
4. boden- und felsmechanische Kenngrößen.

[4]Die Gutachten nach Satz 2 Halbsatz 1 sollen im Falle von Gründungsvorschlägen die Einsatzbereiche mit den erforderlichen Randbedingungen festlegen.

(2) [1]Der Beirat beurteilt das Verzeichnis und die beiden vorgelegten Gutachten nach Absatz 1 im Hinblick auf die Eignung der Bewerberin oder des Bewerbers. [2]Eine Bewerberin oder ein Bewerber, die oder der bereits danach die Anforderungen des § 37 Absatz 1 Satz 1 Nummer 3 nicht erfüllt, wird nicht zum schriftlichen Kenntnisnachweis zugelassen.

(3) Wiederholt die Bewerberin oder der Bewerber den schriftlichen Kenntnisnachweis, ist eine erneute Vorlage des Verzeichnisses und der Gutachten nach Absatz 1 und der Beurteilung nach Absatz 2 nur erforderlich, wenn seit der letzten Beurteilung mehr als fünf Jahre vergangen sind.

§ 38b
Schriftlicher Kenntnisnachweis

(1) Die Bewerberin oder der Bewerber hat schriftlich vertiefte Kenntnisse nachzuweisen bei der
1. Bewältigung überdurchschnittlich schwieriger geotechnischer Aufgaben, insbesondere bei Baumaßnahmen der Geotechnischen Kategorie 3,
2. Erfassung der Wechselwirkung von Baugrund und baulicher Anlage durch geeignete Berechnungsverfahren,
3. Ableitung und Beurteilung von Angaben zur Sicherheit der Gründung baulicher Anlagen,
4. Bildung von Berechnungs- oder Erkenntnismodellen als Grundlage der Beurteilung des Tragverhaltens des Baugrunds,
5. Ermittlung und Beurteilung von bodenmechanischen Kenngrößen, auch im Hinblick auf die Untersuchungsmethoden.

(2) § 25 Absatz 3, §§ 25c und 25d gelten entsprechend.

§ 39
Aufgabenerledigung

[1]Prüfsachverständige für Erd- und Grundbau bescheinigen die Vollständigkeit und Richtigkeit der Angaben über den Baugrund hinsichtlich Stoffbestand, Struktur und geologi-

scher Einflüsse, dessen Tragfähigkeit und die getroffenen Annahmen zur Gründung oder Einbettung der baulichen Anlage. [2]§ 26 Absatz 2 gilt entsprechend.

ABSCHNITT 5 Vergütung

§ 40 Vergütung der Prüfingenieurinnen, Prüfingenieure und Prüfämter

(1) [1]Die Prüfingenieurinnen, Prüfingenieure und Prüfämter erhalten für ihre Tätigkeit in Angelegenheiten der Bauaufsicht, für die sie einen Prüfauftrag erhalten haben, eine Vergütung. [2]Dies gilt auch für die Prüfung der Standsicherheit Fliegender Bauten.

(2) [1]Die Vergütung besteht aus Gebühren und Auslagen. [2]Die Höhe der Vergütung bemisst sich nach dem Sächsischen Verwaltungskostengesetz vom 5. April 2019 (SächsGVBl. S. 245), in der jeweils geltenden Fassung, und dem aufgrund dieses Gesetzes erlassenen Kostenverzeichnis, in der jeweils geltenden Fassung. [3]Neben den Gebühren können für notwendige Reisen Auslagen entsprechend dem Sächsischen Reisekostengesetz vom 12. Dezember 2008 (SächsGVBl. S. 866, 876), zuletzt geändert durch Artikel 13 des Gesetzes vom 18. Dezember 2013 (SächsGVBl. S. 970), in der jeweils geltenden Fassung, erstattet werden. [4]Fahr- und Wegezeiten werden nach dem tatsächlichen Zeitaufwand gemäß den Regelungen des aufgrund des Sächsischen Verwaltungskostengesetzes erlassenen Kostenverzeichnisses, in der jeweils geltenden Fassung, vergütet. [5]Sonstige Auslagen werden nur erstattet, wenn dies bei Auftragserteilung schriftlich vereinbart worden ist.

(3) [1]Mit dem Prüfauftrag ist die Rohbausumme oder die Herstellungssumme und die für die Gebührenberechnung anzuwendende Bauwerksklasse mitzuteilen. [2]Die Rohbausumme ist gemäß den Regelungen des aufgrund des Sächsischen Verwaltungskostengesetzes erlassenen Kostenverzeichnisses, in der jeweils geltenden Fassung, zu berechnen.

(4) [1]Die Vergütung der Prüfingenieurinnen, Prüfingenieure und Prüfämter schuldet die Auftraggeberin oder der Auftraggeber. [2]Wird der Auftrag von der Bauaufsichtsbehörde erteilt, kann diese gestatten, dass die Bauherrin oder der Bauherr die Vergütung unmittelbar an die Prüfingenieurin, den Prüfingenieur oder an das Prüfamt zahlt.

(5) [1]Mit der Vergütung ist die Umsatzsteuer, soweit sie anfällt, abgegolten. [2]Ein Nachlass auf die Vergütung ist unzulässig.

§ 41 Vergütung der Prüfsachverständigen

(1) [1]Die Prüfsachverständigen für die Prüfung technischer Anlagen und die Prüfsachverständigen für Erd- und Grundbau erhalten für ihre Tätigkeit ein Honorar und die notwendigen Auslagen. [2]Das Honorar wird nach dem Zeitaufwand abgerechnet. [3]§ 40 Absatz 5 gilt entsprechend.

(2) [1]Fahrtkosten für notwendige Reisen, die über den Umkreis von 15 km vom Geschäftssitz der oder des Prüfsachverständigen hinausgehen, können in Höhe der steuerlich zulässigen Pauschalsätze in Ansatz gebracht werden. [2]Fahrt- und Wartezeiten sind nach dem Zeitaufwand zu ersetzen. [3]Bei der Berechnung des Honorars ist die Zeit anzusetzen, die üblicherweise von einer entsprechend ausgebildeten Fachkraft benötigt wird. [4]Für jede Arbeitsstunde wird ein Betrag von 1,5 Prozent des Monatsgrundgehalts einer Landesbeamtin oder eines Landesbeamten in der Endstufe Besoldungsgruppe A 15 berechnet. [5]Der Betrag ist auf volle EUR aufzurunden. [6]Die oberste Bauaufsichtsbehörde gibt einmal jährlich den jeweils der Honorarberechnung zugrunde zu legenden Stundensatz

im Sächsischen Amtsblatt bekannt.[1] [7]In dem Stundensatz ist die Umsatzsteuer enthalten. [8]§ 40 Absatz 2 Satz 5 gilt entsprechend.
(3) Als Mindesthonorar für eine Prüfung wird der zweifache Stundensatz nach Absatz 2 Satz 4 vergütet.
(4) Honorar und notwendige Auslagen werden mit Eingang der Rechnung fällig.

1 § 41 Bekanntgabe Stundensatz:
ab 1. Januar 2006: 69 Euro, Bekanntmachung vom 7. November 2005 (SächsABl. S. 1104),
ab 1. Januar 2007: 69 Euro, Bekanntmachung vom 2. November 2006 (SächsABl. S. 1031),
ab 1. Januar 2008: 69 Euro, Bekanntmachung vom 9. November 2007 (SächsABl. S. 1643),
ab 1. Januar 2009: 71 Euro, Bekanntmachung vom 3. November 2008 (SächsABl. S. 1573),
ab 1. Januar 2010: 79 Euro, Bekanntmachung vom 12. November 2009 (SächsABl. S. 1923),
ab 1. Januar 2011: 80 Euro, Bekanntmachung vom 21. Oktober 2010 (SächsABl. S. 1623),
ab 1. Januar 2012: 83 Euro, Bekanntmachung vom 10. November 2011 (SächsABl. S. 1690),
ab 1. Januar 2013: 83 Euro, Bekanntmachung vom 9. November 2012 (SächsABl. S. 1386),
ab 1. Januar 2014: 85 Euro, Bekanntmachung vom 2. Januar 2014 (SächsABl. S. 202),
ab 1. Januar 2015: 88 Euro, Bekanntmachung vom 11. November 2014 (SächsABl. S. 1403),
ab 1. Januar 2016: 90 Euro, Bekanntmachung vom 21. Oktober 2015 (SächsABl. S. 1532),
ab 1. Januar 2017: 94 Euro, Bekanntmachung vom 21. November 2016 (SächsABl. S. 1483),
ab 1. Januar 2018: 96 Euro, Bekanntmachung vom 24. Oktober 2017 (SächsABl. S. 1454),
ab 1. Januar 2019: 99 Euro, Bekanntmachung vom 15. Oktober 2018 (SächsABl. S. 1283),
ab 1. Januar 2020: 103 Euro, Bekanntmachung vom 30. Oktober 2019 (SächsABl. S. 1608),
ab 1. Januar 2021: 106 Euro, Bekanntmachung vom 28. Oktober 2020 (SächsABl. S. 1310),
ab 1. Januar 2022: 107 Euro, Bekanntmachung vom 3. November 2021 (SächsABl. S. 1449),
ab 1. Januar 2023: 107 Euro, Bekanntmachung vom 9. November 2022 (SächsABl. S. 1357)

TEIL 3
Ordnungswidrigkeiten, Übergangs- und Schlussvorschriften

§ 42
Ordnungswidrigkeiten

Ordnungswidrig nach § 87 Absatz 1 Satz 1 Nummer 1 der Sächsischen Bauordnung handelt, wer
1. entgegen § 21 die Bezeichnung Prüfingenieurin, Prüfingenieur, Prüfsachverständige oder Prüfsachverständiger führt,
2. entgegen § 26 Absatz 1 Prüfaufgaben wahrnimmt,
3. ohne Prüfsachverständige oder Prüfsachverständiger zu sein, Bescheinigungen ausstellt, die nach den Vorschriften der Sächsischen Bauordnung oder aufgrund der Sächsischen Bauordnung nur von einer oder einem Prüfsachverständigen ausgestellt werden dürfen, oder
4. entgegen § 40 Absatz 5 Satz 2 einen Nachlass auf die Vergütung gewährt.

§ 43
Übergangsvorschriften

(1) [1]Vor dem 11. November 2014 erteilte oder verlängerte Anerkennungen als Prüfingenieurin oder Prüfingenieur gelten unbefristet fort. [2]§ 20 bleibt unberührt.
(2) Die vor dem In-Kraft-Treten dieser Verordnung von der obersten Bauaufsichtsbehörde anerkannten Sachverständigen nach § 1 der Sachverständigenverordnung vom 30. Oktober 1991 (SächsGVBl. S. 389) gelten als Prüfsachverständige nach § 13 Absatz 1 Satz 2 Nummer 1.
(3) Die vor dem In-Kraft-Treten dieser Verordnung von der obersten Bauaufsichtsbehörde nach § 29 der Durchführungsverordnung zur SächsBO vom 15. September 1999 (SächsGVBl. S. 553), das zuletzt durch Verordnung vom 15. Januar 2002 (SächsGVBl. S. 50) geändert worden ist, anerkannten Sachverständigen für Erd- und Grundbau nach Bauordnungsrecht gelten als Prüfsachverständige nach § 13 Absatz 1 Satz 2 Nummer 2.

(4) Die Berufung der Mitglieder und stellvertretenden Mitglieder der bisherigen Prüfungsausschüsse bleibt vom Inkrafttreten dieser Verordnung unberührt.

(5) Die vor dem 11. November 2014 anerkannten Prüfsachverständigen der Fachrichtung Anlagen zur Rauchableitung oder Rauchfreihaltung gelten als anerkannte Prüfsachverständige der Fachrichtung Rauchabzugsanlagen.

(6) Die §§ 27, 29 und 29a in der ab dem 24. März 2018 geltenden Fassung gelten auch für vor diesem Zeitpunkt begonnene Anerkennungsverfahren für Prüfingenieure für Brandschutz.

(7) Personen, deren Anerkennung innerhalb von sechs Monaten vor dem 1. Mai 2020 durch Vollendung des 68. Lebensjahres erloschen ist, werden auf Antrag ohne erneutes Anerkennungsverfahren nach § 19 als Prüfingenieurin, Prüfingenieur, Prüfsachverständige oder Prüfsachverständiger anerkannt.

Anlage 1
Zeichen und Farben für Bauvorlagen

Zeichen und Farben für Bauvorlagen

1.	Lageplan	Zeichen	Farbe
a)	Vorhandene öffentliche Verkehrsflächen	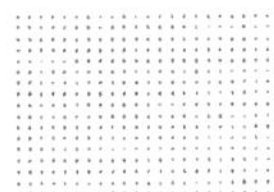	Goldocker
b)	Festgesetzte, aber noch nicht vorhandene Verkehrsflächen		Bandierung Goldocker
c)	Vorhandene bauliche Anlagen	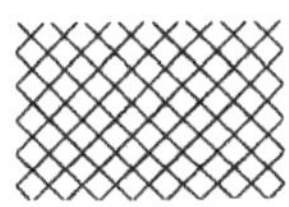	Grau
d)	Geplante bauliche Anlagen	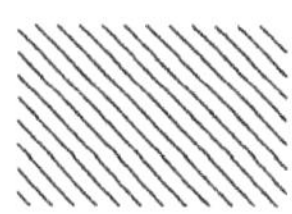	Rot
e)	Zu beseitigende bauliche Anlagen	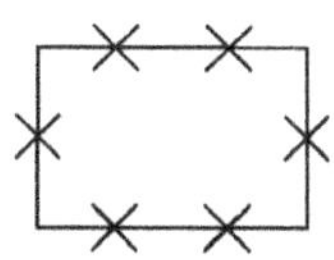	Gelb
f)	Öffentliche Grünflächen		Grün mittel

Zweckbestimmung der jeweiligen Grünfläche

Parkanlage

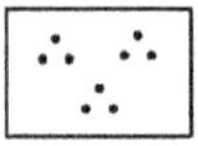

Dauerkleingarten

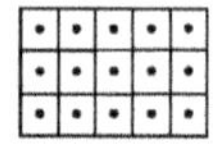

Camping- und
Wochenendplatz

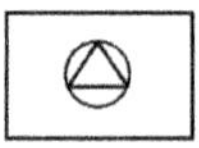

Sportplatz

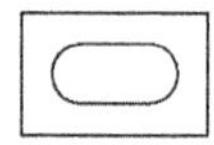

Badeplatz

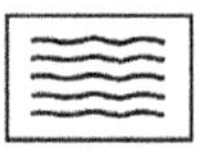

Spielplätze

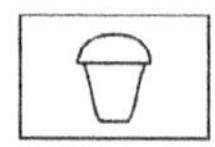

Friedhof

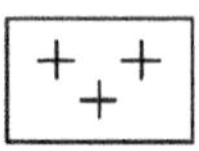

g) Grenzen des Grundstücks — Violett

h) Flächen, die von Baulasten betroffen sind — Braun

2. Bauzeichnungen

a) Vorhandene Bauteile — Grau

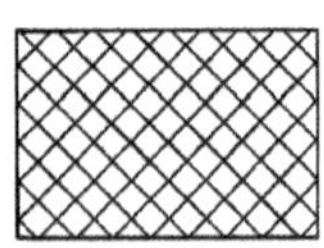

b) Vorgesehene Bauteile Rot

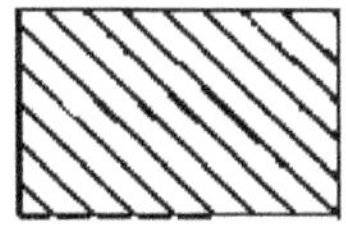

c) Zu beseitigende Bauteile Gelb

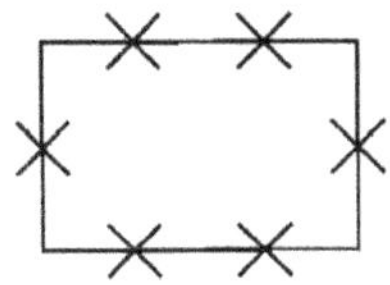

3. Grundstücksentwässerung

a) Vorhandene Anlagen Grau

Schmutzwasserleitung 

Niederschlagswasserleitung 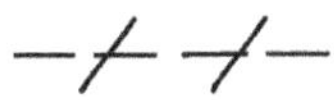

Mischwasserleitung 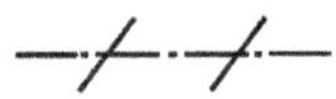

b) Geplante Anlagen Rot

Schmutzwasserleitung

Niederschlagswasserleitung

Mischwasserleitung

c) Zu beseitigende Anlagen Gelb

Schmutzwasserleitung 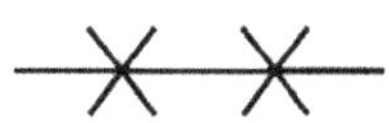

Niederschlagswasserleitung 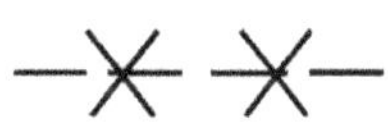

Mischwasserleitung 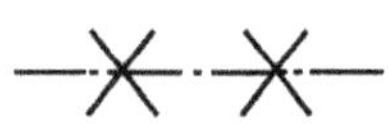

Anlage 2
(zu § 12 Absatz 3)

Kriterienkatalog nach § 12 Absatz 3 DVOSächsBO

Sind die nachfolgenden Kriterien ausnahmslos erfüllt, ist eine Prüfung des Standsicherheitsnachweises nicht erforderlich:

1. Die Baugrundverhältnisse sind eindeutig und erlauben eine übliche Flachgründung entsprechend DIN EN 1997-1 in Verbindung mit DIN 1054. Ausgenommen sind Gründungen auf setzungsempfindlichem Baugrund.
2. Bei erddruckbelasteten Gebäuden beträgt die Höhendifferenz zwischen Gründungssohle und Erdoberfläche maximal 4 m. Einwirkungen aus Wasserdruck müssen rechnerisch nicht berücksichtigt werden.
3. Angrenzende bauliche Anlagen oder öffentliche Verkehrsflächen werden nicht beeinträchtigt. Unterfangungen oder nachzuweisende Baugrubensicherungen sind nicht erforderlich.
4. Die tragenden und aussteifenden Bauteile gehen im Wesentlichen bis zu den Fundamenten unversetzt durch. Ein rechnerischer Nachweis der Gebäudeaussteifung, auch für Teilbereiche, ist nicht erforderlich.
5. Die Geschossdecken sind linienförmig gelagert und dürfen für gleichmäßig verteilte Lasten (kN/m^2 und Linienlasten aus nichttragenden Wänden (kN/m) bemessen werden. Geschossdecken ohne ausreichende Querverteilung erhalten keine Einzellasten.
6. Die Bauteile der baulichen Anlage oder die bauliche Anlage selbst können mit einfachen Verfahren der Baustatik berechnet oder konstruktiv festgelegt werden. Räumliche Tragstrukturen müssen rechnerisch nicht nachgewiesen werden. Besondere Stabilitäts-, Verformungs- und Schwingungsuntersuchungen sind nicht erforderlich.
7. Außergewöhnliche sowie dynamische Einwirkungen sind nicht vorhanden. Beanspruchungen aus Erdbeben müssen rechnerisch nicht verfolgt werden.
8. Besondere Bauarten und Bauteile wie zum Beispiel Spannbetonbau, Verbundbau, durch Klebung zusammengesetzte Holzbauteile oder Holztragwerke und geschweißte Aluminiumkonstruktionen werden nicht angewendet.
9. Allgemeine Rechen- oder Berechnungsverfahren oder erweiterte Berechnungsmodelle zur Bemessung von Bauteilen und Tragwerken unter Brandeinwirkung werden nicht angewendet.

Verordnung
des Sächsischen Staatsministeriums des Innern über Garagen und Stellplätze (Sächsische Garagen- und Stellplatzverordnung – SächsGarStellplVO)
Vom 13. Juli 2011 (SächsGVBl. S. 312)
– in Kraft seit 1. September 2011–

INHALTSÜBERSICHT

TEIL 1
Allgemeine Vorschriften

§ 1
Begriffe

(1) [1]Offene Garagen sind Garagen, die unmittelbar ins Freie führende unverschließbare Öffnungen in einer Größe von insgesamt mindestens einem Drittel der Gesamtfläche der Umfassungswände haben, bei denen mindestens zwei sich gegenüberliegende Umfassungswände mit den ins Freie führenden Öffnungen nicht mehr als 70 m voneinander entfernt sind und bei denen eine ständige Querlüftung vorhanden ist. [2]Überdachte Stellplätze (Carports) gelten als offene Garagen.
(2) Offene Kleingaragen sind Kleingaragen, die unmittelbar ins Freie führende unverschließbare Öffnungen in einer Größe von insgesamt mindestens einem Drittel der Gesamtfläche der Umfassungswände haben.
(3) Geschlossene Garagen sind Garagen, die die Voraussetzungen nach den Absätzen 1 und 2 nicht erfüllen.
(4) Oberirdische Garagen sind Garagen, deren Fußboden im Mittel nicht mehr als 1,50 m unter der Geländeoberfläche liegt.

(5) Automatische Garagen sind Garagen ohne Personen- und Fahrverkehr, in denen die Kraftfahrzeuge mit mechanischen Förderanlagen von der Garagenzufahrt zu den Garageneinstellplätzen befördert und ebenso zum Abholen an die Garagenausfahrt zurückbefördert werden.

(6) Ein Einstellplatz ist eine Fläche, die dem Abstellen eines Kraftfahrzeuges in einer Garage oder auf einem Stellplatz dient.

(7) [1]Die Nutzfläche einer Garage ist die Summe aller miteinander verbundenen Flächen der Garageneinstellplätze und der Verkehrsflächen. [2]Die Nutzfläche einer automatischen Garage ist die Summe der Flächen aller Garageneinstellplätze. [3]Einstellplätze auf Dächern (Dacheinstellplätze) und die dazugehörigen Verkehrsflächen werden der Nutzfläche nicht zugerechnet, soweit nichts anderes bestimmt ist.

(8) Es sind Garagen mit einer Nutzfläche
1. bis 100 m^2 Kleingaragen,
2. über 100 m^2 bis 1 000 m^2 Mittelgaragen,
3. über 1 000 m^2 Großgaragen.

§ 2
Anforderungen

Soweit in dieser Verordnung nichts Abweichendes geregelt ist, sind auf tragende und aussteifende sowie auf raumabschließende Bauteile von Garagen die Anforderungen der Sächsischen Bauordnung (SächsBO) vom 28. Mai 2004 (SächsGVBl. S. 200), zuletzt geändert durch Artikel 2 Abs. 8 des Gesetzes vom 19. Mai 2010 (SächsGVBl. S. 142, 143), in der jeweils geltenden Fassung, an diese Bauteile in Gebäuden der Gebäudeklasse 5 anzuwenden.

TEIL 2
Bauvorschriften

§ 3
Zu- und Abfahrten

(1) [1]Zwischen Garagen und öffentlichen Verkehrsflächen müssen Zu- und Abfahrten von mindestens 3 m Länge vorhanden sein. [2]Ausnahmen können gestattet werden, wenn wegen der Sicht auf die öffentliche Verkehrsfläche Bedenken nicht bestehen.

(2) Vor den die freie Zufahrt zur Garage zeitweilig hindernden Anlagen, wie Schranken oder Toren, kann ein Stauraum für wartende Kraftfahrzeuge gefordert werden, wenn dies wegen der Sicherheit oder Leichtigkeit des Verkehrs erforderlich ist.

(3) [1]Die Fahrbahnen von Zu- und Abfahrten vor Mittel- und Großgaragen müssen mindestens 2,75 m breit sein; der Halbmesser des inneren Fahrbahnrandes muss mindestens 5 m betragen. [2]Für Fahrbahnen im Bereich von Zu- und Abfahrtssperren genügt eine Breite von 2,30 m. [3]Breitere Fahrbahnen können in Kurven mit Innenradien von weniger als 10 m verlangt werden, wenn dies wegen der Verkehrssicherheit erforderlich ist.

(4) Großgaragen müssen getrennte Fahrbahnen für Zu- und Abfahrten haben.

(5) [1]Bei Großgaragen ist neben den Fahrbahnen der Zu- und Abfahrten ein mindestens 0,80 m breiter Gehweg erforderlich. [2]Der Gehweg muss gegenüber der Fahrbahn erhöht oder verkehrssicher abgegrenzt werden.

(6) In den Fällen der Absätze 3 bis 5 sind die Dacheinstellplätze und die dazugehörigen Verkehrsflächen der Nutzfläche zuzurechnen.

(7) Für Zu- und Abfahrten von Stellplätzen gelten die Absätze 2 bis 5 sinngemäß.

§ 4
Rampen

(1) [1]Rampen von Mittel- und Großgaragen dürfen nicht mehr als 15 Prozent geneigt sein. [2]Die Breite der Fahrbahnen auf diesen Rampen muss mindestens 2,75 m, in gewendelten Rampenbereichen mindestens 3,50 m betragen. [3]Gewendelte Rampenteile müssen eine Querneigung von mindestens 3 Prozent haben. [4]Der Halbmesser des inneren Fahrbahnrandes muss mindestens 5 m betragen.

(2) Zwischen öffentlicher Verkehrsfläche und einer Rampe mit mehr als 10 Prozent Neigung muss eine geringer geneigte Fläche von mindestens 3 m Länge liegen.

(3) [1]In Großgaragen müssen Rampen, die von Fußgängern benutzt werden dürfen, einen

mindestens 0,80 m breiten Gehweg haben, der gegenüber der Fahrbahn erhöht oder verkehrssicher abgegrenzt ist. [2]An Rampen, die von Fußgängern nicht benutzt werden dürfen, ist auf das Verbot hinzuweisen.

(4) Für Rampen von Stellplätzen gelten die Absätze 1 bis 3 sinngemäß.

(5) Kraftbetriebene geneigte Hebebühnen sind keine Rampen.

§ 5
Einstellplätze und Fahrgassen

(1) [1]Ein notwendiger Einstellplatz muss mindestens 5 m lang sein. [2]Die Breite eines Einstellplatzes muss mindestens betragen

1. 2,30 m, wenn keine Längsseite,
2. 2,40 m, wenn eine Längsseite,
3. 2,50 m, wenn jede Längsseite

des Einstellplatzes im Abstand bis zu 0,10 m durch Wände, Stützen, andere Bauteile oder Einrichtungen begrenzt ist,

4. 3,50 m, wenn der Einstellplatz für Behinderte bestimmt ist.

[3]Einstellplätze auf kraftbetriebenen Hebebühnen brauchen in den Fällen des Satzes 2 Nr. 1 bis 3 nur 2,30 m breit zu sein. [4]Die Sätze 1 und 2 gelten nicht für Einstellplätze auf horizontal verschiebbaren Plattformen und für diese Plattformen.

(2) [1]Fahrgassen müssen, soweit sie unmittelbar der Zu- oder Abfahrt von Einstellplätzen dienen, hinsichtlich ihrer Breite mindestens die Anforderungen der folgenden Tabelle erfüllen; Zwischenwerte sind gradlinig einzuschalten:

Anordnung der Einstellplätze zur Fahrgasse	Erforderliche Fahrgassenbreite (in m) bei einer Einstellplatzbreite von		
	2,30	2,40	2,50
90 °	6,50	6,00	5,50
bis 45 °	3,50	3,25	3,00

[2]Vor kraftbetriebenen Hebebühnen müssen die Fahrgassen mindestens 8 m breit sein, wenn die Hebebühnen Fahrspuren haben oder beim Absenken in die Fahrgasse hineinragen.

(3) [1]Fahrgassen müssen, soweit sie nicht unmittelbar der Zu- oder Abfahrt von Einstellplätzen dienen, mindestens 2,75 m breit sein. [2]Fahrgassen mit Gegenverkehr müssen in Mittel- und Großgaragen mindestens 5 m breit sein.

(4) Einstellplätze auf horizontal verschiebbaren Plattformen sind in Fahrgassen zulässig, wenn

1. eine Breite der Fahrgassen von mindestens 2,75 m erhalten bleibt,
2. die Plattformen nicht vor kraftbetriebenen Hebebühnen angeordnet werden und
3. in Fahrgassen mit Gegenverkehr kein Durchgangsverkehr stattfindet.

(5) [1]Die einzelnen Einstellplätze und die Fahrgassen sind durch Markierungen am Boden leicht erkennbar und dauerhaft gegeneinander abzugrenzen. [2]Dies gilt nicht für

1. Kleingaragen ohne Fahrgassen,
2. Einstellplätze auf kraftbetriebenen Hebebühnen,
3. Einstellplätze auf horizontal verschiebbaren Plattformen.

[3]Mittel- und Großgaragen müssen in jedem Geschoss leicht erkennbare und dauerhafte Hinweise auf Fahrtrichtungen und Ausfahrten haben.

(6) Abschlüsse zwischen Fahrgassen und Einstellplätzen sind in Mittel- und Großgaragen nur zulässig, wenn wirksame Löscharbeiten möglich bleiben.

(7) Die Absätze 1 bis 5 gelten nicht für automatische Garagen.

§ 6
Lichte Höhe von Mittel- und Großgaragen

[1]Mittel- und Großgaragen müssen in zum Begehen bestimmten Bereichen, auch unter Unterzügen, Lüftungsleitungen und sonstigen Bauteilen, eine lichte Höhe von mindestens 2 m haben. [2]Dies gilt nicht für kraftbetriebene Hebebühnen.

§ 7
Tragende Wände, Decken, Dächer

(1) Tragende Wände von Garagen sowie Decken über und unter Garagen und zwischen

Garagengeschossen müssen feuerbeständig sein.

(2) Liegen Einstellplätze nicht mehr als 22 m über der Geländeoberfläche, brauchen Wände und Decken nach Absatz 1

1. bei oberirdischen Mittel- und Großgaragen nur feuerhemmend und aus nicht brennbaren Baustoffen zu sein, soweit sich für Garagen in anders genutzten Gebäuden aus den §§ 27 und 31 SächsBO keine weitergehenden Anforderungen ergeben,
2. bei offenen Mittel- und Großgaragen in Gebäuden, die allein der Garagennutzung dienen,

nur aus nicht brennbaren Baustoffen zu bestehen.

(3) Wände und Decken nach Absatz 1 brauchen bei eingeschossigen oberirdischen Mittel- und Großgaragen auch mit Dacheinstellplätzen, wenn das Gebäude allein der Garagennutzung dient, nur feuerhemmend zu sein oder aus nicht brennbaren Baustoffen zu bestehen.

(4) Wände und Decken nach Absatz 1 brauchen bei automatischen Garagen nur aus nicht brennbaren Baustoffen zu bestehen, wenn das Gebäude allein als automatische Garage genutzt wird.

(5) Für befahrbare Dächer von Garagen gelten die Anforderungen an Decken.

(6) [1]Bekleidungen und Dämmschichten unter Decken und Dächern müssen

1. bei Mittelgaragen aus mindestens schwerentflammbaren,
2. bei Großgaragen aus nicht brennbaren

Baustoffen bestehen. [2]Bei Großgaragen dürfen diese Bekleidungen aus schwerentflammbaren Baustoffen bestehen, wenn deren Bestandteile volumenmäßig überwiegend nicht brennbar sind und deren Abstand zur Decke oder zum Dach höchstens 0,02 m beträgt.

(7) Für Pfeiler und Stützen gelten die Absätze 1 bis 6 sinngemäß.

§ 8
Außenwände

(1) Außenwände von Mittel- und Großgaragen müssen aus nicht brennbaren Baustoffen bestehen.

(2) Absatz 1 gilt nicht für Außenwände von eingeschossigen oberirdischen Mittel- und Großgaragen, wenn das Gebäude allein der Garagennutzung dient.

§ 9
Innenwände, Tore und Einbauten

(1) [1]Trennwände zwischen Garagen und anders genutzten Räumen müssen § 29 Abs. 3 Satz 1 SächsBO entsprechen. [2]Wände zwischen Mittel- oder Großgaragen und anderen Gebäuden müssen feuerbeständig sein.

(2) In Mittel- und Großgaragen müssen sonstige Innenwände, Tore und Einbauten, insbesondere Einrichtungen für mechanische Parksysteme, aus nicht brennbaren Baustoffen bestehen.

§ 10
Gebäudeabschlusswände

Als Gebäudeabschlusswände nach § 30 Abs. 2 Nr. 1 SächsBO genügen bei eingeschossigen oberirdischen Mittel- und Großgaragen feuerbeständige Abschlusswände ohne Öffnungen, wenn das Gebäude allein der Garagennutzung dient.

§ 11
Wände und Decken von Kleingaragen

(1) Für Kleingaragen sind tragende Wände und Decken ohne Feuerwiderstand zulässig; für Kleingaragen in sonst anders genutzten Gebäuden gelten die Anforderungen des § 27 SächsBO für diese Gebäude.

(2) [1]Wände und Decken zwischen geschlossenen Kleingaragen und anderen Räumen müssen feuerhemmend sein und feuerhemmende Abschlüsse haben, soweit sich aus § 29 Abs. 3 SächsBO keine weitergehenden Anforderungen ergeben. [2]§ 29 Abs. 6 SächsBO bleibt un-

berührt. [3]Abstellräume mit bis zu 20 m^2 Fläche bleiben unberücksichtigt.

(3) [1]Als Gebäudeabschlusswand nach § 30 Abs. 2 Nr. 1 SächsBO genügen Wände, die feuerhemmend sind oder aus nicht brennbaren Baustoffen bestehen. [2]Für offene Kleingaragen ist eine Gebäudeabschlusswand nach § 30 Abs. 2 Nr. 1 SächsBO nicht erforderlich.

(4) § 9 Abs. 1 gilt nicht für Trennwände

1. zwischen Kleingaragen und Räumen oder Gebäuden, die nur Abstellzwecken dienen und nicht mehr als 20 m^2 Grundfläche haben,
2. zwischen offenen Kleingaragen und anders genutzten Räumen oder Gebäuden.

§ 12 Rauchabschnitte, Brandabschnitte

(1) [1]Geschlossene Garagen, ausgenommen automatische Garagen, müssen durch mindestens feuerhemmende, aus nicht brennbaren Baustoffen bestehende Wände in Rauchabschnitte unterteilt sein. [2]Die Nutzfläche eines Rauchabschnitts darf

1. in oberirdischen geschlossenen Garagen höchstens 5 000 m^2,
2. in sonstigen geschlossenen Garagen höchstens 2 500 m^2

betragen; sie darf höchstens doppelt so groß sein, wenn die Garagen Sprinkleranlagen haben. [3]Ein Rauchabschnitt darf sich auch über mehrere Geschosse erstrecken.

(2) [1]Öffnungen in den Wänden nach Absatz 1 müssen mit Rauchschutzabschlüssen versehen sein. [2]Abweichend davon sind dicht- und selbstschließende Abschlüsse aus nicht brennbaren Baustoffen zulässig. [3]Die Abschlüsse müssen Feststellanlagen haben, die bei Raucheinwirkung ein selbsttätiges Schließen bewirken; sie müssen auch von Hand geschlossen werden können.

(3) Automatische Garagen müssen durch Brandwände nach § 30 Abs. 3 Satz 1 SächsBO in Brandabschnitte von höchstens 6 000 m^3 Brutto-Rauminhalt unterteilt sein.

(4) § 30 Abs. 2 Nr. 2 SächsBO gilt nicht für Garagen.

§ 13 Verbindungen zu Garagen und zwischen Garagengeschossen

(1) [1]Flure, Treppenräume und Aufzugsvorräume, die nicht nur den Benutzern der Garagen dienen, dürfen mit geschlossenen Mittel- und Großgaragen nur durch Räume mit feuerbeständigen Wänden und Decken sowie feuerhemmenden, rauchdichten und selbstschließenden Türen, die in Fluchtrichtung aufschlagen (Sicherheitsschleusen) verbunden sein. [2]Zwischen Sicherheitsschleusen und Fluren oder Treppenräumen genügen selbst- und dichtschließende Türen. [3]Abweichend davon darf die Sicherheitsschleuse direkt mit einem Aufzug verbunden sein, wenn der Aufzug in einem eigenen, feuerbeständigen Schacht liegt oder direkt ins Freie führt. [4]Mit anderen Garagen dürfen die in Satz 1 genannten Räumlichkeiten unmittelbar nur durch Öffnungen mit mindestens feuerhemmenden und selbstschließenden Türen verbunden sein.

(2) [1]Mittel- und Großgaragen dürfen mit sonstigen nicht zur Garage gehörenden Räumen sowie mit anderen Gebäuden unmittelbar nur durch Öffnungen mit mindestens feuerhemmenden, rauchdichten und selbstschließenden Türen verbunden sein. [2]Automatische Garagen dürfen mit nicht zur Garage gehörenden Räumen sowie mit anderen Gebäuden nicht verbunden sein.

(3) Absatz 1 Satz 4 und Absatz 2 gelten nicht für Verbindungen

1. zu offenen Kleingaragen,
2. zwischen Kleingaragen und Räumen oder Gebäuden, die nur Abstellzwecken dienen, und nicht mehr als 20 m^2 Grundfläche haben.

(4) Türen zu Treppenräumen, die Garagengeschosse miteinander verbinden, müssen mindestens feuerhemmend, rauchdicht und selbstschließend sein und aus nicht brennbaren Baustoffen bestehen.

§ 14
Rettungswege

(1) [1]Jede Mittel- und Großgarage muss in jedem Geschoss mindestens zwei voneinander unabhängige Rettungswege ins Freie haben. [2]In oberirdischen Mittel- und Großgaragen genügt ein Rettungsweg, wenn von jeder Stelle ein Ausgang ins Freie in höchstens 10 m Entfernung erreichbar ist. [3]Der zweite Rettungsweg darf auch über eine Rampe führen. [4]Bei oberirdischen Mittel- und Großgaragen, deren Einstellplätze im Mittel nicht mehr als 3 m über der Geländeoberfläche liegen, sind Treppenräume für notwendige Treppen nicht erforderlich.

(2) [1]Von jeder Stelle einer Mittel- und Großgarage muss in demselben Geschoss mindestens ein Treppenraum einer notwendigen Treppe oder, wenn ein Treppenraum nicht erforderlich ist, mindestens eine notwendige Treppe oder ein Ausgang ins Freie

1. bei offenen Mittel- und Großgaragen in einer Entfernung von höchstens 50 m,
2. bei geschlossenen Mittel- und Großgaragen in einer Entfernung von höchstens 30 m

erreichbar sein. [2]Die Entfernung ist in der Luftlinie, jedoch nicht durch Bauteile, zu messen.

(3) [1]In Mittel- und Großgaragen müssen dauerhafte und leicht erkennbare Hinweise auf die Ausgänge vorhanden sein. [2]In Großgaragen müssen die zu den notwendigen Treppen oder zu den Ausgängen ins Freie führenden Wege auf dem Fußboden durch dauerhafte und leicht erkennbare Markierungen sowie an den Wänden durch beleuchtete Hinweise gekennzeichnet sein.

(4) Für Dacheinstellplätze gelten die Absätze 1 bis 3 sinngemäß.

(5) Die Absätze 1 bis 3 gelten nicht für automatische Garagen.

§ 15
Beleuchtung

(1) [1]In Mittel- und Großgaragen muss eine allgemeine elektrische Beleuchtung vorhanden sein. [2]Sie muss so beschaffen und mindestens in zwei Stufen derartig schaltbar sein, dass an allen Stellen der Nutzflächen und Rettungswege in der ersten Stufe eine Beleuchtungsstärke von mindestens 1 lx und in der zweiten Stufe von mindestens 20 lx erreicht wird.

(2) In geschlossenen Großgaragen, ausgenommen eingeschossige Großgaragen mit festem Benutzerkreis, muss zur Beleuchtung der Rettungswege eine Sicherheitsbeleuchtung vorhanden sein.

(3) Die Absätze 1 und 2 gelten nicht für automatische Garagen.

§ 16
Lüftung

(1) [1]Geschlossene Mittel- und Großgaragen müssen maschinelle Abluftanlagen und so große und so verteilte Zuluftöffnungen haben, dass alle Teile der Garage ausreichend gelüftet werden. [2]Bei nicht ausreichenden Zuluftöffnungen muss eine maschinelle Zuluftanlage vorhanden sein.

(2) [1]Für geschlossene Mittel- und Großgaragen mit geringem Zu- und Abgangsverkehr, wie Wohnhausgaragen, genügt eine natürliche Lüftung durch Lüftungsöffnungen oder über Lüftungsschächte. [2]Die Lüftungsöffnungen müssen

1. einen freien Gesamtquerschnitt von mindestens 1 500 cm² je Garageneinstellplatz haben,
2. in den Außenwänden oberhalb der Geländeoberfläche in einer Entfernung von höchstens 35 m einander gegenüberliegen,
3. unverschließbar sein und
4. so über die Garage verteilt sein, dass eine ständige Querlüftung gesichert ist.

[3]Die Lüftungsschächte müssen

1. untereinander in einem Abstand von höchstens 20 m angeordnet sein und
2. bei einer Höhe bis zu 2 m einen freien Gesamtquerschnitt von mindestens 1 500 cm² je Garageneinstellplatz und bei einer Höhe von mehr als 2 m einen freien Gesamtquerschnitt von mindestens 3 000 cm² je Garageneinstellplatz haben.

(3) Für geschlossene Mittel- und Großgaragen genügt abweichend von den Absätzen 1

und 2 eine natürliche Lüftung, wenn im Einzelfall nach dem Gutachten eines nach Bauordnungsrecht anerkannten Sachverständigen zu erwarten ist, dass der Mittelwert des Volumengehalts an Kohlenmonoxid in der Luft, gemessen über jeweils eine halbe Stunde und in einer Höhe von 1,50 m über dem Fußboden (CO-Halbstundenmittelwert), auch während der regelmäßigen Verkehrsspitzen im Mittel nicht mehr als 100 ppm (= 100 cm^3/m^3) betragen wird und wenn dies auf der Grundlage der Messungen, die nach Inbetriebnahme der Garage über einen Zeitraum von mindestens einem Monat durchzuführen sind, von einem nach Bauordnungsrecht anerkannten Sachverständigen bestätigt wird.

(4) [1]Die maschinellen Abluftanlagen sind so zu bemessen und zu betreiben, dass der CO-Halbstundenmittelwert unter Berücksichtigung der regelmäßig zu erwartenden Verkehrsspitzen nicht mehr als 100 ppm beträgt. [2]Diese Anforderungen gelten als erfüllt, wenn die Abluftanlage in Garagen mit geringem Zu- und Abgangsverkehr mindestens 6 m^3, bei anderen Garagen mindestens 12 m^3 Abluft in der Stunde je m^2 Garagennutzfläche abführen kann; für Garagen mit regelmäßig besonders hohen Verkehrsspitzen kann im Einzelfall ein Nachweis der nach Satz 1 erforderlichen Leistung der Abluftanlage verlangt werden.

(5) [1]Maschinelle Abluftanlagen müssen in jedem Lüftungssystem mindestens zwei gleich große Ventilatoren haben, die bei gleichzeitigem Betrieb zusammen den erforderlichen Gesamtvolumenstrom erbringen. [2]Jeder Ventilator einer maschinellen Zu- oder Abluftanlage muss aus einem eigenen Stromkreis gespeist werden, an dem andere elektrische Anlagen nicht angeschlossen werden können. [3]Soll das Lüftungssystem zeitweise nur mit einem Ventilator betrieben werden, müssen die Ventilatoren so geschaltet sein, dass sich bei Ausfall eines Ventilators der andere selbsttätig einschaltet.

(6) [1]Geschlossene Großgaragen mit nicht nur geringem Zu- und Abgangsverkehr müssen Kohlenmonoxidanlagen zur Messung und Warnung (CO-Warnanlagen) haben. [2]Die CO-Warnanlagen müssen so beschaffen sein, dass die Benutzer der Garagen bei einem Kohlenmonoxidgehalt der Luft von mehr als 250 ppm über Lautsprecher und durch Blinkzeichen dazu aufgefordert werden, die Garage zügig zu verlassen oder im Stand die Motoren abzustellen. [3]Während dieses Zeitraumes müssen die Garagenausfahrten ständig offen gehalten werden. [4]Die CO-Warnanlagen müssen an eine Ersatzstromquelle angeschlossen sein.

(7) Die Absätze 1 bis 6 gelten nicht für automatische Garagen.

§ 17 Feuerlöschanlagen, Rauch- und Wärmeabzug

(1) [1]Nicht selbsttätige Feuerlöschanlagen, wie halbstationäre Sprühwasserlöschanlagen oder Leichtschaumlöschanlagen, müssen vorhanden sein

1. in geschlossenen Garagen mit mehr als 20 Einstellplätzen auf kraftbetriebenen Hebebühnen, wenn jeweils mehr als zwei Kraftfahrzeuge übereinander angeordnet werden können,
2. in automatischen Garagen mit nicht mehr als 20 Einstellplätzen.

[2]Die Art der Feuerlöschanlage ist im Einzelfall im Benehmen mit der örtlichen Brandschutzbehörde festzulegen.

(2) Sprinkleranlagen müssen vorhanden sein

1. in Geschossen von Großgaragen, wenn der Fußboden der Geschosse mehr als 4 m unter der Geländeoberfläche liegt und das Gebäude nicht allein der Garagennutzung dient; dies gilt nicht, wenn die Großgarage zu Geschossen mit anderer Nutzung in keiner Verbindung steht,
2. in automatischen Garagen mit mehr als 20 Garageneinstellplätzen.

(3) [1]Geschlossene Großgaragen müssen für den Rauch- und Wärmeabzug in jedem Rauchabschnitt

1. Öffnungen ins Freie haben, die insgesamt mindestens 1 000 cm^2 je Einstellplatz groß, von keinem Einstellplatz mehr als 20 m entfernt und im Deckenbereich oder im oberen Drittel des Wandbereiches angeordnet sind, oder

2. maschinelle Rauch- und Wärmeabzugsanlagen haben, die sich bei Brandentwicklung (zum Beispiel durch Rauchmelder) selbstständig einschalten. [2]Der Funktionserhalt der Anlage muss einen zehnfachen Luftwechsel mindestens 30 Minuten lang bei 300 °C garantieren.

[2]Hierzu können auch die nach § 16 Abs. 4 und 5 geforderten Lüftungsanlagen dienen, wenn sie entsprechend ausgestattet sind. [3]Für die Bemessung der Abzugsanlage ist nur der größte Rauchabschnitt zugrunde zu legen, wenn gesichert ist, dass im Brandfall die Absaugung nur aus dem betroffenen Rauchabschnitt erfolgt.

§ 18
Brandmeldeanlagen

Geschlossene Mittel- und Großgaragen müssen Brandmeldeanlagen haben, wenn sie in Verbindung stehen mit baulichen Anlagen oder Räumen, für die Brandmeldeanlagen erforderlich sind.

TEIL 3
Betriebsvorschriften

§ 19
Betriebsvorschriften für Garagen

(1) In Mittel- und Großgaragen muss die allgemeine elektrische Beleuchtung nach § 15 Abs. 1 während der Benutzungszeit ständig mit einer Beleuchtungsstärke von mindestens 1 lx eingeschaltet sein, soweit nicht Tageslicht mit einer entsprechenden Beleuchtungsstärke vorhanden ist.

(2) [1]Maschinelle Lüftungsanlagen und CO-Warnanlagen müssen so gewartet werden, dass sie ständig betriebsbereit sind. [2]CO-Warnanlagen müssen ständig eingeschaltet sein.

(3) [1]In Mittel- und Großgaragen dürfen brennbare Stoffe außerhalb von Kraftfahrzeugen nicht aufbewahrt werden. [2]In Kleingaragen dürfen bis zu 200 l Dieselkraftstoff und bis zu 20 l Benzin in dicht verschlossenen, bruchsicheren Behältern aufbewahrt werden.

TEIL 4
Bauvorlagen

§ 20
Bauvorlagen

Die Bauvorlagen müssen zusätzliche Angaben enthalten über:

1. die Zahl, Abmessung und Kennzeichnung der Einstellplätze und Fahrgassen,
2. die Brandmelde- und Feuerlöschanlagen,
3. die CO-Warnanlagen,
4. die maschinellen Lüftungsanlagen,
5. die Sicherheitsbeleuchtung.

TEIL 5
Schlussvorschriften

§ 21
Weitergehende Anforderungen

Weitergehende Anforderungen als nach dieser Verordnung können zur Erfüllung des § 3 SächsBO gestellt werden, soweit Garagen oder Stellplätze für Kraftfahrzeuge bestimmt sind, deren Länge mehr als 5 m und deren Breite mehr als 2 m beträgt.

§ 22
Ordnungswidrigkeiten

Ordnungswidrig nach § 87 Abs. 1 Satz 1 Nr. 1 SächsBO handelt, wer vorsätzlich oder fahrlässig

1. entgegen § 16 Abs. 4 maschinelle Lüftungsanlagen so betreibt, dass der genannte Wert des Kohlenmonoxidgehaltes der Luft überschritten wird,
2. entgegen § 19 Abs. 1 geschlossene Mittel- und Großgaragen nicht ständig beleuchtet.

§ 23
Übergangsvorschrift

§ 19 gilt auch für die im Zeitpunkt des Inkrafttretens dieser Verordnung bestehenden Garagen.

Verordnung
des Sächsischen Staatsministeriums des Innern über den Bau und Betrieb von Feuerungsanlagen (Sächsische Feuerungsverordnung – SächsFeuVO)

Vom 15. Oktober 2007 (SächsGVBl. S. 432), die zuletzt durch die Verordnung vom 18. März 2020 (SächsGVBl. S. 134) geändert worden ist

– Fassung ab 7. April 2020 –

INHALTSÜBERSICHT

§ 1
Anwendungsbereich

[1]Diese Verordnung gilt für Feuerungsanlagen im Sinne von § 42 der Sächsischen Bauordnung (SächsBO) vom 28. Mai 2004 (SächsGVBl. S. 200), die zuletzt durch Artikel 2 des Gesetzes vom 11. Dezember 2018 (SächsGVBl. S. 706) geändert worden ist, in der jeweils geltenden Fassung. [2]Für Feuerstätten, Wärmepumpen und Blockheizkraftwerke gilt die Verordnung nur, soweit diese Anlagen der Beheizung von Räumen oder der Warmwasserversorgung dienen oder es sich um Gas-Haushalts-Kochgeräte handelt. [3]Die Verordnung gilt nicht für Brennstoffzellen und ihre Anlagen zur Abführung der Prozessgase.

§ 2
Begriffe

(1) Als Nennleistung gilt

1. die auf dem Typenschild der Feuerstätte angegebene höchste Leistung, bei Blockheizkraftwerken die Gesamtleistung,
2. die in den Grenzen des auf dem Typenschild angegebenen Leistungsbereiches fest eingestellte und auf einem Zusatzschild angegebene höchste nutzbare Leistung der Feuerstätte oder
3. bei Feuerstätten ohne Typenschild die aus dem Brennstoffdurchsatz mit einem Wirkungsgrad von 80 Prozent ermittelte Leistung.

(2) [1]Raumluftunabhängig sind Feuerstätten, denen die Verbrennungsluft über Leitungen oder Schächte nur direkt vom Freien zugeführt wird und bei denen kein Abgas in Gefahr drohender Menge in den Aufstellraum austreten kann. [2]Andere Feuerstätten sind raumluftabhängig.

§ 3
Verbrennungsluftversorgung von Feuerstätten

(1) Für raumluftabhängige Feuerstätten mit einer Nennleistung von insgesamt nicht mehr

als 35 kW reicht die Verbrennungsluftversorgung aus, wenn jeder Aufstellraum

1. mindestens eine Tür ins Freie oder ein Fenster, das geöffnet werden kann (Räume mit Verbindung zum Freien), und einen Rauminhalt von mindestens 4 m^3 je 1 kW Nennleistung dieser Feuerstätten hat,
2. mit anderen Räumen mit Verbindung zum Freien nach Maßgabe des Absatzes 2 verbunden ist (Verbrennungsluftverbund) oder
3. eine ins Freie führende Öffnung mit einem lichten Querschnitt von mindestens 150 cm^2 oder zwei Öffnungen mit einem lichten Querschnitt von je 75 cm^2 oder Leitungen ins Freie mit strömungstechnisch äquivalenten Querschnitten hat.

(2) [1]Der Verbrennungsluftverbund im Sinne des Absatzes 1 Nr. 2 zwischen dem Aufstellraum und Räumen mit Verbindung zum Freien muss durch Verbrennungsluftöffnungen mit einem lichten Querschnitt von mindestens 150 cm^2 zwischen den Räumen hergestellt sein. [2]Der Gesamtrauminhalt der Räume, die zum Verbrennungsluftverbund gehören, muss mindestens 4 m^3 je 1 kW Nennleistung der Feuerstätten, die gleichzeitig betrieben werden können, betragen. [3]Räume ohne Verbindung zum Freien sind auf den Gesamtrauminhalt nicht anzurechnen.

(3) Für raumluftabhängige Feuerstätten mit einer Nennleistung von insgesamt mehr als 35 kW und nicht mehr als 50 kW reicht die Verbrennungsluftversorgung aus, wenn jeder Aufstellraum die Anforderungen nach Absatz 1 Nr. 3 erfüllt.

(4) [1]Für raumluftabhängige Feuerstätten mit einer Nennleistung von insgesamt mehr als 50 kW reicht die Verbrennungsluftversorgung aus, wenn jeder Aufstellraum eine ins Freie führende Öffnung oder Leitung hat. [2]Der Querschnitt der Öffnung muss mindestens 150 cm^2 und für jedes über 50 kW hinausgehende Kilowatt 2 cm^2 mehr betragen. [3]Leitungen müssen strömungstechnisch äquivalent bemessen sein. [4]Der erforderliche Querschnitt darf auf höchstens zwei Öffnungen oder Leitungen aufgeteilt sein.

(5) [1]Verbrennungsluftöffnungen und -leitungen dürfen nicht verschlossen werden, sofern nicht durch besondere Sicherheitseinrichtungen gewährleistet ist, dass die Feuerstätten nur bei geöffnetem Verschluss betrieben werden können. [2]Der erforderliche Querschnitt darf durch den Verschluss oder durch Gitter nicht verengt werden. [3]Verbrennungsluftöffnungen und -leitungen dürfen ferner nicht zugestellt werden.

(6) Abweichend von den Absätzen 1 bis 4 kann für raumluftabhängige Feuerstätten eine ausreichende Verbrennungsluftversorgung auf andere Weise nachgewiesen werden.

(7) [1]Die Absätze 1 und 2 gelten nicht für Gas-Haushalts-Kochgeräte. [2]Die Absätze 1 bis 4 gelten nicht für offene Kamine.

§ 4
Aufstellung von Feuerstätten, Gasleitungsanlagen

(1) Feuerstätten dürfen nicht aufgestellt werden

1. in notwendigen Treppenräumen, in Räumen zwischen notwendigen Treppenräumen und Ausgängen ins Freie und in notwendigen Fluren,
2. in Garagen, ausgenommen raumluftunabhängige Feuerstätten, deren Oberflächentemperatur bei Nennleistung nicht mehr als 300 °C beträgt.

(2) [1]Die Betriebssicherheit von raumluftabhängigen Feuerstätten darf durch den Betrieb von Raumluft absaugenden Anlagen wie Lüftungs- oder Warmluftheizungsanlagen, Dunstabzugshauben, Abluft-Wäschetrocknern nicht beeinträchtigt werden. [2]Dies gilt als erfüllt, wenn

1. ein gleichzeitiger Betrieb der Feuerstätten und der Luft absaugenden Anlagen durch Sicherheitseinrichtungen verhindert wird,
2. die Abgasabführung durch besondere Sicherheitseinrichtungen überwacht wird,
3. die Abgase der Feuerstätten über die Luft absaugenden Anlagen abgeführt werden oder

4. anlagentechnisch sichergestellt ist, dass während des Betriebes der Feuerstätten kein gefährlicher Unterdruck entstehen kann.

(3) [1]Feuerstätten für gasförmige Brennstoffe ohne Flammenüberwachung dürfen nur in Räumen aufgestellt werden, wenn durch mechanische Lüftungsanlagen während des Betriebes der Feuerstätten stündlich mindestens ein fünffacher Luftwechsel sichergestellt ist. [2]Für Gas-Haushalts-Kochgeräte genügt ein Außenluftvolumenstrom von 100 m³/h.

(4) Feuerstätten für gasförmige Brennstoffe mit Strömungssicherung dürfen unbeschadet des § 3 in Räumen aufgestellt werden

1. mit einem Rauminhalt von mindestens 1 m³ je 1 kW Nennleistung dieser Feuerstätten, soweit sie gleichzeitig betrieben werden können,
2. in denen durch unten und oben in derselben Wand angeordnete Öffnungen mit einem Mindestquerschnitt von jeweils 75 cm² ins Freie eine Durchlüftung sichergestellt ist oder
3. in denen durch andere Maßnahmen wie beispielsweise unten und oben in derselben Wand angeordnete Öffnungen mit einem Mindestquerschnitt von jeweils 150 cm² zu unmittelbaren Nachbarräumen ein zusammenhängender Rauminhalt der Größe nach Nummer 1 eingehalten wird.

(5) [1]Gasleitungsanlagen in Räumen müssen so beschaffen, angeordnet oder mit Vorrichtungen ausgerüstet sein, dass bei einer äußeren thermischen Beanspruchung von bis zu 650 °C über einen Zeitraum von 30 Minuten keine gefährlichen Gas-Luft-Gemische entstehen können. [2]Alle Gasentnahmestellen müssen mit einer Vorrichtung ausgerüstet sein, die im Brandfall die Brennstoffzufuhr selbsttätig absperrt. [3]Satz 2 gilt nicht, wenn Gasleitungsanlagen durch Ausrüstung mit anderen selbsttätigen Vorrichtungen die Anforderungen nach Satz 1 erfüllen.

(6) Feuerstätten für Flüssiggas, wie zum Beispiel Propan, Butan und deren Gemische, dürfen in Räumen, deren Fußboden an jeder Stelle mehr als 1 m unter der Geländeoberfläche liegt, nur aufgestellt werden, wenn

1. die Feuerstätten eine Flammenüberwachung haben und
2. sichergestellt ist, dass auch bei abgeschalteter Feuerungseinrichtung Flüssiggas aus den im Aufstellraum befindlichen Brennstoffleitungen in Gefahr drohender Menge nicht austreten kann oder über eine mechanische Lüftungsanlage sicher abgeführt wird.

(7) [1]Feuerstätten müssen von Bauteilen aus brennbaren Baustoffen so weit entfernt oder so abgeschirmt sein, dass an diesen bei Nennleistung der Feuerstätten keine höheren Temperaturen als 85 °C auftreten können. [2]Dies gilt als erfüllt, wenn mindestens die vom Hersteller angegebenen Abstandsmaße eingehalten werden oder, wenn diese Angaben fehlen, ein Mindestabstand von 40 cm eingehalten wird.

(8) [1]Vor den Feuerungsöffnungen von Feuerstätten für feste Brennstoffe sind Fußböden aus brennbaren Baustoffen durch einen Belag aus nichtbrennbaren Baustoffen zu schützen. [2]Der Belag muss sich nach vorn auf mindestens 50 cm und seitlich auf mindestens 30 cm über die Feuerungsöffnung hinaus erstrecken.

(9) [1]Bauteile aus brennbaren Baustoffen müssen von den Feuerraumöffnungen offener Kamine nach oben und nach den Seiten einen Abstand von mindestens 80 cm haben. [2]Bei Anordnung eines beiderseits belüfteten Strahlungsschutzes genügt ein Abstand von 40 cm.

§ 5
Aufstellräume für Feuerstätten

(1) [1]In einem Raum dürfen Feuerstätten mit einer Nennleistung von insgesamt mehr als 100 kW, die gleichzeitig betrieben werden sollen, nur aufgestellt werden, wenn dieser Raum

1. nicht anderweitig genutzt wird, ausgenommen zur Aufstellung von Wärmepumpen, Blockheizkraftwerken und ortsfesten Verbrennungsmotoren sowie für zugehörige Installationen und zur Lagerung von Brennstoffen,

2. gegenüber anderen Räumen keine Öffnungen, ausgenommen Öffnungen für Türen, hat,
3. dicht- und selbstschließende Türen hat und
4. gelüftet werden kann.

[2]In einem Raum nach Satz 1 dürfen Feuerstätten für feste Brennstoffe jedoch nur aufgestellt werden, wenn deren Nennleistung insgesamt nicht mehr als 50 kW beträgt.

(2) [1]Feuerstätten für gasförmige Brennstoffe, die mit Überdruck betrieben und deren Abgase mit Überdruck abgeführt werden, müssen in Räumen aufgestellt werden, die zwei unmittelbar ins Freie führende, unten und oben angeordnete Öffnungen mit einem Mindestquerschnitt von je 150 cm^2 aufweisen zuzüglich 1 cm^2 für jedes über 100 kW hinausgehende kW. [2]Dies gilt nicht, wenn die Nennleistung der Feuerstätte nicht mehr als 100 kW beträgt oder die Feuerstätte der Bauart nach so beschaffen ist, dass Abgase in gefahrdrohender Menge nicht austreten können.

(3) [1]Brenner und Brennstofffördereinrichtungen der Feuerstätten für flüssige und gasförmige Brennstoffe mit einer Gesamtnennleistung von mehr als 100 kW müssen durch einen außerhalb des Aufstellraumes angeordneten Schalter (Notschalter) jederzeit abgeschaltet werden können. [2]Neben dem Notschalter muss ein Schild mit der Aufschrift „NOTSCHALTER-FEUERUNG“ vorhanden sein.

(4) Wird in dem Aufstellraum nach Absatz 1 Heizöl gelagert oder ist der Raum für die Heizöllagerung nur von diesem Aufstellraum zugänglich, muss die Heizölzufuhr von der Stelle des Notschalters nach Absatz 3 aus durch eine entsprechend gekennzeichnete Absperreinrichtung unterbrochen werden können.

(5) Abweichend von Absatz 1 dürfen die Feuerstätten auch in anderen Räumen aufgestellt werden, wenn die Nutzung dieser Räume dies erfordert und die Feuerstätten sicher betrieben werden können.

§ 6
Heizräume

(1) [1]Feuerstätten für feste Brennstoffe mit einer Nennleistung von insgesamt mehr als 50 kW, die gleichzeitig betrieben werden sollen, dürfen nur in besonderen Räumen (Heizräumen) aufgestellt werden. [2]§ 5 Absatz 4 und 5 gilt entsprechend. [3]Die Heizräume dürfen

1. nicht anderweitig genutzt werden, ausgenommen zur Aufstellung von Feuerstätten für flüssige und gasförmige Brennstoffe, Wärmepumpen, Blockheizkraftwerken, ortsfesten Verbrennungsmotoren und für zugehörige Installationen sowie zur Lagerung von Brennstoffen und
2. mit Aufenthaltsräumen, ausgenommen solchen für das Betriebspersonal, mit notwendigen Treppenräumen, mit Räumen zwischen notwendigen Treppenräumen und dem Ausgang ins Freie, Sicherheitsschleusen sowie Vorräumen von Feuerwehraufzügen nicht in unmittelbarer Verbindung stehen.

[4]Wenn in Heizräumen Feuerstätten für flüssige und gasförmige Brennstoffe aufgestellt werden, gilt § 5 Absatz 3 entsprechend.

(2) Heizräume müssen

1. mindestens einen Rauminhalt von 8 m^3 und eine lichte Höhe von 2 m,
2. einen Ausgang, der ins Freie oder einen Flur führt, der die Anforderungen an notwendige Flure erfüllt, und
3. Türen, die in Fluchtrichtung aufschlagen

haben.

(3) [1]Wände, ausgenommen nichttragende Außenwände, und Stützen von Heizräumen sowie Decken über und unter ihnen müssen feuerbeständig sein. [2]Öffnungen in Decken und Wänden müssen, soweit sie nicht unmittelbar ins Freie führen, mindestens feuerhemmende und selbstschließende Abschlüsse haben. [3]Die Sätze 1 und 2 gelten nicht für Trennwände zwischen Heizräumen und den zum Betrieb der Feuerstätten gehörenden Räumen, wenn diese Räume die Anforderungen der Sätze 1 und 2 erfüllen.

(4) [1]Heizräume müssen zur Raumlüftung jeweils eine obere und eine untere Öffnung ins Freie mit einem Querschnitt von mindestens je 150 cm^2 oder Leitungen ins Freie mit strömungstechnisch äquivalenten Querschnitten haben. [2]§ 3 Abs. 5 gilt sinngemäß. [3]Der Querschnitt einer Öffnung oder Leitung darf auf die Verbrennungsluftversorgung nach § 3 Abs. 4 angerechnet werden.

(5) [1]Lüftungsleitungen für Heizräume müssen eine Feuerwiderstandsdauer von mindestens 90 Minuten haben, soweit sie durch andere Räume führen, ausgenommen angrenzende, zum Betrieb der Feuerstätten gehörende Räume, die die Anforderungen nach Absatz 3 Satz 1 und 2 erfüllen. [2]Die Lüftungsleitungen dürfen mit anderen Lüftungsanlagen nicht verbunden sein und nicht der Lüftung anderer Räume dienen.

(6) Lüftungsleitungen, die der Lüftung anderer Räume dienen, müssen, soweit sie durch Heizräume führen,

1. eine Feuerwiderstandsdauer von mindestens 90 Minuten oder selbsttätige Absperrvorrichtungen mit einer Feuerwiderstandsdauer von mindestens 90 Minuten haben und
2. ohne Öffnungen sein.

§ 7
Abgasanlagen

(1) Abgasanlagen müssen nach lichtem Querschnitt und Höhe, soweit erforderlich auch nach Wärmedurchlasswiderstand und Beschaffenheit der inneren Oberfläche, so bemessen sein, dass die Abgase bei allen bestimmungsgemäßen Betriebszuständen ins Freie abgeführt werden und gegenüber sie umgebenden Räumen kein gefährlicher Überdruck auftreten kann.

(2) Die Abgase von Feuerstätten für feste Brennstoffe müssen in Schornsteine, die Abgase von Feuerstätten für flüssige oder gasförmige Brennstoffe dürfen auch in Abgasleitungen eingeleitet werden.

(3) [1]Abweichend von Absatz 2 sind Feuerstätten für gasförmige Brennstoffe ohne Abgasanlage zulässig, wenn durch einen sicheren Luftwechsel im Aufstellraum gewährleistet ist, dass Gefahren oder unzumutbare Belästigungen nicht entstehen. [2]Dies gilt insbesondere als erfüllt, wenn

1. durch maschinelle Lüftungsanlagen während des Betriebs der Feuerstätten ein Luftvolumenstrom von mindestens 30 m^3/h je 1 kW Nennleistung aus dem Aufstellraum ins Freie abgeführt wird oder
2. besondere Sicherheitseinrichtungen verhindern, dass die Kohlenmonoxid-Konzentration im Aufstellraum einen Wert von 30 ppm überschreitet;
3. bei Gas-Haushalts-Kochgeräten, soweit sie gleichzeitig betrieben werden können, mit einer Nennleistung von nicht mehr als 11 kW der Aufstellraum einen Rauminhalt von mehr als 15 m^3 aufweist und mindestens eine Tür ins Freie oder ein Fenster hat, das geöffnet werden kann.

(4) Mehrere Feuerstätten dürfen an einen gemeinsamen Schornstein, an eine gemeinsame Abgasleitung oder an ein gemeinsames Verbindungsstück nur angeschlossen werden, wenn

1. durch die Bemessung nach Absatz 1 und die Beschaffenheit der Abgasanlage die Ableitung der Abgase für jeden Betriebszustand sichergestellt ist,
2. eine Übertragung von Abgasen zwischen den Aufstellräumen und ein Austritt von Abgasen über andere Feuerstätten ausgeschlossen sind,
3. die gemeinsame Abgasleitung aus nichtbrennbaren Baustoffen besteht oder eine Brandübertragung zwischen den Geschossen durch selbsttätige Absperrvorrichtungen oder andere Maßnahmen verhindert wird und
4. die Anforderungen des § 4 Abs. 2 für alle angeschlossenen Feuerstätten gemeinsam erfüllt sind.

(5) [1]In Gebäuden muss jede Abgasleitung, die Geschosse überbrückt, in einem eigenen Schacht angeordnet sein. [2]Dies gilt nicht

1. für Abgasleitungen in Gebäuden der Gebäudeklassen 1 und 2, die durch nicht mehr als eine Nutzungseinheit führen,
2. für einfach belegte Abgasleitungen im Aufstellraum der Feuerstätte und

3. für Abgasleitungen, die eine Feuerwiderstandsdauer von mindestens 90 Minuten, in Gebäuden der Gebäudeklassen 1 und 2 eine Feuerwiderstandsdauer von mindestens 30 Minuten haben.

[3]Schächte für Abgasleitungen dürfen nicht anderweitig genutzt werden. [4]Die Anordnung mehrerer Abgasleitungen in einem gemeinsamen Schacht ist zulässig, wenn
1. die Abgasleitungen aus nichtbrennbaren Baustoffen bestehen,
2. die zugehörigen Feuerstätten in demselben Geschoss aufgestellt sind oder
3. eine Brandübertragung zwischen den Geschossen durch selbsttätige Absperrvorrichtungen oder andere Maßnahmen verhindert wird.

[5]Die Schächte müssen für Abgasleitungen geeignet sein und eine Feuerwiderstandsdauer von mindestens 90 Minuten, in Gebäuden der Gebäudeklassen 1 und 2 von mindestens 30 Minuten haben.

(6) [1]Abgasleitungen aus normalentflammbaren Baustoffen innerhalb von Gebäuden müssen, soweit sie nicht gemäß Absatz 5 in Schächten zu verlegen sind, zum Schutz gegen mechanische Beanspruchung von außen in Schutzrohren aus nichtbrennbaren Baustoffen angeordnet oder mit vergleichbaren Schutzvorkehrungen aus nichtbrennbaren Baustoffen ausgestattet sein. [2]Dies gilt nicht für Abgasleitungen im Aufstellraum der Feuerstätten. [3]§ 8 bleibt unberührt.

(7) Schornsteine müssen
1. gegen Rußbrände beständig sein,
2. in Gebäuden, in denen sie Geschosse überbrücken, eine Feuerwiderstandsdauer von mindestens 90 Minuten haben oder in durchgehenden Schächten, die für Schornsteine geeignet sind und die eine Feuerwiderstandsdauer von 90 Minuten haben, angeordnet sein,
3. unmittelbar auf dem Baugrund gegründet oder auf einem feuerbeständigen Unterbau errichtet sein; es genügt ein Unterbau aus nichtbrennbaren Baustoffen für Schornsteine in Gebäuden der Gebäudeklassen 1 bis 3, für Schornsteine, die oberhalb der obersten Geschossdecke beginnen sowie für Schornsteine an Gebäuden,
4. durchgehend, insbesondere nicht durch Decken unterbrochen sein und
5. für die Reinigung Öffnungen mit Schornsteinreinigungsverschlüssen haben.

(8) Schornsteine, Abgasleitungen und Verbindungsstücke, die unter Überdruck betrieben werden, müssen innerhalb von Gebäuden
1. in vom Freien dauernd gelüfteten Räumen liegen,
2. in Räumen liegen, die § 3 Abs. 1 Nr. 3 entsprechen,
3. soweit sie in Schächten liegen, über die gesamte Länge und den ganzen Umfang hinterlüftet sein oder
4. der Bauart nach so beschaffen sein, dass Abgase in Gefahr drohender Menge nicht austreten können.

(9) Verbindungsstücke dürfen nicht in Decken, Wänden oder unzugänglichen Hohlräumen angeordnet sowie nicht in andere Geschosse oder Nutzungseinheiten geführt werden.

(10) [1]Luft-Abgas-Systeme sind zur Abgasabführung nur zulässig, wenn sie getrennte, durchgehende Luft- und Abgasführungen haben. [2]An diese Systeme dürfen nur raumluftunabhängige Feuerstätten angeschlossen werden, deren Bauart sicherstellt, dass sie für diese Betriebsweise geeignet sind. [3]Im Übrigen gelten für Luft-Abgas-Systeme die Absätze 4 bis 9 sinngemäß.

§ 8
Abstände von Abgasanlagen zu brennbaren Bauteilen

(1) Abgasanlagen müssen zu Bauteilen aus brennbaren Baustoffen so weit entfernt oder so abgeschirmt sein, dass an den genannten Bauteilen
1. bei Nennleistung keine höheren Temperaturen als 85 °C und
2. bei Rußbränden in Schornsteinen keine höheren Temperaturen als 100 °C

auftreten können.

(2) [1]Die Anforderungen von Absatz 1 gelten insbesondere als erfüllt, wenn
1. die aufgrund von harmonisierten technischen Spezifikationen gemäß der Verordnung (EU) Nr. 305/2011 des Europä-

ischen Parlaments und des Rates vom 9. März 2011 zur Festlegung harmonisierter Bedingungen für die Vermarktung von Bauprodukten und zur Aufhebung der Richtlinie 89/106/EWG des Rates (ABl. L 88 vom 4.4.2011, S. 5, L 103 vom 12.4.2013, S. 10), die zuletzt durch die Verordnung (EU) Nr. 574/2014 vom 21. Februar 2014 (ABl. L 159 vom 28.5.2014, S. 41) geändert worden ist, in der jeweils geltenden Fassung, angegebenen Mindestabstände eingehalten sind,
2. bei Abgasanlagen für Abgastemperaturen der Feuerstätten bei Nennleistung bis zu 400 °C, deren Wärmedurchlasswiderstand mindestens 0,12 m^2K/W und deren Feuerwiderstandsdauer mindestens 90 Minuten beträgt, ein Mindestabstand von 5 cm eingehalten ist; dieser Abstand gilt auch für Schächte, in denen Abgasanlagen für Abgastemperaturen der Feuerstätten bei Nennleistung bis zu 400°C verlegt sind und die allein oder zusammen mit den Abgasanlagen die zuvor genannten Eigenschaften aufweisen,
3. bei Abgasanlagen für Abgastemperaturen der Feuerstätten bei Nennleistung bis zu 400 °C ein Mindestabstand von 40 cm eingehalten ist oder
4. die Abgasleitungen in feuerwiderstandsfähigen Schächten verlegt sind und die Abgastemperatur der Feuerstätten bei Nennleistung nicht mehr als 120°C betragen kann oder bei Abgastemperaturen der Feuerstätte bei Nennleistung von nicht mehr als 200°C eine Hinterlüftung im Schacht von mindestens 2 cm bei runder Abgasleitung in rechteckigem Schacht und ansonsten von mindestens 3 cm gewährleistet ist.

[2]Im Falle von Satz 1 Nr. 2 ist
1. zu Holzbalken und Bauteilen entsprechender Abmessungen ein Mindestabstand von 2 cm ausreichend,
2. zu Bauteilen mit geringer Fläche wie Fußleisten und Dachlatten, soweit die Ableitung der Wärme aus diesen Bauteilen nicht durch Wärmedämmung behindert wird, kein Mindestabstand erforderlich.

[3]Abweichend von Satz 1 Nr. 3 genügt bei Abgasleitungen für Abgastemperaturen der Feuerstätten bei Nennleistung bis zu 300 °C außerhalb von Schächten
1. ein Mindestabstand von 20 cm oder
2. wenn die Abgasleitungen mindestens 2 cm dick mit nicht brennbaren Baustoffen mit geringer Wärmeleitfähigkeit ummantelt sind oder die Abgastemperatur der Feuerstätte bei Nennleistung nicht mehr als 160 °C betragen kann, ein Mindestabstand von 5 cm.

[4]Abweichend von Satz 1 Nr. 3 genügt für Verbindungsstücke ein Mindestabstand von 10 cm, wenn die Verbindungsstücke mindestens 2 cm dick mit nicht brennbaren Baustoffen mit geringer Wärmeleitfähigkeit ummantelt sind. [5]Die Mindestabstände gelten für den Anwendungsfall der Hinterlüftung.

(3) [1]Bei Abgasleitungen und Verbindungsstücken zu Schornsteinen für Abgastemperaturen der Feuerstätten bei Nennleistung bis zu 400 °C, die durch Bauteile aus brennbaren Baustoffen führen, gelten die Anforderungen von Absatz 1 insbesondere als erfüllt, wenn diese Leitungen und Verbindungsstücke
1. in einem Mindestabstand von 20 cm mit einem Schutzrohr aus nicht brennbaren Baustoffen versehen oder
2. mindestens 20 cm dick mit nicht brennbaren Baustoffen mit geringer Wärmeleitfähigkeit ummantelt

werden. [2]Abweichend von Satz 1 genügt bei Feuerstätten für flüssige und gasförmige Brennstoffe ein jeweiliges Maß von 5 cm, wenn die Abgastemperatur bei Nennleistung der Feuerstätten nicht mehr als 160 °C betragen kann.

(4) Werden bei Durchführungen von Abgasanlagen durch Bauteile aus brennbaren Baustoffen Zwischenräume verschlossen, müssen dafür nicht brennbare Baustoffe mit geringer Wärmeleitfähigkeit verwendet und die Anforderungen des Absatzes 1 erfüllt werden.

§ 9
Abführung von Abgasen

(1) [1]Die Mündungen von Abgasanlagen müssen

1. den First um mindestens 40 cm überragen oder von der Dachfläche mindestens 1 m entfernt sein; ein Abstand von der Dachfläche von 40 cm genügt, wenn nur raumluftunabhängige Feuerstätten für flüssige oder gasförmige Brennstoffe angeschlossen sind, die Summe der Nennleistungen der angeschlossenen Feuerstätten nicht mehr als 50 kW beträgt und das Abgas durch Ventilatoren abgeführt wird,
2. Dachaufbauten, Gebäudeteile, Öffnungen zu Räumen und ungeschützte Bauteile aus brennbaren Baustoffen, ausgenommen Bedachungen, um mindestens 1 m überragen, soweit deren Abstand zu den Abgasanlagen weniger als 1,5 m beträgt,
3. bei Feuerstätten für feste Brennstoffe in Gebäuden, deren Bedachung überwiegend nicht den Anforderungen des § 32 Absatz 1 der Sächsischen Bauordnung entspricht, am First des Daches austreten und diesen um mindestens 80 cm überragen.

[2]Satz 1 Nummer 2 gilt nicht für Abgasleitungen untereinander, sofern diese die gleiche Temperaturklasse aufweisen und die Abgastemperaturen der Feuerstätten bei Nennleistung 160°C nicht überschreiten.

(2) [1]Die Abgase von raumluftunabhängigen Feuerstätten für gasförmige Brennstoffe dürfen nur dann durch die Außenwand ins Freie geleitet werden, wenn keine Gefahren oder unzumutbare Belästigungen entstehen können. [2]Die Abführung der Abgase muss so in den freien Luftstrom erfolgen, dass sie nicht in Räume eintreten oder in diese rückgeführt werden können.

§ 10
Wärmepumpen, Blockheizkraftwerke und ortsfeste Verbrennungsmotoren

(1) Für die Aufstellung von

1. Sorptionswärmepumpen mit feuerbeheizten Austreibern,
2. Blockheizkraftwerken in Gebäuden und
3. ortsfesten Verbrennungsmotoren

gelten § 3 Abs. 1 bis 6 sowie § 4 Abs. 1 bis 7 entsprechend.

(2) [1]Es dürfen

1. Sorptionswärmepumpen mit einer Nennleistung der Feuerung von insgesamt mehr als 50 kW,
2. Wärmepumpen, die die Abgaswärme von Feuerstätten mit einer Nennleistung von insgesamt mehr als 50 kW nutzen,
3. Kompressionswärmepumpen mit elektrisch angetriebenen Verdichtern mit Antriebsleistungen von insgesamt mehr als 50 kW,
4. Blockheizkraftwerke mit einer Nennleistung von insgesamt mehr als 35 kW in Gebäuden,
5. Kompressionswärmepumpen mit Verbrennungsmotoren und
6. ortsfeste Verbrennungsmotoren

nur in Räumen aufgestellt werden, die die Anforderungen nach § 5 erfüllen. [2]Dies gilt auch für die Kombination von Feuerstätten und Anlagen nach Satz 1 Nummer 1 bis 4, die gemeinsam betrieben werden sollen und deren Nennleistung insgesamt 100 kW übersteigt.

(3) [1]Die Verbrennungsgase von Blockheizkraftwerken und ortsfesten Verbrennungsmotoren in Gebäuden sind durch eigene, dichte Leitungen über Dach abzuleiten. [2]Mehrere Verbrennungsmotoren dürfen an eine gemeinsame Leitung nach Maßgabe des § 7 Abs. 4 angeschlossen werden. [3]Die Leitungen müssen außerhalb der Aufstellräume der Verbrennungsmotoren nach Maßgabe des § 7 Abs. 5 und 8 sowie § 8 beschaffen oder angeordnet sein.

(4) [1]Die Einleitung der Verbrennungsgase von Blockheizkraftwerken oder ortsfesten Verbrennungsmotoren in Abgasanlagen für Feuerstätten ist zulässig, wenn die ein-

wandfreie Abführung der Verbrennungsgase und, soweit Feuerstätten angeschlossen sind, auch die einwandfreie Abführung der Abgase nachgewiesen ist. [2]§ 7 Abs. 1 gilt entsprechend.

(5) Für die Abführung der Abgase von Sorptionswärmepumpen mit feuerbeheizten Austreibern und Abgaswärmepumpen gelten die §§ 7 bis 9 entsprechend.

§ 11 Brennstofflagerung in Brennstofflagerräumen

(1) [1]Je Gebäude oder Brandabschnitt darf die Lagerung von

1. Holzpellets von mehr als 6 500 kg,
2. sonstigen festen Brennstoffen in einer Menge von mehr als 15 000 kg,
3. Heizöl und Dieselkraftstoff in Behältern mit mehr als insgesamt 5 000 l oder
4. Flüssiggas in Behältern mit einem Füllgewicht von mehr als insgesamt 16 kg

nur in besonderen Räumen (Brennstofflagerräume) erfolgen, die nicht zu anderen Zwecken genutzt werden dürfen. [2]Das Fassungsvermögen der Behälter darf insgesamt 100 000 l Heizöl oder Dieselkraftstoff oder 6 500 l Flüssiggas je Brennstofflagerraum und 30 000 l Flüssiggas je Gebäude oder Brandabschnitt nicht überschreiten.

(2) [1]Wände und Stützen von Brennstofflagerräumen sowie Decken über oder unter ihnen müssen feuerbeständig sein. [2]Öffnungen in Decken und Wänden müssen, soweit sie nicht unmittelbar ins Freie führen, mindestens feuerhemmende und selbstschließende Abschlüsse haben. [3]Durch Decken und Wände von Brennstofflagerräumen dürfen keine Leitungen geführt werden, ausgenommen Leitungen, die zum Betrieb dieser Räume erforderlich sind, sowie Heizrohrleitungen, Wasserleitungen und Abwasserleitungen. [4]Die Sätze 1 und 2 gelten nicht für Trennwände zwischen Brennstofflagerräumen und Heizräumen.

(3) Brennstofflagerräume für flüssige Brennstoffe müssen

1. gelüftet und von der Feuerwehr vom Freien aus beschäumt werden können und
2. an den Zugängen mit der Aufschrift „HEIZÖLLAGERUNG" oder „DIESELKRAFTSTOFFLAGERUNG" gekennzeichnet sein.

(4) Brennstofflagerräume für Flüssiggas

1. müssen über eine ständig wirksame Lüftung verfügen,
2. dürfen keine Öffnungen zu anderen Räumen, ausgenommen Öffnungen für Türen, und keine offenen Schächte und Kanäle haben,
3. dürfen mit ihren Fußböden nicht allseitig unterhalb der Geländeoberfläche liegen,
4. dürfen in ihren Fußböden keine Öffnungen haben,
5. müssen an ihren Zugängen mit der Aufschrift „FLÜSSIGGASANLAGE" gekennzeichnet sein und
6. dürfen nur mit elektrischen Anlagen ausgestattet sein, die den Anforderungen von § 34 des Produktsicherheitsgesetzes vom 8. November 2011 (BGBl. I S. 2178, 2179; 2012 I S. 131), das durch Artikel 435 der Verordnung vom 31. August 2015 (BGBl. I S. 1474) geändert worden ist, in der jeweils geltenden Fassung, für elektrische Anlagen in explosionsgefährdeten Räumen entsprechen.

(5) [1]Brennstofflagerräume für Holzpellets müssen vor dem Betreten ausreichend gelüftet werden können. [2]Die Zugänge sind mit der Aufschrift „Holzpelletlagerraum – Lebensgefahr durch giftige Gase – Vor Betreten ausreichend lüften!" zu kennzeichnen. [3]Absatz 4 Nummer 6 gilt entsprechend.

§ 12 Brennstofflagerung außerhalb von Brennstofflagerräumen

(1) Feste Brennstoffe sowie Behälter zur Lagerung von brennbaren Gasen und Flüssigkeiten dürfen nicht in notwendigen Treppenräumen, in Räumen zwischen notwendigen Treppenräumen und Ausgängen ins Freie

und in notwendigen Fluren gelagert oder aufgestellt werden.

(2) Heizöl oder Dieselkraftstoff dürfen gelagert werden

1. in Wohnungen bis zu 100 l,
2. in Räumen außerhalb von Wohnungen bis zu 1 000 l,
3. in Räumen außerhalb von Wohnungen bis zu 5 000 l je Gebäude oder Brandabschnitt, wenn diese Räume gelüftet werden können und gegenüber anderen Räumen keine Öffnungen, ausgenommen Öffnungen mit dichtschließenden Türen haben,
4. in Räumen in Gebäuden der Gebäudeklasse 1 mit nicht mehr als einer Nutzungseinheit, die keine Aufenthaltsräume sind und den Anforderungen nach Nummer 3 genügen, bis zu 5 000 l.

(3) [1]Sind in Räumen nach Absatz 2 Nummer 2 bis 4 Feuerstätten aufgestellt, müssen diese außerhalb erforderlicher Auffangräume für auslaufenden Brennstoff stehen. [2]Behälter für Heizöl oder Dieselkraftstoff müssen einen Abstand von mindestens 1 m zur Feuerungsanlage haben. [3]Dieser Abstand kann bis auf die Hälfte verringert werden, wenn ein beiderseits belüfteter Strahlungsschutz vorhanden ist. [4]Ein Abstand von 0,1 m zur Feuerstätte genügt, wenn nachgewiesen ist, dass deren Oberflächentemperatur 40°C nicht überschreitet.

(4) Flüssiggas darf in Wohnungen und in Räumen außerhalb von Wohnungen jeweils in einem Behälter mit einem Füllgewicht von nicht mehr als 16 kg gelagert werden, wenn die Fußböden allseitig oberhalb der Geländeoberfläche liegen und außer Abläufen mit Flüssigkeitsverschluss keine Öffnungen haben.

(5) Für die Lagerung von mehr als 500 kg Holzpellets gilt § 11 Absatz 5 Satz 1 und 2 entsprechend.

§ 13
Flüssiggasanlagen und Dampfkesselanlagen

(1) [1]Für Flüssiggasanlagen und Dampfkesselanlagen, die weder gewerblichen noch wirtschaftlichen Zwecken dienen und in deren Gefahrenbereich auch keine Arbeitnehmer beschäftigt werden, gelten die materiellen Anforderungen und Festlegungen über erstmalige Prüfungen vor Inbetriebnahme und wiederkehrende Prüfungen der aufgrund des § 34 des Produktsicherheitsgesetzes erlassenen Vorschriften entsprechend. [2]Dies gilt nicht für die in diesen Vorschriften genannten Flüssiggasanlagen und Dampfkesselanlagen, auf die diese Vorschriften keine Anwendung finden. [3]Eine sicherheitstechnische Bewertung der Anlagen zur Ermittlung der Prüffristen ist nicht erforderlich; es gelten die Höchstfristen.

(2) Zuständige Behörden im Sinne der Vorschriften nach Absatz 1 sind die unteren Bauaufsichtsbehörden.

§ 14
Übergangsvorschrift

Für bestehende Brennstofflagerräume für Holzpellets und für die Lagerung von mehr als 500 kg Holzpellets außerhalb von Brennstofflagerräumen sind die Anforderungen nach § 11 Absatz 5 Satz 1 und 2 ab dem 11. Januar 2022 zu erfüllen.

Verordnung
des Sächsischen Staatsministeriums des Innern über Prüfungen technischer Anlagen nach Bauordnungsrecht (Sächsische Technische Prüfverordnung – SächsTechPrüfVO)

Vom 7. Februar 2000 (SächsGVBl. S. 127), die zuletzt durch Artikel 3 der Verordnung vom 8. Oktober 2014 (SächsGVBl. S. 647) geändert worden ist

– Fassung ab 11. November 2014 –

Aufgrund von § 82 Abs. 1 Nr. 3 und 4 der Sächsischen Bauordnung (SächsBO) vom 18. März 1999 (SächsGVBl. S. 86, 186) wird verordnet:

§ 1
Geltungsbereich

Diese Verordnung gilt für die Prüfung von technischen Anlagen, die für die Sicherheit von Personen von wesentlicher Bedeutung sind, der Brandbekämpfung oder der gefahrenarmen Benutzung von Flucht- oder Rettungswegen im Brandfall dienen, soweit sie bauordnungsrechtlich gefordert sind oder an sie bauordnungsrechtliche Anforderungen hinsichtlich des Brandschutzes gestellt werden, in

1. Hochhäusern;
2. Verkaufsstätten mit einer Brutto-Grundfläche der Verkaufsräume und Ladenstraßen von insgesamt mehr als 2 000 m²;
3. Versammlungsstätten
   a) mit Versammlungsräumen, die insgesamt mehr als 200 Besucher fassen, wenn diese Versammlungsräume gemeinsame Rettungswege haben;
   b) im Freien mit Szenenflächen und Freisportanlagen, deren Besucherbereich jeweils mehr als 1 000 Besucher fasst und ganz oder teilweise aus baulichen Anlagen besteht;
4. Beherbergungsstätten mit mehr als zwölf Gastbetten;
5. Krankenhäusern, Heimen und sonstigen Einrichtungen zur Unterbringung oder Pflege von Personen;
6. Schulen, Hochschulen und ähnlichen Einrichtungen;
7. sonstigen Sonderbauten, soweit die Prüfung durch die Bauaufsichtsbehörde nach § 51 Satz 1 SächsBO im Einzelfall angeordnet worden ist;
8. Mittel- und Großgaragen nach § 1 Absatz 8 der Sächsischen Garagen- und Stellplatzverordnung vom 13. Juli 2011 (SächsGVBl. S. 312), in der jeweils geltenden Fassung.

§ 2
Prüfungen

(1) Durch Prüfsachverständige für die Prüfung technischer Anlagen (Prüfsachverständige) müssen auf ihre Wirksamkeit und Betriebssicherheit einschließlich des bestimmungsgemäßen Zusammenwirkens von Anlagen (Wirk-Prinzip-Prüfung) geprüft werden:

1. Lüftungsanlagen, bezüglich der Belange des Brandschutzes,
2. CO-Warnanlagen,
3. Rauchabzugsanlagen,
4. Druckbelüftungsanlagen,
5. Feuerlöschanlagen, ausgenommen nichtselbsttätige Feuerlöschanlagen mit trockenen Steigleitungen ohne Druckerhöhungsanlagen,
6. Brandmelde- und Alarmierungsanlagen,
7. Sicherheitsstromversorgungen.

(2) Die Prüfungen nach Absatz 1 sind vor der ersten Inbetriebnahme der technischen Anlagen, unverzüglich nach einer wesentlichen

Änderung und jeweils wiederkehrend alle drei Jahre durchführen zu lassen.

(3) Prüfsachverständige sind in ihren jeweiligen Fachbereichen anerkannte Personen im Sinne der §§ 34 und 35 der Durchführungsverordnung zur SächsBO vom 2. September 2004 (SächsGVBl. S. 427), die zuletzt durch Artikel 1 der Verordnung vom 8. Oktober 2014 (SächsGVBl. S. 647) geändert worden ist, in der jeweils geltenden Fassung.

(4) Der Bauherr oder der Betreiber hat Prüfsachverständige mit der Durchführung der Prüfungen nach den Absätzen 1, 2 und 8 auf seine Kosten zu beauftragen, dafür die nötigen Vorrichtungen und fachlich geeigneten Arbeitskräfte bereitzustellen und die erforderlichen Unterlagen für die Prüfungen bereitzuhalten.

(5) [1]Über das Ergebnis von Prüfungen nach den Absätzen 1, 2 und 8 hat der Prüfsachverständige einen Bericht anzufertigen und dem Auftraggeber auszuhändigen. [2]Im Bericht ist der ordnungsgemäße Zustand der technischen Anlage zu bescheinigen oder sind festgestellte Mängel, die eine konkrete Gefahr für die Sicherheit von Personen darstellen, und gesondert hiervon sonstige Mängel aufzuführen.

(6) [1]Der Bauherr oder der Betreiber hat die bei den Prüfungen festgestellten Mängel, die eine konkrete Gefahr für die Sicherheit von Personen darstellen, unverzüglich, sonstige Mängel in angemessener Frist beseitigen zu lassen. [2]Der Prüfsachverständige hat sich von der Beseitigung der Mängel, die eine konkrete Gefahr für die Sicherheit von Personen darstellen, zu überzeugen und darüber eine ergänzende Bescheinigung auszustellen. [3]Werden diese Mängel nicht fristgerecht beseitigt, hat der Prüfsachverständige dies der zuständigen Bauaufsichtsbehörde mitzuteilen.

(7) Der Bauherr oder der Betreiber hat die Berichte über Prüfungen vor der ersten Inbetriebnahme und vor Wiederinbetriebnahme nach wesentlichen Änderungen (Absatz 2) der zuständigen Bauaufsichtsbehörde zu übersenden sowie die Berichte über wiederkehrende Prüfungen mindestens fünf Jahre aufzubewahren und der Bauaufsichtsbehörde auf Verlangen vorzulegen.

(8) [1]Die zuständige Bauaufsichtsbehörde kann im Einzelfall die in Absatz 2 geforderten Prüffristen verkürzen, wenn dies zur Gefahrenabwehr erforderlich ist. [2]Sie kann bei Schadensfällen oder Mängeln an den technischen Anlagen, die eine konkrete Gefahr für die Sicherheit von Personen darstellen, im Einzelfall weitere Prüfungen anordnen.

(9) Die zuständige Bauaufsichtsbehörde und die für den Brandschutz zuständige Behörde sind berechtigt, an den Prüfungen teilzunehmen.

§ 3
Bestehende Anlagen

[1]Bei bestehenden technischen Anlagen ist die Frist nach § 2 Absatz 2 vom Zeitpunkt der letzten Prüfung zu rechnen. [2]Wurde eine Prüfung nach § 2 bisher nicht vorgenommen, ist die erste Prüfung innerhalb eines Jahres nach Inkrafttreten dieser Verordnung durchführen zu lassen.

§ 4
Ordnungswidrigkeiten

Ordnungswidrig nach § 87 Abs. 1 Nr. 1 SächsBO handelt, wer vorsätzlich oder fahrlässig

1. entgegen § 2 Absatz 4 oder § 3 eine angeordnete oder vorgeschriebene Prüfung nicht fristgerecht durchführen lässt,
2. entgegen § 2 Absatz 6 Mängel, die eine konkrete Gefahr für die Sicherheit von Personen darstellen, nicht unverzüglich beseitigen lässt oder
3. entgegen § 2 Absatz 7 Prüfberichte nicht aufbewahrt.

§ 5
(Aufhebung von Rechtsvorschriften)

§ 6
(Inkrafttreten, Außerkrafttreten)

Verordnung
des Sächsischen Staatsministeriums für Regionalentwicklung über die Regelungen für Bauprodukte und Bauarten nach Bauordnungsrecht (Sächsische Bauprodukten- und Bauartenverordnung – SächsBauPAVO)

Vom 29. Juli 2004 (SächsGVBl. S. 403), die zuletzt durch Artikel 8 der Verordnung vom 12. April 2021 (SächsGVBl. S. 517) geändert worden ist

– Fassung ab 13. Mai 2021 –

Aufgrund von § 17 Abs. 4 bis 6, § 21 Abs. 1 Satz 4 und Abs. 2 sowie § 88 Abs. 4 Nr. 1 bis 5 der Sächsischen Bauordnung (SächsBO) in der Fassung der Bekanntmachung vom 28. Mai 2004 (SächsGVBl. S. 200) wird verordnet:

ABSCHNITT 1
Zuständigkeiten für Bauprodukte und Bauarten im Bauwesen

§ 1
Anerkennung von Prüf-, Überwachungs- und Zertifizierungsstellen

Das Deutsche Institut für Bautechnik (DIBt) ist Anerkennungsbehörde nach § 7 Abs. 1 der Verordnung über das Inverkehrbringen von Heizkesseln und Geräten nach dem Bauproduktengesetz (Artikel 1 der Verordnung zur Umsetzung der Heizkesselwirkungsgradrichtlinie) (BauPGHeizkesselV) vom 28. April 1998 (BGBl. I S. 796), die zuletzt durch Artikel 5 des Gesetzes vom 5. Dezember 2012 (BGBl. I S. 2449, 2452) geändert worden ist, in der jeweils geltenden Fassung, und § 25 Abs. 1 SächsBO.

§§ 2 und 3
(aufgehoben)

§ 4
Zustimmung im Einzelfall und vorhabenbezogene Bauartgenehmigung

Die Landesdirektion Sachsen – Landesstelle für Bautechnik ist zuständige Behörde für die Zustimmung im Einzelfall und den Verzicht darauf nach § 20 der Sächsischen Bauordnung sowie für die vorhabenbezogene Bauartgenehmigung und den Verzicht darauf nach § 16a Absatz 2 Satz 1 Nummer 2 und Absatz 4 der Sächsischen Bauordnung.

ABSCHNITT 2
Verfahren zur Anerkennung als Prüf-, Überwachungs- oder Zertifizierungsstelle nach der Sächsischen Bauordnung

§ 5
Anerkennung

(1) [1]Die Anerkennung als Prüf-, Überwachungs- oder Zertifizierungsstelle (PÜZ-Stelle) erfolgt für einzelne Bauprodukte oder Bauarten. [2]Eine PÜZ-Stelle kann für mehrere Bauprodukte und Bauarten anerkannt werden. [3]Die Anerkennung kann zugleich als Prüf-, Überwachungs- und Zertifizierungsstelle, auch für das gleiche Bauprodukt oder die gleiche Bauart, erfolgen.

(2) Die Anerkennung kann befristet werden.

§ 5a
Weitere Niederlassungen

[1]Weitere Niederlassungen von nach § 24 Satz 1 der Sächsischen Bauordnung anerkannten Prüf- und Überwachungsstellen bedürfen der Anerkennung. [2]Weitere Niederlassungen von nach § 24 Satz 1 der Sächsischen Bauordnung anerkannten Zertifizierungsstellen haben das erstmalige Tätigwerden vorher der Anerkennungsbehörde anzuzeigen. [3]Die Anerkennungsbehörde soll das Tätigwerden der Zertifizierungsstellen untersagen, wenn die Voraussetzungen des § 6 nicht erfüllt sind. [4]§ 7 gilt mit der Maßgabe, dass die im Verfahren nach § 24 Satz 1 der Sächsischen Bauordnung bereits erbrachten Nachweise keiner erneuten Prüfung bedürfen.

§ 6
Anerkennungsvoraussetzungen

(1) [1]Eine PÜZ-Stelle muss über eine ausreichende Zahl an Beschäftigten mit der für die Erfüllung ihrer Aufgaben notwendigen Ausbildung und beruflichen Erfahrung und über eine Person verfügen, der die Aufsicht über die mit den Prüfungs-, Überwachungs- und Zertifizierungstätigkeiten betrauten Beschäftigten obliegt (Leiter). [2]Der Leiter und, wenn ein solcher bestellt ist, der Stellvertreter müssen ein für den Tätigkeitsbereich der PÜZ-Stelle geeignetes technisches oder naturwissenschaftliches Studium an einer deutschen Hochschule oder ein gleichwertiges Studium an einer ausländischen Hochschule abgeschlossen haben, über die für die Ausübung der Prüf-, Überwachungs- und Zertifizierungstätigkeiten erforderlichen Kenntnisse der deutschen Sprache verfügen und

1. für Prüfstellen nach § 24 Satz 1 Nummer 1 der Sächsischen Bauordnung eine mindestens fünfjährige Berufserfahrung im Bereich der Prüfung, Überwachung oder Zertifizierung von Bauprodukten und Bauarten für den jeweiligen Produktbereich,
2. für Prüfstellen nach § 24 Satz 1 Nummer 2 der Sächsischen Bauordnung eine mindestens dreijährige Berufserfahrung im Bereich der Prüfung von Bauprodukten und Bauarten für den jeweiligen Produktbereich,
3. für Zertifizierungsstellen nach § 24 Satz 1 Nummer 3 der Sächsischen Bauordnung eine insgesamt mindestens dreijährige Berufserfahrung im Bereich der Prüfung, Überwachung oder Zertifizierung von Bauprodukten und Bauarten oder vergleichbaren Tätigkeiten für den jeweiligen Produktbereich,
4. für Überwachungsstellen nach § 24 Satz 1 Nummer 4 und 5 der Sächsischen Bauordnung eine mindestens dreijährige Berufserfahrung im Bereich der Überwachung von Bauprodukten und Bauarten für den jeweiligen Produktbereich,
5. für Prüfungen nach § 24 Satz 1 Nummer 6 der Sächsischen Bauordnung eine mindestens dreijährige Berufserfahrung im jeweiligen Aufgabenbereich nachweisen.

[3]Der Leiter einer Prüfstelle muss diese Aufgabe hauptberuflich ausüben. [4]Satz 3 gilt nicht, wenn ein hauptberuflicher Stellvertreter bestellt ist. [5]Für Prüfstellen kann ein hauptberuflicher Stellvertreter verlangt werden, wenn dies nach Art und Umfang der Tätigkeiten erforderlich ist; ist der Leiter nicht hauptberuflich tätig, kann ein zweiter hauptberuflich tätiger Stellvertreter verlangt werden. [6]Der Leiter und, wenn ein solcher bestellt ist, der Stellvertreter müssen über die für die Ausübung der Prüf-, Überwachungs- und Zertifizierungstätigkeiten erforderlichen Kenntnisse der deutschen Sprache verfügen.

(2) [1]Der Leiter der PÜZ-Stelle und, wenn ein solcher bestellt ist, der Stellvertreter dürfen

1. zum Zeitpunkt der Antragstellung das 65. Lebensjahr nicht vollendet haben,
2. die Fähigkeit zur Bekleidung öffentlicher Ämter nicht verloren haben,
3. durch gerichtliche Anordnung nicht in der Verfügung über ihr Vermögen beschränkt sein

und müssen

4. die erforderliche Zuverlässigkeit besitzen und

5. die Gewähr dafür bieten, dass sie neben ihren Leitungsaufgaben andere Tätigkeiten nur in solchem Umfang ausüben, dass die ordnungsgemäße Erfüllung der Pflichten als Leiter oder Stellvertreter gewährleistet ist.

[2]Die Nummern 2 und 3 gelten auch im Falle vergleichbarer Feststellungen aus anderen Staaten.

(3) Die PÜZ-Stelle muss über
1. die erforderlichen Räumlichkeiten und die erforderliche technische Ausstattung,
2. schriftliche Anweisungen für die Durchführung ihrer Aufgaben und für die Benutzung und Wartung der erforderlichen Prüfvorrichtungen und
3. ein System zur Aufzeichnung und Dokumentation ihrer Tätigkeit

verfügen.

(4) [1]Prüf-, Überwachungs- und Zertifizierungsstellen müssen die Gewähr dafür bieten, dass sie, insbesondere der Leiter und sein Stellvertreter, unparteilich sind. [2]Hierzu kann verlangt werden, dass für den jeweiligen Anerkennungsbereich ein Fachausschuss einzurichten ist. [3]Er unterstützt den Leiter der PÜZ-Stelle in allen Prüf-, Überwachungs- oder Zertifizierungsvorgängen, insbesondere bei der Bewertung der Prüf-, Überwachungs- oder Zertifizierungsergebnisse, und spricht hierfür Empfehlungen aus. [4]Dem Fachausschuss müssen mindestens drei unabhängige Personen sowie der Leiter der PÜZ-Stelle angehören. [5]Die Anerkennungsbehörde kann die Berufung weiterer unabhängiger Personen verlangen.

(5) [1]Prüf- und Überwachungsstellen dürfen Unteraufträge für bestimmte Aufgaben nur an gleichfalls dafür anerkannte Prüf- oder Überwachungsstellen oder an solche Stellen, die in das Anerkennungsverfahren einbezogen waren, erteilen. [2]Zertifizierungsstellen dürfen keine Unteraufträge erteilen.

§ 7
Antrag und Antragsunterlagen

(1) Die Anerkennung ist schriftlich zu beantragen.

(2) Mit der Antragstellung sind folgende Unterlagen einzureichen:
1. die Angabe, auf welche Tätigkeit im Sinne des § 24 Satz 1 der Sächsischen Bauordnung sich die Anerkennung beziehen soll,
2. Angaben zum Bauprodukt oder zur Bauart, für das oder die eine Anerkennung beantragt wird; dabei kann auf nach der SächsBO bekannt gemachte technische Regeln Bezug genommen werden,
3. Angaben zur Person und Qualifikation des Leiters und seines Stellvertreters, zum leitenden und sachbearbeitenden Personal und zu deren Berufserfahrung,
4. Angaben über wirtschaftliche und rechtliche Verbindungen des Antragstellers, des Leiters und des Stellvertreters nach § 6 Abs. 2 und der Beschäftigten zu einzelnen Herstellern,
5. Angaben zu den Räumlichkeiten und zur technischen Ausstattung,
6. Angaben zu Unterauftragnehmern,
7. einschlägige Zulassungen und Akkreditierungen aus anderen Staaten.

(3) Die Anerkennungsbehörde kann Gutachten über die Erfüllung einzelner Anerkennungsvoraussetzungen einholen.

(4) [1]§ 42a Abs. 2 Verwaltungsverfahrensgesetz (VwVfG) in der Fassung der Bekanntmachung vom 23. Januar 2003 (BGBl. I S. 102), das zuletzt durch Artikel 7 des Gesetzes vom 18. Dezember 2018 (BGBl. I S. 2639) geändert worden ist, gilt entsprechend. [2]Das Anerkennungsverfahren kann auch über den einheitlichen Ansprechpartner nach dem Gesetz über den einheitlichen Ansprechpartner im Freistaat Sachsen (SächsEAG) vom 13. August 2009 (SächsGVBl. S. 446), zuletzt geändert durch Artikel 2 Absatz 2 des Gesetzes vom 5. April 2019 (SächsGVBl. S. 245), in der jeweils geltenden Fassung, in Verbindung mit § 1 des Gesetzes zur Regelung des Verwaltungsverfahrens- und des Verwaltungszustellungsrechts für den Freistaat Sachsen (SächsVwVfZG) vom 19. Mai 2010 (SächsGVBl. S. 142), geändert durch Artikel 3 des Gesetzes vom 12. Juli 2013 (SächsGVBl. S. 503, 553), in der jeweils geltenden

Fassung, und den §§ 71a bis 71e VwVfG abgewickelt werden.

§ 8
Allgemeine Pflichten

Die PÜZ-Stellen müssen
1. im Rahmen ihrer Anerkennung und Kapazitäten von allen Herstellern von Bauprodukten oder Anwendern von Bauarten in Anspruch genommen werden können,
2. die Vertraulichkeit auf allen ihren Organisationsebenen sicherstellen,
3. der Anerkennungsbehörde auf Verlangen Gelegenheit zur Überprüfung geben,
4. regelmäßig an einem von der Anerkennungsbehörde vorgeschriebenen Erfahrungsaustausch der für das Bauprodukt anerkannten PÜZ-Stellen teilnehmen,
5. ihr technisches Personal hinsichtlich neuer Entwicklungen im Bereich der Anerkennung fortbilden und die technische Ausstattung warten und so erneuern und ergänzen, dass die Anerkennungsvoraussetzungen während des gesamten Anerkennungszeitraumes erfüllt sind,
6. Aufzeichnungen über die einschlägigen Qualifikationen, die Fortbildung und die berufliche Erfahrung ihrer Beschäftigten führen und fortschreiben,
7. Anweisungen erstellen und fortschreiben, aus denen sich die Pflichten und Verantwortlichkeiten der Beschäftigten ergeben,
8. die Erfüllung der Pflichten nach den Nummern 4 bis 7 sowie nach § 6 Abs. 3 Nr. 2 und 3 zusammenfassend dokumentieren und dem Personal zugänglich machen und
9. einen Wechsel des Leiters oder seines Stellvertreters, wesentliche Änderungen in der gerätetechnischen Ausrüstung sowie Änderungen ihrer Verhältnisse, die die Voraussetzungen für die behördliche Entscheidung betreffen, der Anerkennungsbehörde unverzüglich anzeigen.

§ 9
Besondere Pflichten

(1) Prüf- und Überwachungsstellen dürfen nur Prüfgeräte verwenden, die nach allgemein anerkannten Regeln der Technik geprüft sind; sie müssen sich hierzu an den von der Anerkennungsbehörde geforderten Vergleichsuntersuchungen beteiligen.
(2) [1]Die PÜZ-Stellen haben Berichte über ihre Prüf-, Überwachungs- oder Zertifizierungstätigkeiten anzufertigen und zu dokumentieren. [2]Die Berichte müssen mindestens Angaben zum Gegenstand, zum beteiligten Personal, zu den angewandten Verfahren entsprechend den technischen Anforderungen, zu den Ergebnissen und zum Herstellwerk enthalten. [3]Die Berichte haben ferner Angaben zum Prüfdatum, zum Zertifizierungsdatum oder zum Überwachungszeitraum zu enthalten. [4]Die Berichte sind vom Leiter der PÜZ-Stelle oder seinem Stellvertreter zu unterzeichnen. [5]Sie sind fünf Jahre aufzubewahren und der Anerkennungsbehörde auf Verlangen vorzulegen.

§ 10
Erlöschen und Widerruf der Anerkennung

(1) Die Anerkennung erlischt
1. durch schriftlichen Verzicht gegenüber der Anerkennungsbehörde,
2. durch Fristablauf oder
3. wenn der Leiter das 68. Lebensjahr vollendet hat.

(2) [1]Die Anerkennung ist zu widerrufen, wenn
1. nachträgliche Gründe eintreten, die eine Versagung der Anerkennung gerechtfertigt hätten,
2. der Leiter infolge geistiger oder körperlicher Gebrechen nicht mehr in der Lage ist, seine Tätigkeit ordnungsgemäß auszuüben oder
3. die PÜZ-Stelle gegen die ihr obliegenden Pflichten wiederholt oder grob verstoßen hat.

[2]Liegen bei einer natürlichen oder juristischen Person die Widerrufsgründe nach Satz 1 hin-

sichtlich des Leiters vor, kann von einem Widerruf der Anerkennung abgesehen werden, wenn innerhalb von sechs Monaten nach Eintreten der Widerrufsgründe ein Wechsel des Leiters stattgefunden hat.

(3) Die Anerkennung kann widerrufen werden, wenn die PÜZ-Stelle

1. ihre Tätigkeit zwei Jahre nicht ausgeübt hat,
2. nicht regelmäßig an dem Erfahrungsaustausch gemäß § 8 Nr. 4 teilnimmt oder
3. sich nicht an den Vergleichsuntersuchungen gemäß § 9 Abs. 1 beteiligt.

ABSCHNITT 3
Kennzeichnung der Bauprodukte nach der Sächsischen Bauordnung

§ 11
Übereinstimmungszeichen

(1) Das Übereinstimmungszeichen (Ü-Zeichen) nach 21 Absatz 3 der Sächsischen Bauordnung besteht aus dem Großbuchstaben „Ü" und hat folgende Angaben zu enthalten:

1. Name des Herstellers; zusätzlich das Herstellwerk, wenn der Name des Herstellers eine eindeutige Zuordnung des Bauprodukts zu dem Herstellwerk nicht ermöglicht; anstelle des Namens des Herstellers genügt der Name des Vertreibers des Bauprodukts mit der Angabe des Herstellwerks; die Angabe des Herstellwerks darf verschlüsselt erfolgen, wenn sich beim Hersteller oder Vertreiber und, wenn ein Übereinstimmungszertifikat erforderlich ist, bei der Zertifizierungsstelle und Überwachungsstelle das Herstellwerk jederzeit eindeutig ermitteln lässt;
2. Grundlage der Übereinstimmungsbestätigung:
   a) Kurzbezeichnung der für das Bauprodukt im Wesentlichen maßgebenden technischen Regel,
   b) Bezeichnung für eine allgemeine bauaufsichtliche Zulassung als „Z" und deren Nummer,
   c) Bezeichnung für ein allgemeines bauaufsichtliches Prüfzeugnis als „P", dessen Nummer und die Bezeichnung der Prüfstelle, oder
   d) Bezeichnung für eine Zustimmung im Einzelfall als „ZiE" und die Behörde;
3. die für den Verwendungszweck wesentlichen Merkmale des Bauprodukts, soweit sie nicht durch die Angabe der Kurzbezeichnung der technischen Regel nach Nummer 2 Buchst. a abschließend bestimmt sind;
4. die Bezeichnung oder das Bildzeichen der Zertifizierungsstelle, wenn die Einschaltung der Zertifizierungsstelle vorgeschrieben ist.

(2) [1]Die Angaben nach Absatz 1 sind auf der von dem Buchstaben „Ü" umschlossenen Innenfläche oder in deren unmittelbarer Nähe anzubringen. [2]Der Buchstabe „Ü" und die Angaben nach Absatz 1 müssen deutlich lesbar sein. [3]Der Buchstabe „Ü" muss in seiner Form der folgenden Abbildung entsprechen:

(3) Wird das Ü-Zeichen auf einem Beipackzettel, der Verpackung, dem Lieferschein oder einer Anlage zum Lieferschein angebracht, darf der Buchstabe „Ü" ohne oder mit einem Teil der Angaben nach Absatz 1 zusätzlich auf dem Bauprodukt angebracht werden.

ABSCHNITT 4 Anforderungen an Hersteller von Bauprodukten und Anwender von Bauarten nach § 16a Absatz 6 und § 25 Absatz 1 der Sächsischen Bauordnung

§ 12 Anwendungsbereich

[1]Für

1. die Ausführung von Schweißarbeiten zur Herstellung tragender Stahlbauteile auf der Baustelle,
2. die Ausführung von Schweißarbeiten zur Herstellung tragender Aluminiumbauteile auf der Baustelle,
3. die Ausführung von Schweißarbeiten zur Herstellung von Betonstahlbewehrungen,
4. die Ausführung von Leimarbeiten zur Herstellung tragender Holzbauteile und von Brettschichtholz,
5. die Herstellung und den Einbau von Beton mit höherer Festigkeit und anderen besonderen Eigenschaften (Beton der Überwachungsklasse 2 oder 3) auf Baustellen, die Herstellung von vorgefertigten tragenden Bauteilen aus Beton der Überwachungsklasse 2 oder 3 sowie die Herstellung von Transportbeton,
6. die Instandsetzung von tragenden Betonbauteilen, deren Standsicherheit gefährdet ist,
7. die Ausführung von nachträglichen Bewehrungsanschlüssen mit eingemörtelten Bewehrungsstäben

müssen der Hersteller und der Anwender über Fachkräfte mit besonderer Sachkunde und Erfahrung sowie über besondere Vorrichtungen verfügen. [2]Die erforderliche Ausbildung und berufliche Erfahrung der Fachkräfte sowie die erforderlichen Vorrichtungen bestimmen sich nach der Anlage zur Verwaltungsvorschrift des Sächsischen Staatsministeriums des Innern zur Einführung Technischer Baubestimmungen vom 15. Dezember 2017 (SächsABl. 2018 S. 52), in der jeweils geltenden Fassung, in den Fällen

1. des Satzes 1 Nummer 1 nach der laufenden Nummer A 1.2.4.1,
2. des Satzes 1 Nummer 2 nach der laufenden Nummer A 1.2.4.3,
3. des Satzes 1 Nummer 3 nach der laufenden Nummer A 1.2.3.4,
4. des Satzes 1 Nummer 4 nach der laufenden Nummer A 1.2.5.1,
5. des Satzes 1 Nummer 5 nach der laufenden Nummer A 1.2.3.1,
6. des Satzes 1 Nummer 6 nach der laufenden Nummer A 1.2.3.2,
7. des Satzes 1 Nummer 7 nach der laufenden Nummer A 1.2.3.7.

§ 13 Nachweispflicht

(1) Die Hersteller und Anwender haben vor der erstmaligen Durchführung der Tätigkeiten nach § 12 Satz 1 und danach für Tätigkeiten nach

1. den Nummern 1 bis 3 und 5 bis 7 in Abständen von höchstens drei Jahren und
2. Nummer 4 in Abständen von höchstens fünf Jahren

gegenüber einer nach § 24 Satz 1 Nr. 6 SächsBO anerkannten Prüfstelle nachzuweisen, dass sie über die vorgeschriebenen Fachkräfte und Vorrichtungen verfügen.

(2) (außer Kraft durch Artikel 5 Absatz 2 der Verordnung vom 4. Dezember 2019 (SächsGVBl. 2020 S. 2)

§ 14 Abweichungen

(1) Fachkräfte mit besonderer Sachkunde und Erfahrung sowie besondere Vorrichtungen nach § 12 Satz 1 sind nicht erforderlich, wenn mit einer anderen Lösung in gleichem Maße die allgemeinen Anforderungen des § 3 Satz 1 der Sächsischen Bauordnung erfüllt werden.

(2) Die Erfüllung der Anforderungen nach § 12 Satz 2 kann auch durch gleichwertige Nachweise anderer Mitgliedstaaten der Europäischen Union, eines anderen Vertragsstaates des Abkommens über den Europäischen Wirtschaftsraum, der Schweiz oder der Türkei belegt werden.

(3) Die Landesdirektion Sachsen – Landesstelle für Bautechnik kann im Einzelfall zulassen, dass Bauprodukte oder Bauarten abweichend von den Regelungen nach den §§ 12 und 13 hergestellt oder angewendet werden, wenn nachgewiesen ist, dass Gefahren im Sinne des § 3 Satz 1 der Sächsischen Bauordnung nicht zu erwarten sind.

ABSCHNITT 5 Überwachung von Tätigkeiten mit Bauprodukten und bei Bauarten nach § 16a Absatz 7 und § 25 Absatz 2 der Sächsischen Bauordnung

§ 15 Anwendungsbereich und Überwachungsstellen

(1) Folgende Tätigkeiten müssen durch eine nach § 24 Satz 1 Nr. 5 SächsBO anerkannte Überwachungsstelle überwacht werden:

1. der Einbau von punktgestützten, hinterlüfteten Wandbekleidungen aus Einscheibensicherheitsglas in einer Höhe von mehr als 8 m über Gelände,
2. das Herstellen und der Einbau von Beton mit höherer Festigkeit und anderen besonderen Eigenschaften (Beton der Überwachungsklasse 2 oder 3) auf Baustellen,
3. die Instandsetzung von tragenden Betonbauteilen, deren Standsicherheit gefährdet ist,
4. der Einbau von Verpressankern,
5. das Herstellen von Einpressmörtel auf der Baustelle und das Einpressen in Spannkanäle,
6. das Einbringen von Ortschäumen in Bauteilflächen über 50 m^2.

(2) [1]Der Überwachung sind die für die jeweiligen Tätigkeiten eingeführten Technischen Baubestimmungen zu Grunde zu legen. [2]Sie kann sich auf Stichproben beschränken.

(3) (außer Kraft durch Artikel 5 Absatz 2 der Verordnung vom 4. Dezember 2019 (SächsGVBl. 2020 S. 2)

ABSCHNITT 6 Bauprodukte und Bauarten mit Anforderungen nach anderen Rechtsvorschriften gemäß § 88 Absatz 4a der Sächsischen Bauordnung

§ 16 Nachweis der wasserrechtlichen Eignung nach der Sächsischen Bauordnung

(1) Für folgende serienmäßig hergestellte Bauprodukte und Bauarten sind hinsichtlich wasserrechtlicher Anforderungen Verwendbarkeits- und Anwendbarkeitsnachweise sowie Übereinstimmungsbestätigungen nach § 16a Absatz 2 Satz 1 Nummer 1 und Absatz 5 sowie nach den §§ 17 bis 19 und 21 bis 23 der Sächsischen Bauordnung erforderlich:

1. Abwasserbehandlungsanlagen
   a) Kleinkläranlagen, die für einen Anfall von Abwässern bis zu 8 m^3/Tag bemessen sind,
   b) Leichtflüssigkeitsabscheider für Benzin und Öl,
   c) Fettabscheider,
   d) Amalgamabscheider für Zahnarztpraxen,
   e) Anlagen zur Begrenzung von Schwermetallen in Abwässern, die bei der Herstellung keramischer Erzeugnisse anfallen,
   f) Anlagen zur Begrenzung von abfiltrierbaren Stoffen, Arsen, Antimon, Barium, Blei und anderen Schwermetallen, die für einen Anfall von Abwässern, welche bei der Herstellung und Verarbeitung von Glas und künstlichen Mineralfasern anfallen, bis zu 8 m^3/Tag bemessen sind,
   g) Anlagen zur Begrenzung von Kohlenwasserstoffen in mineralölhaltigen Abwässern,
   h) Anlagen zur Begrenzung des Silbergehalts in Abwässern aus fotografischen Verfahren,
   i) Anlagen zur Begrenzung von halogenierten Kohlenwasserstoffen in Ab-

wässern von chemischen Reinigungen;
2. Bauprodukte und Bauarten für ortsfest verwendete Anlagen zum Lagern, Abfüllen und Umschlagen von wassergefährdenden Stoffen
   a) Auffangwannen und -vorrichtungen sowie vorgefertigte Teile für Auffangräume und -flächen,
   b) Abdichtungsmittel für Auffangwannen, -vorrichtungen, -räume und -flächen,
   c) Behälter,
   d) Innenbeschichtungen und Auskleidungen für Behälter und Rohre,
   e) Rohre, zugehörige Formstücke, Dichtmittel, Armaturen und
   f) Sicherheitseinrichtungen

(2) [1]§ 16b Absatz 2 der Sächsischen Bauordnung bleibt unberührt. [2]Absatz 1 findet keine Anwendung auf Bauprodukte, die die CE-Kennzeichnung aufgrund der Verordnung (EU) Nr. 305/2011 des Europäischen Parlaments und des Rates vom 9. März 2011 zur Festlegung harmonisierter Bedingungen für die Vermarktung von Bauprodukten und zur Aufhebung der Richtlinie 89/106/EWG des Rates (ABl. L 88 vom 4.4.2011, S. 5, L 103 vom 12.4.2013, S. 10), die zuletzt durch die Verordnung (EU) Nr. 574/2014 vom 21. Februar 2014 (ABl. L 159 vom 28.5.2014, S. 41) geändert worden ist, in der jeweils geltenden Fassung, tragen.

ABSCHNITT 7
Übergangs- und Schlussbestimmungen

§ 17
Übergangsbestimmungen

(1) Personen, die zum 11. Januar 2020 Leiter einer anerkannten Prüfstelle oder Überwachungsgemeinschaft sind, sind für die entsprechenden Bauprodukte von den Anforderungen nach § 6 Absatz 1 Satz 2 befreit.
(2) Für Stellvertreter, die bis zum 11. Januar 2020 gegenüber der Anerkennungsbehörde benannt worden sind, gilt Absatz 1 entsprechend.

§ 18
(Inkrafttreten und Außerkrafttreten)

Verordnung
des Sächsischen Staatsministeriums des Innern über den Bau und Betrieb von Versammlungsstätten (Sächsische Versammlungsstättenverordnung – SächsVStättVO)[1]

Vom 7. September 2004 (SächsGVBl. S. 443), die zuletzt durch Artikel 1 der Verordnung vom 4. Dezember 2019 (SächsGVBl. 2020 S. 2) geändert worden ist

– Fassung ab 11. Januar 2020 –

Aufgrund von § 87 Abs. 1 Nr. 1, § 88 Abs. 1 Nr. 1, 4, 5, 6 sowie § 88 Abs. 3 der Sächsischen Bauordnung (SächsBO) vom 28. Mai 2004 (SächsGVBl. S. 200) wird verordnet:

INHALTSVERZEICHNIS

1 Die Verpflichtungen aus der Richtlinie 98/34/EG des Europäischen Parlaments und des Rates vom 22. Juni 1998 über ein Informationsverfahren auf dem Gebiet der Normen und technischen Vorschriften (ABl. EG Nr. L 204 S. 37), zuletzt geändert durch die Richtlinie 98/48/EG des Europäischen Parlaments und des Rates vom 20. Juli 1998 (ABl. EG Nr. L 217 S. 18), sind beachtet worden.

TEIL 3
Besondere Bauvorschriften

TEIL 1
Allgemeine Vorschriften

§ 1
Anwendungsbereich, Anzahl der Besucher

(1) Die Vorschriften dieser Verordnung gelten für den Bau und Betrieb von

1. Versammlungsstätten mit Versammlungsräumen, die einzeln mehr als 200 Besucher fassen. [2]Sie gelten auch für Versammlungsstätten mit mehreren Versammlungsräumen, die insgesamt mehr als 200 Besucher fassen, wenn diese Versammlungsräume gemeinsame Rettungswege haben;
2. Versammlungsstätten im Freien mit Szenenflächen und Tribünen, die keine fliegenden Bauten sind, die mehr als 1 000 Besucher fassen;
3. Sportstadien und Freisportanlagen mit Tribünen, die keine fliegenden Bauten sind, die mehr als 5 000 Besucher fassen.

(2) [1]Soweit sich aus den Bauvorlagen nichts anderes ergibt, ist die Anzahl der Besucher im Sinne dieser Verordnung wie folgt zu ermitteln:
1. für Sitzplätze an Tischen ein Besucher je m^2 Grundfläche des Versammlungsraumes,
2. für Sitzplätze in Reihen zwei Besucher je m^2 Grundfläche des Versammlungsraumes,
3. für Stehplätze auf Stufenreihen zwei Besucher je laufendem Meter Stufenreihe,
4. bei Ausstellungsräumen ein Besucher je m^2 Grundfläche des Versammlungsraumes.

[2]Für Stehplätze, die nicht unter Satz 1 Nummer 3 fallen, sind mindestens zwei Besucher je m^2 Grundfläche anzusetzen. [3]Für Besucher nicht zugängliche Flächen werden in die Berechnung nicht einbezogen. [4]Für Versammlungsstätten im Freien, für Freisportanlagen und für Sportstadien gelten Satz 1 Nummer 1 bis 3, Satz 2 und 3 entsprechend.

(3) Die Vorschriften dieser Verordnung gelten nicht für
1. Räume, die dem Gottesdienst gewidmet sind,
2. Unterrichtsräume in allgemein- und berufsbildenden Schulen,
3. Ausstellungsräume in Museen,
4. Fliegende Bauten.

(4) Soweit diese Verordnung nichts Abweichendes regelt, gelten für tragende und aussteifende sowie raumabschließende Bauteile
1. bei erdgeschossigen Versammlungsstätten im Sinne von § 2 Absatz 2 die Anforderungen für die Gebäudeklasse 3 nach § 2 Absatz 3 Satz 1 Nummer 3 der Sächsischen Bauordnung in der Fassung der Bekanntmachung vom 11. Mai 2016 (SächsGVBl. S. 186), die zuletzt durch Artikel 2 des Gesetzes vom 11. Dezember 2018 (SächsGVBl. S. 706) geändert worden ist, in der jeweils geltenden Fassung,
2. bei mehrgeschossigen Versammlungsstätten die Anforderungen für die Gebäudeklasse 5 nach § 2 Absatz 3 Satz 1 Nummer 5 der Sächsischen Bauordnung.

§ 2
Begriffe

(1) Versammlungsstätten sind bauliche Anlagen oder Teile baulicher Anlagen, die für die gleichzeitige Anwesenheit vieler Menschen bei Veranstaltungen bestimmt sind sowie Schank- und Speisewirtschaften.

(2) Erdgeschossige Versammlungsstätten sind Gebäude mit nur einem Geschoss ohne Ränge oder Emporen, dessen Fußboden an keiner Stelle mehr als 1 m unter der Geländeoberfläche liegt; dabei bleiben Geschosse außer Betracht, die ausschließlich der Unterbringung technischer Anlagen und Einrichtungen dienen.

(3) [1]Versammlungsräume sind Räume für Veranstaltungen oder für den Verzehr von Speisen und Getränken. [2]Hierzu gehören auch Aulen und Foyers, Vortrags- und Hörsäle sowie Studios.

(4) Szenenflächen sind Flächen für Darbietungen; für Darbietungen bestimmte Flächen unter 20 m^2 gelten nicht als Szenenflächen.

(5) In Versammlungsstätten mit einem Bühnenhaus ist
1. das Zuschauerhaus der Gebäudeteil, der die Versammlungsräume und die mit ihnen in baulichem Zusammenhang stehenden Räume umfasst,
2. das Bühnenhaus der Gebäudeteil, der die Bühnen und die mit ihnen in baulichem Zusammenhang stehenden Räume umfasst,

3. die Bühnenöffnung die Öffnung in der Trennwand zwischen der Hauptbühne und dem Versammlungsraum,
4. die Bühne der hinter der Bühnenöffnung liegende Raum mit Szenenflächen; zur Bühne zählen die Hauptbühne sowie die Hinter- und Seitenbühnen einschließlich der jeweils zugehörigen Ober- und Unterbühnen,
5. eine Großbühne, eine Bühne
   a) mit einer Szenenfläche hinter der Bühnenöffnung von mehr als 200 m^2,
   b) mit einer Oberbühne mit einer lichten Höhe von mehr als 2,5 m über der Bühnenöffnung oder
   c) mit einer Unterbühne,
6. die Unterbühne der begehbare Teil des Bühnenraumes unter dem Bühnenboden, der zur Unterbringung einer Untermaschinerie geeignet ist,
7. die Oberbühne der Teil des Bühnenraumes über der Bühnenöffnung, der zur Unterbringung einer Obermaschinerie geeignet ist.

(6) Studios sind Produktionsstätten mit Besucherplätzen für Film, Fernsehen und Hörfunk.

(7) Foyers sind Empfangs- und Pausenräume für Besucher.

(8) Ausstattungen sind Bestandteile von Bühnen- oder Szenenbildern.

(9) Requisiten sind bewegliche Einrichtungsgegenstände von Bühnen- oder Szenenbildern.

(10) Ausschmückungen sind vorübergehend eingebrachte Dekorationsgegenstände.

(11) Veränderbare Einbauten sind zeitweilig in Versammlungsräumen aufgestellte Einrichtungen.

(12) Tribünen sind bauliche Anlagen mit ansteigenden Steh- oder Sitzplatzreihen für Besucher.

TEIL 2
Allgemeine Bauvorschriften

Abschnitt 1
Bauteile und Baustoffe

§ 3
Bauteile

(1) [1]Tragende Bauteile müssen feuerbeständig, in erdgeschossigen Versammlungsstätten feuerhemmend sein. [2]Satz 1 gilt nicht für erdgeschossige Versammlungsstätten mit automatischen Feuerlöschanlagen.

(2) Außenwände mehrgeschossiger Versammlungsstätten müssen aus nichtbrennbaren Baustoffen bestehen.

(3) Trennwände von Versammlungsräumen und Bühnen müssen feuerbeständig, in erdgeschossigen Versammlungsstätten mindestens feuerhemmend sein.

(4) Räume mit besonderen Brandgefahren, wie Werkstätten, Magazine und Lagerräume, sowie Räume unter Einbauten in Versammlungsräumen müssen feuerbeständige Trennwände und Decken haben.

(5) [1]Der Fußboden von Szenenflächen muss fugendicht sein. [2]Betriebsbedingte Öffnungen sind zulässig. [3]Die Unterkonstruktion, mit Ausnahme der Lagerhölzer, muss aus nichtbrennbaren Baustoffen bestehen. [4]Räume unter dem Fußboden, die nicht zu einer Unterbühne gehören, müssen feuerbeständige Wände und Decken haben.

(6) [1]Die Unterkonstruktion der Fußböden von Tribünen und Podien als veränderbare Einbauten in Versammlungsräumen muss aus nichtbrennbaren Baustoffen bestehen. [2]Dies gilt nicht für Podien mit insgesamt nicht mehr als 20 m^2 Fläche.

(7) Tribünen und Podien sind so auszubilden, dass sie in ihrer Standsicherheit nicht durch dynamische Schwingungen gefährdet werden können.

§ 4
Dächer

(1) [1]Tragwerke von Dächern, die den oberen Abschluss von Räumen der Versammlungs-

stätte bilden oder die von diesen Räumen nicht durch feuerbeständige Bauteile getrennt sind, müssen feuerbeständig sein; für Tragwerke von Dächern erdgeschossiger Versammlungsstätten genügen feuerhemmende Bauteile. [2]Tragwerke von Dächern über Tribünen und Szenenflächen im Freien müssen mindestens feuerhemmend sein oder aus nichtbrennbaren Baustoffen bestehen. [3]Satz 1 gilt nicht für Versammlungsstätten mit automatischen Feuerlöschanlagen.

(2) [1]Bedachungen, ausgenommen Dachhaut und Dampfsperre, müssen bei Dächern, die den oberen Abschluss von Versammlungsräumen bilden oder die von diesen Räumen nicht durch feuerbeständige Bauteile getrennt sind, aus nichtbrennbaren Baustoffen hergestellt werden. [2]Dies gilt nicht für Bedachungen über Versammlungsräumen mit nicht mehr als 1 000 m² Grundfläche.

(3) [1]Lichtdurchlässige Bedachungen über Versammlungsräumen müssen aus nichtbrennbaren Baustoffen bestehen. [2]Bei Versammlungsräumen mit automatischen Feuerlöschanlagen genügen schwerentflammbare Baustoffe, die nicht brennend abtropfen können.

§ 5
Dämmstoffe, Unterdecken, Bekleidungen und Bodenbeläge

(1) Dämmstoffe müssen aus nichtbrennbaren Baustoffen bestehen.

(2) [1]Bekleidungen an Wänden in Versammlungsräumen müssen aus mindestens schwerentflammbaren Baustoffen bestehen. [2]In Versammlungsräumen mit nicht mehr als 1 000 m² Grundfläche genügen geschlossene nicht hinterlüftete Holzbekleidungen.

(3) [1]Unterdecken und Bekleidungen an Decken in Versammlungsräumen müssen aus nichtbrennbaren Baustoffen bestehen. [2]In Versammlungsräumen mit nicht mehr als 1 000 m² Grundfläche genügen Bekleidungen aus mindestens schwerentflammbaren Baustoffen oder geschlossene nicht hinterlüftete Holzbekleidungen.

(4) In Foyers, durch die Rettungswege aus anderen Versammlungsräumen führen, in notwendigen Treppenräumen, Räumen zwischen notwendigen Treppenräumen und Ausgängen ins Freie sowie notwendigen Fluren müssen Unterdecken und Bekleidungen aus nichtbrennbaren Baustoffen bestehen.

(5) Unterdecken und Bekleidungen, die mindestens schwerentflammbar sein müssen, dürfen nicht brennend abtropfen.

(6) [1]Unterkonstruktionen, Halterungen und Befestigungen von Unterdecken und Bekleidungen nach den Absätzen 2 bis 4 müssen aus nichtbrennbaren Baustoffen bestehen; dies gilt nicht für Versammlungsräume mit nicht mehr als 100 m² Grundfläche. [2]In den Hohlräumen hinter Unterdecken und Bekleidungen aus brennbaren Baustoffen dürfen Kabel und Leitungen nur in Installationsschächten oder Installationskanälen aus nichtbrennbaren Baustoffen verlegt werden.

(7) [1]In notwendigen Treppenräumen, Räumen zwischen notwendigen Treppenräumen und Ausgängen ins Freie müssen Bodenbeläge nichtbrennbar sein. [2]In notwendigen Fluren und Foyers müssen Bodenbeläge mindestens schwerentflammbar sein.

ABSCHNITT 2
Rettungswege

§ 6
Führung der Rettungswege

(1) [1]Rettungswege müssen ins Freie zu öffentlichen Verkehrsflächen führen. [2]Zu den Rettungswegen von Versammlungsstätten gehören insbesondere die frei zu haltenden Gänge und Stufengänge, die Ausgänge aus Versammlungsräumen, die notwendigen Flure und notwendigen Treppen, die Ausgänge ins Freie, die als Rettungsweg dienenden Balkone, Dachterrassen und Außentreppen sowie die Rettungswege im Freien auf dem Grundstück.

(2) [1]Versammlungsstätten müssen in jedem Geschoss mit Aufenthaltsräumen mindestens zwei voneinander unabhängige bauliche Rettungswege haben; dies gilt für Tribünen entsprechend. [2]Die Führung beider Rettungswege innerhalb eines Geschosses durch einen

gemeinsamen notwendigen Flur ist zulässig. [3]Rettungswege dürfen über Balkone, Dachterrassen und Außentreppen auf das Grundstück führen, wenn sie im Brandfall sicher begehbar sind.

(3) [1]Rettungswege dürfen durch Foyers oder Hallen zu Ausgängen ins Freie geführt werden, wenn für jedes Geschoss mindestens ein weiterer von dem Foyer oder der Halle unabhängiger baulicher Rettungsweg vorhanden ist. [2]Foyers oder Hallen dürfen nicht als Raum zwischen notwendigen Treppenräumen und Ausgängen ins Freie im Sinne von § 35 Absatz 3 Satz 2 der Sächsischen Bauordnung dienen.

(4) Versammlungsstätten müssen für Geschosse mit jeweils mehr als 800 Besucherplätzen nur diesen Geschossen zugeordnete Rettungswege haben.

(5) [1]Versammlungsräume und sonstige Aufenthaltsräume, die für mehr als 100 Besucher bestimmt sind oder mit mehr als 100 m^2 Grundfläche müssen jeweils mindestens zwei möglichst weit auseinander und entgegengesetzt liegende Ausgänge ins Freie oder zu Rettungswegen haben. [2]Die nach § 7 Absatz 4 Satz 1 ermittelte Breite ist möglichst gleichmäßig auf die Ausgänge zu verteilen. [3]Die Mindestbreiten nach § 7 Absatz 4 Satz 3 und 4 bleiben unberührt.

(6) [1]Ausgänge und sonstige Rettungswege müssen durch Sicherheitszeichen dauerhaft und gut sichtbar gekennzeichnet sein. [2]Bei Ausgängen von Rettungswegen im Freien sind andere Kennzeichnungen zulässig, wenn keine Bedenken wegen der Sicherheit von Personen bestehen.

§ 7
Bemessung der Rettungswege

(1) [1]Die Entfernung von jedem Besucherplatz bis zum nächsten Ausgang aus dem Versammlungsraum darf nicht länger als 30 m sein. [2]Bei mehr als 5 m lichter Höhe ist je 2,5 m zusätzlicher lichter Höhe über der für Besucher zugänglichen Ebene eine Verlängerung der Entfernung um 5 m zulässig. [3]Die Entfernung von 60 m bis zum nächsten Ausgang darf nicht überschritten werden. [4]Die Entfernung wird in der Lauflinie gemessen. [5]Die Sätze 1 bis 4 gelten für Tribünen außerhalb von Versammlungsräumen entsprechend.

(2) [1]Die Entfernung von jeder Stelle einer Bühne bis zum nächsten Ausgang darf nicht länger als 30 m sein. [2]Gänge zwischen den Wänden der Bühne und dem Rundhorizont oder den Dekorationen müssen eine lichte Breite von 1,20 m haben; in Großbühnen müssen diese Gänge vorhanden sein.

(3) Die Entfernung von jeder Stelle eines notwendigen Flures oder eines Foyers bis zum Ausgang ins Freie oder zu einem notwendigen Treppenraum darf nicht länger als 30 m sein.

(4) [1]Die Breite der Rettungswege ist nach der größtmöglichen Personenzahl zu bemessen. [2]Die lichte Breite eines jeden Teiles von Rettungswegen muss mindestens 1,20 m betragen. [3]Die lichte Breite eines jeden Teiles von Rettungswegen muss für die darauf angewiesenen Personen mindestens betragen bei

1.	Versammlungsstätten im Freien sowie Sportstadien	1,20 m je 600 Personen,
2.	anderen Versammlungsstätten	1,20 m je 200 Personen.

[4]Zwischenwerte sind zulässig. [5]Bei Ausgängen aus Aufenthaltsräumen mit weniger als 200 m^2 Grundfläche, bei Rettungswegen von Versammlungsräumen mit nicht mehr als 200 Besucherplätzen und bei Rettungswegen im Bühnenhaus genügt eine lichte Breite von 0,90 m. [6]Für Rettungswege von Arbeitsgalerien genügt eine Breite von 0,80 m.

(5) [1]Ausstellungshallen müssen durch Gänge so unterteilt sein, dass die Tiefe der zur Aufstellung von Ausstellungsständen bestimmten Grundflächen (Ausstellungsflächen) nicht mehr als 30 m beträgt. [2]Soweit die Entfernung von jeder Stelle auf einer Ausstellungsfläche bis zu einem Gang, in Lauflinie gemessen, nicht mehr als 20 m beträgt, wird sie auf die nach Absatz 1 bemessene Entfernung nicht angerechnet; anderenfalls ist die 20 m übersteigende Strecke zu berücksichtigen. [3]Die Gänge müssen auf möglichst geradem Weg zu entgegengesetzt liegenden Ausgängen führen. [4]Die lichte Breite der Gänge und der

zugehörigen Ausgänge muss mindestens 3 m betragen.

§ 8
Treppen

(1) Die Führung der jeweils anderen Geschossen zugeordneten notwendigen Treppen in einem gemeinsamen notwendigen Treppenraum ist zulässig.
(2) [1]Notwendige Treppen in Foyers oder Hallen müssen feuerbeständig sein. [2]Die tragenden Bauteile notwendiger Treppen in notwendigen Treppenräumen müssen feuerhemmend sein und aus nichtbrennbaren Baustoffen bestehen; für Außentreppen genügen nichtbrennbare Baustoffe. [3]Für notwendige Treppen von veränderbaren Einbauten oder von vorübergehend in Ausstellungshallen errichteten Einbauten genügen Unterkonstruktionen aus nichtbrennbaren Baustoffen und Stufen aus Holz.
(3) Die nutzbare Treppenlaufbreite notwendiger Treppen darf nicht mehr als 2,40 m betragen.
(4) [1]Notwendige Treppen und dem allgemeinen Besucherverkehr dienende Treppen müssen auf beiden Seiten feste und griffsichere Handläufe ohne freie Enden haben. [2]Die Handläufe sind über Treppenabsätze fortzuführen.
(5) Notwendige Treppen und dem allgemeinen Besucherverkehr dienende Treppen müssen geschlossene Tritt- und Setzstufen haben; dies gilt nicht für Außentreppen.
(6) Wendel- und Spindeltreppen sind als notwendige Treppen für Besucher unzulässig.

§ 9
Türen und Tore

(1) Türen und Tore in raumabschließenden Innenwänden, die feuerbeständig sein müssen, müssen mindestens feuerhemmend, rauchdicht und selbstschließend sein.
(2) Türen und Tore in raumabschließenden Innenwänden, die feuerhemmend sein müssen, müssen mindestens rauchdicht und selbstschließend sein, ausgenommen sind Türen von Räumen ohne wesentliche Brandgefahren oder Brandlasten.
(3) [1]Türen in Rettungswegen müssen in Fluchtrichtung aufschlagen und dürfen keine Schwellen haben. [2]Während des Aufenthaltes von Personen in der Versammlungsstätte, müssen die Türen der jeweiligen Rettungswege jederzeit von innen leicht und in der erforderlichen Breite geöffnet werden können.
(4) [1]Schiebetüren sind im Zuge von Rettungswegen unzulässig, dies gilt nicht für automatische Schiebetüren, die die Rettungswege nicht beeinträchtigen. [2]Pendeltüren müssen in Rettungswegen Vorrichtungen haben, die ein Durchpendeln der Türen verhindern.
(5) Türen, die selbstschließend sein müssen, dürfen offengehalten werden, wenn sie Einrichtungen haben, die bei Raucheinwirkung ein selbsttätiges Schließen der Türen bewirken; sie müssen auch von Hand geschlossen werden können.
(6) Mechanische Vorrichtungen zur Vereinzelung oder Zählung von Besuchern, wie Drehtüren oder -kreuze, sind in Rettungswegen unzulässig; dies gilt nicht für mechanische Vorrichtungen, die im Gefahrenfall von innen leicht und in voller Breite geöffnet werden können.

ABSCHNITT 3
Besucherplätze und Einrichtungen für Besucher

§ 10
Bestuhlung, Gänge und Stufengänge

(1) [1]In Reihen angeordnete Sitzplätze müssen unverrückbar befestigt sein; werden nur vorübergehend Stühle aufgestellt, sind sie in den einzelnen Reihen fest miteinander zu verbinden. [2]Satz 1 gilt nicht für Gaststätten und Kantinen sowie für abgegrenzte Bereiche von Versammlungsräumen mit nicht mehr als 20 Sitzplätzen und ohne Stufen, wie Logen.
(2) Die Sitzplatzbereiche der Tribünen von Versammlungsstätten mit mehr als 5 000 Besucherplätzen müssen unverrückbar befestigte Einzelsitze haben.

(3) [1]Sitzplätze müssen mindestens 0,50 m breit sein. [2]Zwischen den Sitzplatzreihen muss eine lichte Durchgangsbreite von mindestens 0,40 m vorhanden sein.
(4) [1]Sitzplätze müssen in Blöcken von höchstens 30 Sitzplatzreihen angeordnet sein. [2]Hinter und zwischen den Blöcken müssen Gänge mit einer Mindestbreite von 1,20 m vorhanden sein. [3]Die Gänge müssen auf möglichst kurzem Weg zum Ausgang führen.
(5) [1]Seitlich eines Ganges dürfen höchstens zehn Sitzplätze, bei Versammlungsstätten im Freien und Sportstadien höchstens 20 Sitzplätze angeordnet sein. [2]Zwischen zwei Seitengängen dürfen 20 Sitzplätze, bei Versammlungsstätten im Freien und Sportstadien höchstens 40 Sitzplätze angeordnet sein. [3]In Versammlungsräumen dürfen zwischen zwei Seitengängen höchstens 50 Sitzplätze angeordnet sein, wenn von diesen Seitengängen auf jeder Seite des Versammlungsraumes für jeweils vier Sitzreihen eine Tür mit einer lichten Breite von 1,20 m angeordnet ist.
(6) [1]Von jedem Tischplatz darf der Weg zu einem Gang nicht länger als 10 m sein. [2]Der Abstand von Tisch zu Tisch soll 1,50 m nicht unterschreiten.
(7) [1]In Versammlungsräumen mit Reihenbestuhlung müssen bei bis zu 5 000 Besucherplätzen ein Prozent, mindestens jedoch zwei Plätze, und für die darüber hinaus vorhandenen Besucherplätze 0,5 Prozent als Flächen für Rollstuhlbenutzer freigehalten werden. [2]Den Plätzen für Rollstuhlbenutzer sind Besucherplätze für Begleitpersonen zuzuordnen. [3]Die Plätze für Rollstuhlbenutzer und die Wege zu ihnen sind durch Hinweisschilder gut sichtbar zu kennzeichnen. [4]Für Versammlungsstätten im Freien, Freisportanlagen und Sportstadien gelten die Sätze 1 bis 3 entsprechend.
(8) [1]Stufen in Gängen (Stufengänge) müssen eine Steigung von mindestens 0,10 m und höchstens 0,19 m und einen Auftritt von mindestens 0,26 m haben. [2]Der Fußboden des Durchganges zwischen Sitzplatzreihen und der Fußboden von Stehplatzreihen muss mit dem anschließenden Auftritt des Stufenganges auf einer Höhe liegen. [3]Stufengänge in Mehrzweckhallen mit mehr als 5 000 Besucherplätzen und in Sportstadien müssen sich durch farbliche Kennzeichnung von den umgebenden Flächen deutlich abheben.

§ 11
Abschrankungen und Schutzvorrichtungen

(1) [1]Flächen, die im Allgemeinen zum Begehen bestimmt sind und unmittelbar an tiefer liegende Flächen angrenzen, sind mit Abschrankungen zu umwehren, soweit sie nicht durch Stufengänge oder Rampen mit der tiefer liegenden Fläche verbunden sind. [2]Satz 1 ist nicht anzuwenden:
1. für die den Besuchern zugewandten Seiten von Bühnen und Szenenflächen,
2. vor Stufenreihen, wenn die Stufenreihe nicht mehr als 0,50 m über dem Fußboden der davor liegenden Stufenreihe oder des Versammlungsraumes liegt oder
3. vor Stufenreihen, wenn die Rückenlehnen der Sitzplätze der davor liegenden Stufenreihe den Fußboden der hinteren Stufenreihe um mindestens 0,65 m überragen.

(2) [1]Abschrankungen, wie Umwehrungen, Geländer, Wellenbrecher, Zäune, Absperrgitter oder Glaswände, müssen mindestens 1,10 m hoch sein. [2]Umwehrungen und Geländer von Flächen, auf denen mit der Anwesenheit von Kleinkindern zu rechnen ist, sind so zu gestalten, dass ein Überklettern erschwert wird; der Abstand von Umwehrungs- und Geländerteilen darf in einer Richtung nicht mehr als 0,12 m betragen.
(3) [1]Vor Sitzplatzreihen genügen Umwehrungen von 0,90 m Höhe; bei mindestens 0,20 m Brüstungsbreite der Umwehrung genügen 0,80 m; bei mindestens 0,50 m Brüstungsbreite genügen 0,70 m. [2]Liegt die Stufenreihe nicht mehr als 1 m über dem Fußboden der davor liegenden Stufenreihe oder des Versammlungsraumes, genügen vor Sitzplatzreihen 0,65 m.
(4) Abschrankungen in den für Besucher zugänglichen Bereichen müssen so bemessen sein, dass sie dem Druck einer Personengruppe standhalten.

(5) [1]Spielfelder, Manegen, Fahrbahnen für den Rennsport und Reitbahnen müssen durch Abschrankungen, Netze oder andere Vorrichtungen so gesichert sein, dass Besucher durch die Darbietung oder den Betrieb des Spielfeldes, der Manege oder der Bahn nicht gefährdet werden. [2]Für Darbietungen und für den Betrieb technischer Einrichtungen im Luftraum über den Besucherplätzen gilt Satz 1 entsprechend.
(6) Werden Besucherplätze im Innenbereich von Fahrbahnen angeordnet, dann muss der Innenbereich ohne Betreten der Fahrbahnen erreicht werden können.

§ 12
Toilettenräume

(1) [1]In Versammlungsstätten muss eine ausreichende Anzahl von Toiletten vorhanden sein. [2]Auf dem Gelände der Versammlungsstätte oder in der Nähe vorhandene Toiletten können angerechnet werden, wenn sie für die Besucher der Versammlungsstätte zugänglich sind.
(2) Für Rollstuhlbenutzer muss eine ausreichende Zahl geeigneter, stufenlos erreichbarer Toiletten, mindestens jedoch je zehn Plätzen für Rollstuhlbenutzer eine Toilette vorhanden sein.

§ 13
Stellplätze für Menschen mit Behinderung

[1]Die Zahl der notwendigen Stellplätze für die Kraftfahrzeuge von Menschen mit Behinderung muss mindestens der Hälfte der Zahl der nach § 10 Absatz 7 Satz 1 erforderlichen Besucherplätze entsprechen. [2]Auf diese Stellplätze ist leicht erkennbar hinzuweisen.

ABSCHNITT 4
Technische Einrichtungen

§ 14
Sicherheitsstromversorgungsanlagen, elektrische Anlagen und Blitzschutzanlagen

(1) Versammlungsstätten müssen eine Sicherheitsstromversorgungsanlage haben, die bei Ausfall der Stromversorgung den Betrieb der sicherheitstechnischen Anlagen und Einrichtungen übernimmt, insbesondere der
1. Sicherheitsbeleuchtung,
2. automatischen Feuerlöschanlagen und Druckerhöhungsanlagen für die Löschwasserversorgung,
3. Rauchabzugsanlagen,
4. Brandmeldeanlagen,
5. Alarmierungsanlagen.

(2) In Versammlungsstätten für verschiedene Veranstaltungsarten sind für die vorübergehende Verlegung beweglicher Kabel und Leitungen bauliche Vorkehrungen zu treffen, die die Ausbreitung von Feuer und Rauch verhindern und die sichere Begehbarkeit, insbesondere der Rettungswege, gewährleisten.
(3) Elektrische Schaltanlagen dürfen für Besucher nicht zugänglich sein.
(4) Versammlungsstätten müssen Blitzschutzanlagen haben, die auch die sicherheitstechnischen Einrichtungen schützen (äußerer und innerer Blitzschutz).

§ 15
Sicherheitsbeleuchtung

(1) In Versammlungsstätten muss eine Sicherheitsbeleuchtung vorhanden sein, die so beschaffen ist, dass Arbeitsvorgänge auf Bühnen und Szenenflächen sicher abgeschlossen werden können und sich Besucher, Mitwirkende und Betriebsangehörige auch bei vollständigem Versagen der allgemeinen Beleuchtung bis zu öffentlichen Verkehrsflächen hin gut zurechtfinden können.
(2) Eine Sicherheitsbeleuchtung muss vorhanden sein
1. in notwendigen Treppenräumen, in Räumen zwischen notwendigen Treppenräu-

men und Ausgängen ins Freie und in notwendigen Fluren,
2. in Versammlungsräumen sowie in allen übrigen Räumen für Besucher,
3. für Bühnen und Szenenflächen,
4. in Räumen für Mitwirkende und Beschäftigte mit mehr als 20 m² Grundfläche, ausgenommen Büroräume,
5. in elektrischen Betriebsräumen, in Räumen für haustechnische Anlagen sowie in Scheinwerfer- und Bildwerferräumen,
6. in Versammlungsstätten im Freien und Sportstadien, die während der Dunkelheit benutzt werden,
7. für Sicherheitszeichen von Ausgängen und Rettungswegen,
8. für Stufenbeleuchtungen.

(3) [1]In betriebsmäßig verdunkelten Versammlungsräumen, auf Bühnen und Szenenflächen muss eine Sicherheitsbeleuchtung in Bereitschaftsschaltung vorhanden sein. [2]Die Ausgänge, Gänge und Stufen im Versammlungsraum müssen auch bei Verdunklung unabhängig von der übrigen Sicherheitsbeleuchtung erkennbar sein. [3]Bei Gängen in Versammlungsräumen mit auswechselbarer Bestuhlung sowie bei Sportstadien mit Sicherheitsbeleuchtung ist eine Stufenbeleuchtung nicht erforderlich.

§ 16
Rauchableitung

(1) Versammlungsräume und sonstige Aufenthaltsräume mit mehr als 50 m² Grundfläche sowie Magazine, Lagerräume und Szenenflächen mit mehr als 200 m² Grundfläche, Bühnen und notwendige Treppenräume müssen zur Unterstützung der Brandbekämpfung entraucht werden können.

(2) [1]Die Anforderung des Absatzes 1 ist insbesondere erfüllt bei
1. Versammlungsräumen und sonstigen Aufenthaltsräumen bis 200 m² Grundfläche, wenn diese Räume Fenster nach § 47 Absatz 2 Satz 2 der Sächsischen Bauordnung haben,
2. Versammlungsräumen, sonstigen Aufenthaltsräumen, Magazinen und Lagerräumen mit nicht mehr als 1 000 m² Grundfläche, wenn diese Räume entweder an der obersten Stelle Öffnungen zur Rauchableitung mit einem freien Querschnitt von insgesamt 1 Prozent der Grundfläche oder im oberen Drittel der Außenwände angeordnete Öffnungen, Türen oder Fenster mit einem freien Querschnitt von insgesamt 2 Prozent der Grundfläche haben und Zuluftflächen in insgesamt gleicher Größe, jedoch mit nicht mehr als 12 m² freiem Querschnitt, vorhanden sind, die im unteren Raumdrittel angeordnet werden sollen,
3. Versammlungsräumen, sonstigen Aufenthaltsräumen, Magazinen und Lagerräumen mit mehr als 1 000 m² Grundfläche, wenn diese Räume Rauchabzugsanlagen haben, bei denen je höchstens 400 m² der Grundfläche mindestens ein Rauchabzugsgerät mit mindestens 1,5 m² aerodynamisch wirksamer Fläche im oberen Raumdrittel angeordnet wird, je höchstens 1 600 m² Grundfläche mindestens eine Auslösegruppe für die Rauchabzugsgeräte gebildet wird und Zuluftflächen im unteren Raumdrittel von insgesamt mindestens 12 m² freiem Querschnitt vorhanden sind,
4. Bühnen gemäß § 2 Absatz 5 Nummer 4 bis 7 sowie Szenenflächen, wenn an der obersten Stelle des Bühnenraumes oder des Raumes oberhalb der Szenenfläche Öffnungen zur Rauchableitung mit einem freien Querschnitt von insgesamt mindestens 5 Prozent, bei den Szenenflächen von insgesamt mindestens 3 Prozent ihrer Grundfläche angeordnet werden.

[2]In den Fällen der Nummer 4 müssen Zuluftflächen in insgesamt gleicher Größe im unteren Raumdrittel der Bühnen oder der Räume mit Szenenflächen vorhanden sein. [3]Bei Bühnenräumen mit Schutzvorhang müssen die Zuluftflächen so angeordnet sein, dass sie auch bei geschlossenem Schutzvorhang im Bühnenbereich wirksam sind.

(3) [1]Die Anforderung des Absatzes 1 ist insbesondere auch erfüllt, wenn in den Fällen des Absatzes 2 Nummer 1 bis 3 maschinelle Rauchabzugsanlagen vorhanden sind, bei

denen je höchstens 400 m^2 der Grundfläche der Räume mindestens ein Rauchabzugsgerät oder eine Absaugstelle mit einem Luftvolumenstrom von 10 000 m^3 pro Stunde im oberen Raumdrittel angeordnet wird. [2]Bei Räumen mit mehr als 1 600 m^2 Grundfläche genügt:

1. zu dem Luftvolumenstrom von 40 000 m^3 pro Stunde für die Grundfläche von 1 600 m^2 ein zusätzlicher Luftvolumenstrom von 5 000 m^3 pro Stunde je angefangene weitere 400 m^2 Grundfläche; der sich ergebende Gesamtvolumenstrom je Raum ist gleichmäßig auf die nach Satz 1 anzuordnenden Absaugstellen oder Rauchabzugsgeräte zu verteilen; oder
2. ein Luftvolumenstrom von mindestens 40 000 m^3 pro Stunde je Raum, wenn sichergestellt ist, dass dieser Luftvolumenstrom im Bereich der Brandstelle auf einer Grundfläche von höchstens 1 600 m^2 von den nach Satz 1 anzuordnenden Absaugstellen oder Rauchabzugsgeräten gleichmäßig gefördert werden kann.

[3]Die Zuluftflächen müssen im unteren Raumdrittel in solcher Größe und so angeordnet werden, dass eine maximale Strömungsgeschwindigkeit von 3 m pro Sekunde nicht überschritten wird. ⊠Anstelle der Öffnungen für die Zuluft und die Rauchableitung nach Absatz 2 Satz 1 Nummer 4 können maschinelle Zuluft- und Rauchabzugsanlagen verwendet werden, wenn sie bezüglich des Schutzziels nach Absatz 1 ausreichend bemessen sind.

(4) [1]Die Anforderung des Absatzes 1 ist auch erfüllt bei Versammlungsräumen, sonstigen Aufenthaltsräumen, Magazinen und Lagerräumen nach Absatz 2 Nummer 1 bis 3 mit Sprinkleranlagen, wenn in diesen Räumen vorhandene Lüftungsanlagen automatisch bei Auslösen der Brandmeldeanlage, soweit diese nach § 20 Absatz 1 erforderlich ist, im Übrigen bei Auslösen der Sprinkleranlage so betrieben werden, dass sie nur entlüften und die ermittelten Luftvolumenströme nach Absatz 3 Satz 1 und Satz 2 Nummer 1 einschließlich der Zuluft erreicht werden, soweit es die Zweckbestimmung der Absperrvorrichtungen gegen Brandübertragung zulässt. [2]In Leitungen zum Zweck der Entlüftung dürfen Absperrvorrichtungen nur thermische Auslöser haben.

(5) Die Anforderung des Absatzes 1 ist erfüllt bei:

1. notwendigen Treppenräumen mit Fenstern gemäß § 35 Absatz 8 Satz 2 Nummer 1 der Sächsischen Bauordnung, wenn diese Treppenräume an der obersten Stelle eine Öffnung zur Rauchableitung mit einem freien Querschnitt von mindestens 1,0 m^2 haben,
2. notwendigen Treppenräumen gemäß § 35 Absatz 8 Satz 2 Nummer 2 der Sächsischen Bauordnung, wenn diese Treppenräume Rauchabzugsgeräte mit insgesamt mindestens 1,0 m^2 aerodynamisch wirksamer Fläche haben, die im oder unmittelbar unter dem oberen Treppenraumabschluss angeordnet werden.

(6) Anstelle von Öffnungen zur Rauchableitung nach Absatz 2 Satz 1 Nummer 2 und 4, Absatz 5 Nummer 1 sowie Rauchabzugsgeräten nach Absatz 5 Nummer 2 ist die Rauchableitung über Schächte mit strömungstechnisch äquivalenten Querschnitten zulässig, wenn die Wände der Schächte raumabschließend und so feuerwiderstandsfähig wie die durchdrungenen Bauteile, mindestens jedoch feuerhemmend und aus nichtbrennbaren Baustoffen sind.

(7) [1]Türen oder Fenster nach Absatz 2 Satz 1 Nummer 2, mit Abschlüssen versehene Öffnungen zur Rauchableitung nach Absatz 2 Satz 1 Nummer 2 und 4, Absatz 5 Nummer 1 sowie Rauchabzugsgeräte nach Absatz 5 Nummer 2 müssen Vorrichtungen zum Öffnen haben, die von jederzeit zugänglichen Stellen aus leicht von Hand bedient werden können. [2]Sie können auch an einer jederzeit zugänglichen Stelle zusammengeführt werden. [3]In notwendigen Treppenräumen müssen die Vorrichtungen von jedem Geschoss aus bedient werden können. [4]Geschlossene Öffnungen, die als Zuluftflächen dienen, müssen leicht geöffnet werden können.

(8) Rauchabzugsanlagen müssen automatisch auslösen und von Hand von einer jederzeit zugänglichen Stelle ausgelöst werden können.

(9) [1]Manuelle Bedienungs- und Auslösestellen nach den Absätzen 7 und 8 sind mit einem Hinweisschild mit der Bezeichnung „RAUCHABZUG" und der Angabe des jeweiligen Raumes zu versehen. [2]An den Stellen muss die Betriebsstellung der jeweiligen Anlage sowie der Fenster, Türen, Abschlüsse und Rauchabzugsgeräte erkennbar sein.
(10) [1]Maschinelle Rauchabzugsanlagen sind für eine Betriebszeit von 30 Minuten bei einer Rauchgastemperatur von 600 Grad Celsius auszulegen. [2]Die Auslegung kann mit einer Rauchgastemperatur von 300 Grad Celsius erfolgen, wenn der Luftvolumenstrom des Raums mindestens 40 000 m^3 pro Stunde beträgt. [3]Die Zuluftzuführung muss durch automatische Ansteuerung und spätestens gleichzeitig mit Inbetriebnahme der Anlage erfolgen. [4]Maschinelle Lüftungsanlagen können als maschinelle Rauchabzugsanlagen betrieben werden, wenn sie die an diese gestellten Anforderungen erfüllen.
(11) [1]Die Abschlüsse der Öffnungen zur Rauchableitung von Bühnen mit Schutzvorhang müssen bei einem Überdruck von 350 Pascal selbsttätig öffnen. [2]Eine automatische Auslösung durch geeignete Temperaturmelder ist zulässig.

§ 17
Heizungs- und Lüftungsanlagen

(1) [1]Heizungsanlagen in Versammlungsstätten müssen dauerhaft fest eingebaut sein. [2]Sie müssen so angeordnet sein, dass ausreichende Abstände zu Personen, brennbaren Bauprodukten und brennbarem Material eingehalten werden und keine Beeinträchtigungen durch Abgase entstehen.
(2) Versammlungsräume und sonstige Aufenthaltsräume mit mehr als 200 m^2 Grundfläche müssen Lüftungsanlagen haben.

§ 18
Stände und Arbeitsgalerien für Licht-, Ton-, Bild- und Regieanlagen

(1) [1]Stände und Arbeitsgalerien für den Betrieb von Licht-, Ton-, Bild- und Regieanlagen, wie Schnürböden, Beleuchtungstürme oder Arbeitsbrücken, müssen aus nichtbrennbaren Baustoffen bestehen. [2]Der Abstand zwischen Arbeitsgalerien und Raumdecken muss mindestens 2 m betragen.
(2) [1]Von Arbeitsgalerien müssen mindestens zwei Rettungswege erreichbar sein. [2]Jede Arbeitsgalerie einer Hauptbühne muss auf beiden Seiten der Hauptbühne einen Ausgang zu Rettungswegen außerhalb des Bühnenraumes haben.
(3) Öffnungen in Arbeitsgalerien müssen so gesichert sein, dass Personen oder Gegenstände nicht herabfallen können.

§ 19
Feuerlöscheinrichtungen und -anlagen

(1) [1]Versammlungsräume, Bühnen, Foyers, Werkstätten, Magazine, Lagerräume und notwendige Flure sind mit geeigneten Feuerlöschern in ausreichender Zahl auszustatten. [2]Die Feuerlöscher sind gut sichtbar und leicht zugänglich anzubringen.
(2) [1]In Versammlungsstätten mit Versammlungsräumen von insgesamt mehr als 1 000 m^2 Grundfläche müssen Wandhydranten für die Feuerwehr in ausreichender Zahl gut sichtbar und leicht zugänglich an geeigneten Stellen angebracht sein. [2]Im Einvernehmen mit der örtlichen Brandschutzbehörde kann auf Wandhydranten verzichtet oder können anstelle von Wandhydranten trockene Löschwasserleitungen zugelassen werden.
(3) Versammlungsstätten mit Versammlungsräumen von insgesamt mehr als 3 600 m^2 Grundfläche müssen eine automatische Feuerlöschanlage haben; dies gilt nicht für Versammlungsstätten, deren Versammlungsräume jeweils nicht mehr als 400 m^2 Grundfläche haben.
(4) Versammlungsräume, bei denen eine Fußbodenebene höher als 22 m über der Geländeoberfläche liegt, sind nur in Gebäuden mit automatischer Feuerlöschanlage zulässig.
(5) Versammlungsräume in Kellergeschossen müssen eine automatische Feuerlöschanlage haben.
(6) In Versammlungsräumen müssen offene Küchen oder ähnliche Einrichtungen mit einer Grundfläche von mehr als 30 m^2 eine da-

für geeignete automatische Feuerlöschanlage haben.
(7) Die Wirkung automatischer Feuerlöschanlagen darf durch überdeckte oder mehrgeschossige Ausstellungs- oder Dienstleistungsstände nicht beeinträchtigt werden.
(8) Automatische Feuerlöschanlagen müssen an eine Brandmeldezentrale angeschlossen sein.

§ 20
Brandmelde- und Alarmierungsanlagen, Brandmelde- und Alarmzentrale, Brandfallsteuerung der Aufzüge

(1) Versammlungsstätten mit Versammlungsräumen von insgesamt mehr als 1 000 m^2 Grundfläche müssen Brandmeldeanlagen mit automatischen und nichtautomatischen Brandmeldern haben.
(2) Versammlungsstätten mit Versammlungsräumen von insgesamt mehr als 1 000 m^2 Grundfläche müssen Alarmierungs- und Lautsprecheranlagen haben, mit denen im Gefahrenfall Besucher, Mitwirkende und Betriebsangehörige alarmiert und Anweisungen erteilt werden können.
(3) Versammlungsstätten mit Foyers oder Hallen, durch die Rettungswege aus anderen Versammlungsräumen führen, müssen Brandmeldeanlagen nach Absatz 1 sowie Alarmierungs- und Lautsprecheranlagen nach Absatz 2 haben.
(4) In Versammlungsstätten mit Versammlungsräumen von insgesamt mehr als 1 000 m^2 Grundfläche müssen zusätzlich zu den örtlichen Bedienungsvorrichtungen zentrale Bedienungsvorrichtungen für Rauchabzugs-, Feuerlösch-, Brandmelde-, Alarmierungs- und Lautsprecheranlagen in einem für die Feuerwehr leicht zugänglichen Raum (Brandmelde- und Alarmzentrale) zusammengefasst werden.
(5) [1]In Versammlungsstätten mit Versammlungsräumen von insgesamt mehr als 1 000 m^2 Grundfläche müssen die Aufzüge mit einer Brandfallsteuerung ausgestattet sein, die durch die automatische Brandmeldeanlage ausgelöst wird. [2]Die Brandfallsteuerung muss sicherstellen, dass die Aufzüge das Geschoss mit Ausgang ins Freie oder das diesem nächstgelegene, nicht von der Brandmeldung betroffene Geschoss unmittelbar anfahren und dort mit geöffneten Türen außer Betrieb gehen.
(6) [1]Automatische Brandmeldeanlagen müssen durch technische Maßnahmen gegen Falschalarme gesichert sein. [2]Brandmeldungen müssen von der Brandmeldezentrale unmittelbar und automatisch zur Leitstelle der Feuerwehr weitergeleitet werden.

§ 21
Werkstätten, Magazine und Lagerräume

(1) Für feuergefährliche Arbeiten müssen dafür geeignete Werkstätten vorhanden sein.
(2) Für das Aufbewahren von brennbaren Materialien müssen eigene Lagerräume vorhanden sein.
(3) Für die Sammlung von Abfällen und Wertstoffen müssen dafür geeignete Behälter im Freien oder besondere Lagerräume vorhanden sein.
(4) Werkstätten, Magazine und Lagerräume dürfen mit notwendigen Treppenräumen nicht in unmittelbarer Verbindung stehen.

TEIL 3
Besondere Bauvorschriften

Abschnitt 1
Großbühnen

§ 22
Bühnenhaus

(1) In Versammlungsstätten mit Großbühnen sind alle für den Bühnenbetrieb notwendigen Räume und Einrichtungen in einem eigenen, von dem Zuschauerhaus getrennten Bühnenhaus unterzubringen.
(2) [1]Die Trennwand zwischen Bühnen- und Zuschauerhaus muss feuerbeständig und in der Bauart einer Brandwand hergestellt sein. [2]Türen in dieser Trennwand müssen feuerbeständig und selbstschließend sein.

§ 23
Schutzvorhang

(1) [1]Die Bühnenöffnung von Großbühnen muss gegen den Versammlungsraum durch einen Vorhang aus nichtbrennbarem Material dicht geschlossen werden können (Schutzvorhang). [2]Der Schutzvorhang muss durch sein Eigengewicht schließen können. [3]Die Schließzeit darf 30 Sekunden nicht überschreiten. [4]Der Schutzvorhang muss einem Druck von 450 Pa nach beiden Richtungen standhalten. [5]Eine höchstens 1 m breite, zur Hauptbühne sich öffnende, selbsttätig schließende Tür im Schutzvorhang ist zulässig.
(2) [1]Der Schutzvorhang muss so angeordnet sein, dass er im geschlossenen Zustand an allen Seiten an feuerbeständige Bauteile anschließt. [2]Der Bühnenboden darf unter dem Schutzvorhang durchgeführt werden. [3]Das untere Profil dieses Schutzvorhangs muss ausreichend steif sein oder mit Stahldornen in entsprechende stahlbewehrte Aussparungen im Bühnenboden eingreifen.
(3) [1]Die Vorrichtung zum Schließen des Schutzvorhangs muss mindestens an zwei Stellen von Hand ausgelöst werden können. [2]Beim Schließen muss auf der Bühne ein Warnsignal zu hören sein.

§ 24
Feuerlösch- und Brandmeldeanlagen

(1) Großbühnen müssen eine automatische Sprühwasserlöschanlage haben, die auch den Schutzvorhang beaufschlagt.
(2) Die Sprühwasserlöschanlage muss zusätzlich mindestens von zwei Stellen aus von Hand in Betrieb gesetzt werden können.
(3) In Großbühnen müssen neben den Ausgängen zu den Rettungswegen in Höhe der Arbeitsgalerien und des Schnürbodens Wandhydranten vorhanden sein.
(4) Großbühnen und Räume mit besonderen Brandgefahren müssen eine Brandmeldeanlage mit automatischen und nichtautomatischen Brandmeldern haben.
(5) Die Auslösung eines Alarmes muss optisch und akustisch am Platz der Brandsicherheitswache erkennbar sein.

§ 25
Platz für die Brandsicherheitswache

(1) [1]Auf jeder Seite der Bühnenöffnung muss für die Brandsicherheitswache ein besonderer Platz mit einer Grundfläche von mindestens 1 m mal 1 m und einer Höhe von mindestens 2,20 m vorhanden sein. [2]Die Brandsicherheitswache muss die Fläche, die bespielt wird, überblicken und betreten können.
(2) [1]Am Platz der Brandsicherheitswache müssen die Vorrichtung zum Schließen des Schutzvorhangs und die Auslösevorrichtungen der Rauchabzugs- und Sprühwasserlöschanlagen der Bühne sowie ein nichtautomatischer Brandmelder leicht erreichbar angebracht und durch Hinweisschilder gekennzeichnet sein. [2]Die Auslösevorrichtungen müssen beleuchtet sein. [3]Diese Beleuchtung muss an die Sicherheitsstromversorgung angeschlossen sein. [4]Die Vorrichtungen sind gegen unbeabsichtigtes Auslösen zu sichern.

ABSCHNITT 2
Versammlungsstätten mit mehr als 5 000 Besucherplätzen

§ 26
Räume für Lautsprecherzentrale, Polizei, Feuerwehr, Rettungsdienst

(1) [1]Mehrzweckhallen und Sportstadien müssen einen Raum für eine Lautsprecherzentrale haben, von dem aus die Besucherbereiche und der Innenbereich überblickt und Polizei, Feuerwehr und Rettungsdienste benachrichtigt werden können. [2]Die Lautsprecheranlage muss eine Vorrangschaltung für die Einsatzleitung der Polizei haben.
(2) [1]In Mehrzweckhallen und Sportstadien sind geeignete Räume für die Polizei und die Feuerwehr anzuordnen. [2]Der Raum für die Einsatzleitung der Polizei muss eine räumliche Verbindung mit der Lautsprecherzentrale haben und mit Anschlüssen für eine Videoanlage zur Überwachung der Besucherbereiche ausgestattet sein.
(3) Wird die Funkkommunikation der Einsatzkräfte von Polizei und Feuerwehr in-

nerhalb der Versammlungsstätte durch die bauliche Anlage gestört, ist die Versammlungsstätte mit technischen Anlagen zur Unterstützung des Funkverkehrs auszustatten.
(4) In Mehrzweckhallen und Sportstadien muss mindestens ein geeigneter Raum für den Rettungsdienst vorhanden sein.

§ 27
Abschrankung und Blockbildung in Sportstadien mit mehr als 10 000 Besucherplätzen

(1) [1]Die Besucherplätze müssen vom Innenbereich durch mindestens 2,20 m hohe Abschrankungen abgetrennt sein. [2]In diesen Abschrankungen sind den Stufengängen zugeordnete, mindestens 1,80 m breite Tore anzuordnen, die sich im Gefahrenfall leicht zum Innenbereich hin öffnen lassen. [3]Die Tore dürfen nur vom Innenbereich oder von zentralen Stellen aus zu öffnen sein und müssen in geöffnetem Zustand durch selbsteinrastende Feststeller gesichert werden. [4]Der Übergang in den Innenbereich muss niveaugleich sein.
(2) Stehplätze müssen in Blöcken für höchstens 2 500 Besucher angeordnet werden, die durch mindestens 2,20 m hohe Abschrankungen mit eigenen Zugängen abgetrennt sind.
(3) Die Anforderungen nach den Absätzen 1 und 2 gelten nicht, soweit in dem mit der zuständigen Polizeibehörde, der örtlichen Brandschutzbehörde sowie dem Rettungsdienst abgestimmten Sicherheitskonzept nachgewiesen wird, dass abweichende Abschrankungen oder Blockbildungen unbedenklich sind.

§ 28
Wellenbrecher

[1]Werden mehr als fünf Stufen von Stehplatzreihen hintereinander angeordnet, ist vor der vordersten Stufe eine durchgehende Schranke von 1,10 m Höhe anzuordnen. [2]Nach jeweils fünf weiteren Stufen sind Schranken gleicher Höhe (Wellenbrecher) anzubringen, die einzeln mindestens 3 m und höchstens 5,50 m lang sind. [3]Die seitlichen Abstände zwischen den Wellenbrechern dürfen nicht mehr als 5 m betragen. [4]Die Abstände sind nach höchstens fünf Stehplatzreihen durch versetzt angeordnete Wellenbrecher zu überdecken, die auf beiden Seiten mindestens 0,25 m länger sein müssen als die seitlichen Abstände zwischen den Wellenbrechern. [5]Die Wellenbrecher sind im Bereich der Stufenvorderkante anzuordnen.

§ 29
Abschrankung von Stehplätzen vor Szenenflächen

(1) Werden vor Szenenflächen Stehplätze für Besucher angeordnet, sind die Besucherplätze von der Szenenfläche durch eine Abschrankung so abzutrennen, dass zwischen der Szenenfläche und der Abschrankung ein Gang von mindestens 2 m Breite für den Ordnungsdienst und Rettungskräfte vorhanden ist.
(2) [1]Werden vor Szenenflächen mehr als 5 000 Stehplätze für Besucher angeordnet, so sind durch mindestens zwei weitere Abschrankungen vor der Szenenfläche nur von den Seiten zugängliche Stehplatzbereiche zu bilden, um Personen durch zu hohen Druck auf die Abschrankungen nicht zu gefährden. [2]Die Anordnung der Abschrankungen sind im Sicherheitskonzept festzulegen.

§ 30
Einfriedungen und Eingänge

(1) Stadionanlagen müssen eine mindestens 2,20 m hohe Einfriedung haben, die das Überklettern erschwert.
(2) [1]Vor den Eingängen sind Geländer so anzuordnen, dass Besucher nur einzeln und hintereinander Einlass finden. [2]Es sind Einrichtungen für Zugangskontrollen sowie für die Durchsuchung von Personen und Sachen vorzusehen. [3]Für die Einsatzkräfte von Polizei, Feuerwehr und Rettungsdiensten sind von den Besuchereingängen getrennte Eingänge anzuordnen.
(3) [1]Für Einsatz- und Rettungsfahrzeuge müssen besondere Zufahrten, Aufstell- und Bewegungsflächen vorhanden sein. [2]Von den Zufahrten und Aufstellflächen aus müssen

die Eingänge der Versammlungsstätten unmittelbar erreichbar sein. [3]Für Einsatz- und Rettungsfahrzeuge muss eine Zufahrt zum Innenbereich vorhanden sein. [4]Die Zufahrten, Aufstell- und Bewegungsflächen müssen gekennzeichnet sein.

TEIL 4
Betriebsvorschriften

Abschnitt 1
Rettungswege, Besucherplätze

§ 31
Rettungswege, Flächen für die Feuerwehr

(1) [1]Rettungswege auf dem Grundstück sowie Zufahrten, Aufstell- und Bewegungsflächen für Einsatzfahrzeuge von Polizei, Feuerwehr und Rettungsdiensten müssen ständig frei gehalten werden. [2]Darauf ist gut sichtbar hinzuweisen.
(2) Rettungswege in der Versammlungsstätte müssen ständig frei gehalten werden.
(3) Während des Betriebes müssen die Türen von Rettungswegen unverschlossen sein.

§ 32
Besucherplätze nach dem Bestuhlungs- und Rettungswegeplan

(1) Die Zahl der im Bestuhlungs- und Rettungswegeplan genehmigten Besucherplätze darf nicht überschritten und die genehmigte Anordnung der Besucherplätze darf nicht geändert werden.
(2) Eine Ausfertigung des für die jeweilige Nutzung genehmigten Bestuhlungs- und Rettungswegeplanes ist in der Nähe des Haupteinganges eines jeden Versammlungsraumes gut sichtbar anzubringen.
(3) Ist nach Art der Veranstaltung die Abschrankung der Stehflächen vor Szenenflächen erforderlich, sind Abschrankungen nach § 29 auch in Versammlungsstätten mit nicht mehr als 5 000 Besucherplätzen einzurichten.

ABSCHNITT 2
Brandverhütung

§ 33
Vorhänge, Sitze, Ausstattungen, Requisiten und Ausschmückungen

(1) Vorhänge von Bühnen und Szenenflächen müssen aus mindestens schwerentflammbarem Material bestehen.
(2) [1]Sitze von Versammlungsstätten mit mehr als 5 000 Besucherplätzen müssen aus mindestens schwerentflammbarem Material bestehen. [2]Die Unterkonstruktion muss aus nichtbrennbarem Material bestehen.
(3) [1]Ausstattungen müssen aus mindestens schwerentflammbarem Material bestehen. [2]Bei Bühnen oder Szenenflächen mit automatischen Feuerlöschanlagen genügen Ausstattungen aus normalentflammbarem Material.
(4) Requisiten müssen aus mindestens normalentflammbarem Material bestehen.
(5) [1]Ausschmückungen müssen aus mindestens schwerentflammbarem Material bestehen; natürlicher Pflanzenschmuck muss frisch sein. [2]Ausschmückungen in notwendigen Fluren und notwendigen Treppenräumen müssen aus nichtbrennbarem Material bestehen.
(6) [1]Ausschmückungen müssen unmittelbar an Wänden, Decken oder Ausstattungen angebracht werden. [2]Frei im Raum hängende Ausschmückungen sind zulässig, wenn sie einen Abstand von mindestens 2,50 m zum Fußboden haben.
(7) Der Raum unter dem Schutzvorhang ist freizuhalten.
(8) Materialien müssen von Zündquellen, wie Scheinwerfern und Heizstrahlern, so weit entfernt sein, dass das Material nicht unzulässig erwärmt wird und brennbares Material nicht entzündet werden kann.

§ 34
Aufbewahrung von Ausstattungen, Requisiten, Ausschmückungen und brennbarem Material

(1) Ausstattungen, Requisiten und Ausschmückungen dürfen nur außerhalb der

Bühnen und der Szenenflächen aufbewahrt werden; dies gilt nicht für den Tagesbedarf.
(2) Auf den Bühnenerweiterungen dürfen Szenenaufbauten der laufenden Spielzeit bereitgestellt werden, wenn die Bühnenerweiterungen durch dichtschließende Abschlüsse aus nichtbrennbaren Baustoffen gegen die Hauptbühne abgetrennt sind.
(3) An den Zügen von Bühnen oder Szenenflächen dürfen nur Ausstattungsteile für einen Tagesbedarf hängen.
(4) Pyrotechnische Gegenstände, brennbare Flüssigkeiten und anderes brennbares Material, insbesondere Packmaterial, dürfen nur in den dafür vorgesehenen Magazinen aufbewahrt werden.

§ 35
Rauchen, Verwendung von offenem Feuer und pyrotechnischen Gegenständen

(1) [1]Auf Bühnen und Szenenflächen, in Werkstätten und Magazinen ist das Rauchen verboten. [2]Das gilt nicht auf Bühnen- und Szenenflächen, soweit die Art der Veranstaltung es erfordert, dass geraucht wird.
(2) [1]In Versammlungsräumen, auf Bühnen und Szenenflächen und in Sportstadien ist das Verwenden von offenem Feuer, brennbaren Flüssigkeiten und Gasen, pyrotechnischen Gegenständen und anderen explosionsgefährlichen Stoffen verboten. [2]§ 17 Abs. 1 bleibt unberührt. [3]Das Verwendungsverbot gilt nicht, soweit das Verwenden von offenem Feuer, brennbaren Flüssigkeiten und Gasen sowie pyrotechnischen Gegenständen in der Art der Veranstaltung begründet ist und der Veranstalter die erforderlichen Brandschutzmaßnahmen im Einzelfall mit der örtlichen Brandschutzbehörde abgestimmt hat. [4]Die Verwendung pyrotechnischer Gegenstände muss durch eine nach Sprengstoffrecht geeignete Person überwacht werden.
(3) Die Verwendung von Kerzen und ähnlichen Lichtquellen als Tischdekoration mit geeigneter Unterlage und Befestigung sowie die Verwendung von offenem Feuer zur Zubereitung von Speisen ist zulässig.
(4) Auf die Verbote der Absätze 1 und 2 ist gut sichtbar hinzuweisen.

ABSCHNITT 3
Betrieb technischer Einrichtungen

§ 36
Bedienung und Wartung der technischen Einrichtungen

(1) [1]Der Schutzvorhang muss täglich vor der ersten Vorstellung oder Probe durch Aufziehen und Herablassen auf seine Betriebsbereitschaft geprüft werden. [2]Der Schutzvorhang ist nach jeder Vorstellung herabzulassen und zu allen arbeitsfreien Zeiten geschlossen zu halten.
(2) Die Automatik der Sprühwasserlöschanlage kann während der Dauer der Anwesenheit der Verantwortlichen für Veranstaltungstechnik abgeschaltet werden.
(3) Die automatische Brandmeldeanlage kann abgeschaltet werden, soweit dies in der Art der Veranstaltung begründet ist und der Veranstalter die erforderlichen Brandschutzmaßnahmen im Einzelfall mit der örtlichen Brandschutzbehörde abgestimmt hat.
(4) Während des Aufenthaltes von Personen in Räumen, für die eine Sicherheitsbeleuchtung vorgeschrieben ist, muss diese in Betrieb sein, soweit die Räume nicht ausreichend durch Tageslicht erhellt sind.

§ 37
Laseranlagen

Auf den Betrieb von Laseranlagen in den für Besucher zugänglichen Bereichen sind die arbeitsschutzrechtlichen Vorschriften entsprechend anzuwenden.

ABSCHNITT 4
Verantwortliche Personen, besondere Betriebsvorschriften

§ 38
Pflichten der Betreiber, Veranstalter und Beauftragten

(1) Der Betreiber ist für die Sicherheit der Veranstaltung und die Einhaltung der Vorschriften verantwortlich.

(2) Während des Betriebes von Versammlungsstätten muss der Betreiber oder ein von ihm beauftragter Vertreter ständig anwesend sein.

(3) Der Betreiber ist zur Einstellung des Betriebes verpflichtet, wenn für die Sicherheit der Versammlungsstätte notwendige Anlagen, Einrichtungen oder Vorrichtungen nicht betriebsfähig sind oder wenn ein Verstoß gegen die Betriebsvorschriften vorliegt, der zu einer erheblichen Gefährdung von Sicherheit und Gesundheit von Personen führt.

(4) [1]Der Betreiber kann die Verpflichtungen nach den Absätzen 1 bis 4 durch schriftliche Vereinbarung auf den Veranstalter übertragen, wenn dieser oder dessen beauftragter Veranstaltungsleiter mit der Versammlungsstätte und deren Einrichtungen vertraut ist. [2]Die Verantwortung des Betreibers bleibt unberührt.

§ 39
Verantwortliche für Veranstaltungstechnik

(1) [1]Verantwortliche für Veranstaltungstechnik sind

1. die Geprüften Meister für Veranstaltungstechnik,
2. technische Fachkräfte mit bestandenem fachrichtungsspezifischen Teil der Prüfung nach § 3 Abs. 1 Nr. 2 in Verbindung mit den §§ 5, 6 oder 7 der Verordnung über die Prüfung zum anerkannten Abschluss „Geprüfter Meister für Veranstaltungstechnik/Geprüfte Meisterin für Veranstaltungstechnik" in den Fachrichtungen Bühne/Studio, Beleuchtung, Halle in der jeweiligen Fachrichtung,
3. Hochschulabsolventen mit berufsqualifizierendem Abschluss der Fachrichtung Theater- oder Veranstaltungstechnik mit mindestens einem Jahr Berufserfahrung im technischen Betrieb von Bühnen, Studios oder Mehrzweckhallen in der jeweiligen Fachrichtung, denen die Landesdirektion Sachsen – Landesstelle für Bautechnik ein Befähigungszeugnis nach Anlage 1 ausgestellt hat,
4. technische Fachkräfte, die den Befähigungsnachweis nach den bis zum In-Kraft-Treten dieser Verordnung geltenden Vorschriften erworben haben.

[2]Auf Antrag stellt die Landesdirektion Sachsen – Landesstelle für Bautechnik auch den Personen nach Satz 1 Nummer 1 bis 3 ein Befähigungszeugnis nach Anlage 1 aus. [3]Die in einem anderen Land der Bundesrepublik Deutschland ausgestellten Befähigungszeugnisse werden anerkannt.

(2) Gleichwertige Ausbildungsabschlüsse, die in einem anderen Mitgliedstaat der Europäischen Union oder einem Vertragsstaat des Abkommens über den Europäischen Wirtschaftsraum erworben worden sind und durch einen Ausbildungsnachweis belegt werden, sind entsprechend den europäischen Richtlinien zur Anerkennung von Berufsqualifikationen den in Absatz 1 Satz 1 genannten Ausbildungen gleichgestellt.

§ 40
Aufgaben und Pflichten der Verantwortlichen für Veranstaltungstechnik, technische Probe

(1) Die Verantwortlichen für Veranstaltungstechnik müssen mit den bühnen-, studio- und beleuchtungstechnischen und sonstigen technischen Einrichtungen der Versammlungsstätte vertraut sein und deren Sicherheit und Funktionsfähigkeit, insbesondere hinsichtlich des Brandschutzes, während des Betriebes gewährleisten.

(2) Auf- oder Abbau bühnen-, studio- und beleuchtungstechnischer Einrichtungen von Großbühnen oder Szenenflächen mit mehr als 200 m² Grundfläche oder in Mehrzweck-

hallen mit mehr als 5 000 Besucherplätzen, wesentliche Wartungs- und Instandsetzungsarbeiten an diesen Einrichtungen und technische Proben müssen von mindestens einem Verantwortlichen für Veranstaltungstechnik geleitet und beaufsichtigt werden.

(3) Bei Generalproben, Veranstaltungen, Sendungen oder Aufzeichnungen von Veranstaltungen müssen auf jeder Großbühne oder Szenenfläche mit mehr als 200 m² Grundfläche oder in Mehrzweckhallen mit mehr als 5 000 Besucherplätzen mindestens ein für die bühnen- oder studiotechnischen Einrichtungen und ein für die beleuchtungstechnischen Einrichtungen Verantwortlicher für Veranstaltungstechnik anwesend sein.

(4) Bei jeder Szenenfläche mit mehr als 50 m² und nicht mehr als 200 m² Grundfläche oder in Mehrzweckhallen mit nicht mehr als 5 000 Besucherplätzen müssen die Aufgaben nach den Absätzen 1 bis 3 zumindest von einer Fachkraft für Veranstaltungstechnik mit abgeschlossener Berufsausbildung gemäß der Veranstaltungsfachkräfteausbildungsverordnung vom 3. Juni 2016 (BGBl. I S. 1307), die durch Artikel 1 der Verordnung vom 16. Juni 2017 (BGBl. I S. 1874) geändert worden ist, und mindestens drei Jahren Berufserfahrung wahrgenommen werden.

(5) [1]Die Anwesenheit nach Absatz 3 ist nicht erforderlich, wenn

1. die Sicherheit und Funktionsfähigkeit der bühnen-, studio- und beleuchtungstechnischen sowie der sonstigen technischen Einrichtungen der Versammlungsstätte vom Verantwortlichen für Veranstaltungstechnik überprüft wurden,
2. diese Einrichtungen während der Veranstaltung nicht bewegt oder sonst verändert werden,
3. von Art oder Ablauf der Veranstaltung keine Gefahren ausgehen können und
4. die Aufsicht durch eine Fachkraft für Veranstaltungstechnik geführt wird, die mit den technischen Einrichtungen vertraut ist.

[2]Im Fall des Absatzes 4 können die Aufgaben nach den Absätzen 1 bis 3 von einer aufsichtführenden Person wahrgenommen werden, wenn

1. von Auf- und Abbau sowie dem Betrieb der bühnen-, studio- und beleuchtungstechnischer Einrichtungen keine Gefahren ausgehen können,
2. von Art oder Ablauf der Veranstaltung keine Gefahren ausgehen können und
3. die Aufsicht führende Person mit den technischen Einrichtungen vertraut ist.

(6) [1]Bei Großbühnen sowie bei Szenenflächen mit mehr als 200 m² Grundfläche und bei Gastspielveranstaltungen mit eigenem Szenenaufbau in Versammlungsräumen muss vor der ersten Veranstaltung eine nichtöffentliche technische Probe mit vollem Szenenaufbau und voller Beleuchtung stattfinden. [2]Diese technische Probe ist der Bauaufsichtsbehörde mindestens 24 Stunden vorher anzuzeigen. [3]Beabsichtigte wesentliche Änderungen des Szenenaufbaues nach der technischen Probe sind der zuständigen Bauaufsichtsbehörde rechtzeitig anzuzeigen. [4]Die Bauaufsichtsbehörde kann auf die technische Probe verzichten, wenn dies nach der Art der Veranstaltung oder nach dem Umfang des Szenenaufbaues unbedenklich ist.

§ 41
Brandsicherheitswache, Rettungsdienst

(1) Bei Veranstaltungen mit erhöhten Brandgefahren hat der Betreiber eine Brandsicherheitswache einzurichten.

(2) [1]Bei jeder Veranstaltung auf Großbühnen sowie Szenenflächen mit mehr als 200 m² Grundfläche muss eine Brandsicherheitswache der Feuerwehr anwesend sein. [2]Den Anweisungen der Brandsicherheitswache ist zu folgen. [3]Eine Brandsicherheitswache der Feuerwehr ist nicht erforderlich, wenn die örtliche Brandschutzbehörde dem Betreiber bestätigt, dass er über eine ausreichende Zahl ausgebildeter Kräfte verfügt, die die Aufgaben der Brandsicherheitswache übernehmen.

(3) Veranstaltungen mit voraussichtlich mehr als 5 000 Besuchern sind dem Träger des Rettungsdienstes gemäß § 3 Nummer 3 des Sächsischen Gesetzes über den Brandschutz, Rettungsdienst und Katastrophenschutz vom 24. Juni 2004 (SächsGVBl. S. 245), das zuletzt durch das Gesetz vom 25. Juni 2019 (Sächs-

GVBl. S. 521) geändert worden ist, in der jeweils geltenden Fassung, rechtzeitig anzuzeigen.

§ 42 Brandschutzordnung, Räumungskonzept, Feuerwehrpläne

(1) [1]Der Betreiber oder ein von ihm Beauftragter hat im Einvernehmen mit der örtlichen Brandschutzbehörde eine Brandschutzordnung und gegebenenfalls ein Räumungskonzept aufzustellen. [2]Darin sind festzulegen:
1. die Erforderlichkeit und die Aufgaben eines Brandschutzbeauftragten sowie der Kräfte für den Brandschutz und
2. die Maßnahmen, die im Gefahrenfall für eine schnelle und geordnete Räumung der gesamten Versammlungsstätte oder einzelner Bereiche unter besonderer Berücksichtigung von Menschen mit Behinderung, insbesondere Rollstuhlbenutzern, erforderlich sind.

[3]Die Maßnahmen nach Satz 2 Nummer 2 sind bei Versammlungsstätten, die für mehr als 1 000 Besucher bestimmt sind, gesondert in einem Räumungskonzept darzustellen, sofern diese Maßnahmen nicht bereits Bestandteil des Sicherheitskonzepts nach § 43 sind.

(2) [1]Das Betriebspersonal ist bei Beginn des Arbeitsverhältnisses und danach mindestens einmal jährlich zu unterweisen über
1. die Lage und die Bedienung der Feuerlöscheinrichtungen und -anlagen, Rauchabzugsanlagen, Brandmelde- und Alarmierungsanlagen und der Brandmelde- und Alarmzentrale,
2. die Brandschutzordnung, gegebenenfalls in Verbindung mit dem Räumungskonzept, insbesondere über das Verhalten bei einem Brand oder einer sonstigen Gefahrenlage und
3. die Betriebsvorschriften.

[2]Der örtlichen Brandschutzbehörde ist Gelegenheit zu geben, an der Unterweisung teilzunehmen. [3]Über die Unterweisung ist eine Niederschrift zu fertigen, die der Bauaufsichtsbehörde auf Verlangen vorzulegen ist.

(3) Im Einvernehmen mit der örtlichen Brandschutzbehörde sind Feuerwehrpläne anzufertigen und dieser zur Verfügung zu stellen.

§ 43 Sicherheitskonzept, Ordnungsdienst

(1) Erfordert es die Art der Veranstaltung, hat der Betreiber ein Sicherheitskonzept aufzustellen und einen Ordnungsdienst einzurichten.

(2) [1]Für Versammlungsstätten mit mehr als 5 000 Besucherplätzen hat der Betreiber im Einvernehmen mit der zuständigen Polizeibehörde, der örtlichen Brandschutzbehörde und dem zuständigen Träger des Rettungsdienstes ein Sicherheitskonzept aufzustellen. [2]Im Sicherheitskonzept sind die Mindestzahl der Kräfte des Ordnungsdienstes gestaffelt nach Besucherzahlen und Gefährdungsgraden sowie die betrieblichen Sicherheitsmaßnahmen und die allgemeinen und besonderen Sicherheitsdurchsagen festzulegen.

(3) Der nach dem Sicherheitskonzept erforderliche Ordnungsdienst muss unter der Leitung eines vom Betreiber oder Veranstalter bestellten Ordnungsdienstleiters stehen.

(4) [1]Der Ordnungsdienstleiter und die Ordnungsdienstkräfte sind für die betrieblichen Sicherheitsmaßnahmen verantwortlich. [2]Sie sind insbesondere für die Kontrolle an den Ein- und Ausgängen und den Zugängen zu den Besucherblöcken, die Beachtung der maximal zulässigen Besucherzahl und der Anordnung der Besucherplätze, die Beachtung der Verbote des § 35, die Sicherheitsdurchsagen sowie für die geordnete Evakuierung im Gefahrenfall verantwortlich.

TEIL 5 Zusätzliche Bauvorlagen

§ 44 Zusätzliche Bauvorlagen, Bestuhlungs- und Rettungswegeplan

(1) [1]Mit den Bauvorlagen ist ein Brandschutzkonzept vorzulegen, in dem insbesondere die maximal zulässige Zahl der Besucher, die An-

ordnung und Bemessung der Rettungswege und die zur Erfüllung der brandschutztechnischen Anforderungen erforderlichen baulichen, technischen und betrieblichen Maßnahmen dargestellt sind. [2]Ist eine höhere Anzahl von Besuchern je m^2 Grundfläche des Versammlungsraumes als nach § 1 Absatz 2 Satz 1 vorgesehen, sind die schnelle und sichere Erreichbarkeit der Ausgänge ins Freie und die Möglichkeit zur Durchführung wirksamer Lösch- und Rettungsmaßnahmen gesondert darzustellen.

(2) Für die nach dieser Verordnung erforderlichen technischen Einrichtungen sind besondere Pläne, Beschreibungen und Nachweise vorzulegen.

(3) Mit den bautechnischen Nachweisen sind Standsicherheitsnachweise für dynamische Belastungen vorzulegen.

(4) Der Verlauf der Rettungswege im Freien, die Zufahrten und die Aufstell- und Bewegungsflächen für die Einsatz- und Rettungsfahrzeuge sind in einem besonderen Außenanlagenplan darzustellen.

(5) [1]Die Anordnung der Sitz- und Stehplätze, einschließlich der Plätze für Rollstuhlbenutzer, der Bühnen-, Szenen- oder Spielflächen sowie der Verlauf der Rettungswege sind in einem Bestuhlungs- und Rettungswegeplan im Maßstab von mindestens 1 : 200 darzustellen. [2]Sind verschiedene Anordnungen vorgesehen, ist für jede ein besonderer Plan vorzulegen.

§ 45
Gastspielprüfbuch

(1) Für den eigenen, gleichbleibenden Szenenaufbau von wiederkehrenden Gastspielveranstaltungen kann auf schriftlichen Antrag ein Gastspielprüfbuch ausgestellt werden.

(2) [1]Das Gastspielprüfbuch muss dem Muster der Anlage 2 entsprechen. [2]Der Veranstalter ist durch das Gastspielprüfbuch von der Verpflichtung entbunden, an jedem Gastspielort die Sicherheit des Szenenaufbaues und der dazu gehörenden technischen Einrichtungen erneut nachzuweisen.

(3) [1]Das Gastspielprüfbuch wird von der für die Erstaufführung örtlich zuständigen Bauaufsichtsbehörde ausgestellt. [2]Die Geltungsdauer ist auf die Dauer der Tournee zu befristen und kann auf schriftlichen Antrag verlängert werden. [3]Vor der Erteilung ist eine technische Probe durchzuführen. [4]Die in einem anderen Land der Bundesrepublik Deutschland ausgestellten Gastspielprüfbücher werden anerkannt.

(4) [1]Das Gastspielprüfbuch ist der für den Gastspielort zuständigen Bauaufsichtsbehörde rechtzeitig vor der ersten Veranstaltung am Gastspielort vorzulegen. [2]Werden für die Gastspielveranstaltung Fliegende Bauten genutzt, ist das Gastspielprüfbuch mit der Anzeige der Aufstellung der Fliegenden Bauten vorzulegen.

TEIL 6
Bestehende Versammlungsstätten

§ 46
Anwendung der Vorschriften auf bestehende Versammlungsstätten

(1) Für die zum Zeitpunkt des In-Kraft-Tretens der Verordnung bestehenden Versammlungsstätten sind die sich aus § 42 Absatz 1 und 2 ergebenden Anforderungen innerhalb von zwei Jahren anzupassen.

(2) [1]Die Bauaufsichtsbehörde hat Versammlungsstätten in Zeitabständen von höchstens drei Jahren zu prüfen. [2]Dabei ist auch die Einhaltung der Betriebsvorschriften zu überwachen und festzustellen, ob die vorgeschriebenen wiederkehrenden Prüfungen fristgerecht durchgeführt und etwaige Mängel beseitigt worden sind. [3]Der zuständigen Polizeibehörde, der örtlichen Brandschutzbehörde, dem zuständigen Träger des Rettungsdienstes und der für den fachlichen Arbeitsschutz zuständigen Behörde ist Gelegenheit zur Teilnahme an den Prüfungen zu geben.

TEIL 7
Schlussvorschriften

§ 47
Ordnungswidrigkeiten

Ordnungswidrig nach § 87 Absatz 1 Satz 1 Nummer 1 der Sächsischen Bauordnung handelt, wer vorsätzlich oder fahrlässig

1. entgegen § 31 Abs. 1 die Rettungswege auf dem Grundstück, die Zufahrten, Aufstell- und Bewegungsflächen nicht frei hält,
2. entgegen § 31 Abs. 2 die Rettungswege in der Versammlungsstätte nicht frei hält,
3. entgegen § 31 Abs. 3 Türen in Rettungswegen verschließt oder fest stellt,
4. entgegen § 32 Absatz 3 erforderliche Abschrankungen nicht einrichtet,
5. entgegen § 33 Abs. 1 bis 5 andere als die dort genannten Materialien verwendet oder entgegen § 33 Abs. 6 bis 8 anbringt,
6. entgegen § 34 Abs. 1 bis 3 Ausstattungen auf der Bühne aufbewahrt oder nicht von der Bühne entfernt,
7. entgegen § 34 Abs. 4 pyrotechnische Gegenstände, brennbare Flüssigkeiten oder anderes brennbares Material außerhalb der dafür vorgesehenen Magazine aufbewahrt,
8. entgegen § 35 Abs. 1 und 2 raucht oder offenes Feuer, brennbare Flüssigkeiten oder Gase, explosionsgefährliche Stoffe oder pyrotechnische Gegenstände verwendet,
9. entgegen § 36 Abs. 4 die Sicherheitsbeleuchtung nicht in Betrieb nimmt,
10. entgegen § 37 Laseranlagen in Betrieb nimmt,
11. als Betreiber, Veranstalter oder beauftragter Veranstaltungsleiter entgegen § 38 Abs. 2 während des Betriebes nicht anwesend ist,
12. als Betreiber, Veranstalter oder beauftragter Veranstaltungsleiter entgegen § 38 Abs. 3 den Betrieb der Versammlungsstätte nicht einstellt,
13. entgegen § 40 Abs. 2 bis 4 in Verbindung mit § 38 Abs. 1 als Betreiber, Veranstalter oder beauftragter Veranstaltungsleiter den Betrieb von Bühnen oder Szenenflächen zulässt, ohne dass die erforderlichen Verantwortlichen oder Fachkräfte für Veranstaltungstechnik oder aufsichtsführende Personen anwesend sind oder wer entgegen § 40 Abs. 2 bis 4 als Verantwortlicher oder Fachkraft für Veranstaltungstechnik die Versammlungsstätte während des Betriebes verlässt,
14. als Betreiber entgegen § 41 die Veranstaltung nicht anzeigt,
15. als Betreiber oder Veranstalter die nach § 42 Abs. 2 vorgeschriebenen Unterweisungen unterlässt,
16. als Betreiber oder Veranstalter entgegen § 43 Abs. 1 bis 3 keinen Ordnungsdienst oder keinen Ordnungsdienstleiter bestellt,
17. als Ordnungsdienstleiter oder Ordnungsdienstkraft entgegen § 43 Abs. 3 oder 4 seinen Aufgaben nicht nachkommt,
18. als Betreiber einer der Anpassungspflichten nach § 46 Abs. 1 nicht oder nicht fristgerecht nachkommt.

§ 48
(aufgehoben)

§ 49
(Inkrafttreten und Außerkrafttreten)

Anlage 1
(zu § 39 Abs. 1)

<table>
<tr>
<td>Herr/Frau

geboren am

in
gegenwärtige Anschrift

hat die Eignung als

Verantwortliche/r für Veranstaltungstechnik

der Fachrichtung[1]

Bühne/Studio
Beleuchtung
Halle

nach§ 39 der Sächssichen Versammlungsstättenverordnung (SächsVStättVO) nachgewiesen.

Befähigungszeugnis-Nr.:

Ausstellende Behörde (Siegel)

Ort, den

(Unterschrift)</td>
<td>(Innenseite)

(Foto)

(Unterschrift des Inhabers)</td>
</tr>
<tr>
<td></td>
<td>(Außenseite)

Befähigungszeugnis
als

Verantwortliche/r
für
Veranstaltungstechnik</td>
</tr>
</table>

Als amtliches Befähigungszeugnis kann auch ein Ausweis im Format 5,4 cm x 8.6 cm mit den erforderlichen Daten ausgestellt werden.

1 Angabe der Fachrichtung nur bei technischen Fachkräften nach § 39 Absatz 1 Satz 1 Nummer 3.

Anlage 2
(zu § 45)

GASTSPIELPRÜFBUCH

nach § 45 SächsVStättVO

Gastspielveranstaltung:

Art der Veranstaltung:

Veranstalter:

Straße/Hausnummer:

PLZ: Ort:

Telefonnummer: Fax:

E-Mail:

das Gastspielprüfbuch gilt bis zum:

Auf der Grundlage der Angaben in diesem Gastspielprüfbuch, eventueller Auflagen und einer nichtöffentlichen Probe am

in der Veranstaltungsstätte

ist der Nachweis der Sicherheit der Gastspielveranstaltung erbracht.

Dieses Gastspielprüfbuch ist in drei Ausfertigungen ausgestellt worden, davon verbleibt eine Ausfertigung bei der ausstellenden Behörde.

ausgestellt am:
durch:

(noch Anlage 2)

Name des Geschäftsführers/Vertreters des Veranstalters:

(Anschrift, falls diese nicht mit der des Veranstalters identisch ist.)

Straße/Hausnummer:

PLZ: Ort:

Telefonnummer: Fax:

E-Mail:

Dieses Gastspielprüfbuch hat fünf Seiten und folgende Anhänge:
- ☐ ..... Seiten statische Berechnungen (Anhang 1)
- ☐ ..... Seiten Angaben über das Brandverhalten der Materialien (Anhang 2)
- ☐ ..... Seiten Angaben über die feuergefährlichen Handlungen (Anhang 3)
- ☐ ..... Seiten Angaben über pyrotechnische Effekte (Anhang 4)
- ☐ ..... Seiten Sonstige Angaben zum Beispiel über Prüfzeugnisse, Baumuster (Anhang 5)
- ☐ ..... Seiten
- ☐ ..... Seiten
- ☐ ..... Seiten

Veranstaltungsleiter gemäß § 38 Abs. 2 und 5 der SächsVStättVO für die geplanten Gastspiele ist

Herr/Frau:

Verantwortliche für Veranstaltungstechnik der Fachrichtung nach § 40 der SächsVStättVO sind:

1. Bühne/Studio:

Herr/Frau:
Befähigungszeugnis-Nr.:
Ausstellungsdatum:
ausstellende Behörde:

2. Halle:

Herr/Frau:
Befähigungszeugnis-Nr.:
Ausstellungsdatum:
ausstellende Behörde:

3. Beleuchtung:

Herr/Frau:
Befähigungszeugnis-Nr.:
Ausstellungsdatum:
ausstellende Behörde:

4. Fachkraft für Veranstaltungstechnik (§ 40 Abs. 4 SächsVStättVO):
Bei Szenenflächen mit nicht mehr als 200 m^2 Grundfläche

Herr/Frau:

(noch Anlage 2)

1. Ausführliche Beschreibung der Veranstaltung

(Angaben zur Veranstaltungsart zu den vorgesehenen Gastspielen, zur Anzahl der Mitwirkenden, zu feuergefährlichen Handlungen, pyrotechnischen Effekten, anderen technischen Einrichtungen, wie Laser, zur Ausstattung, zum Ablauf der Veranstaltung und zu sonstigen Vorgängen, die Maßnahmen zur Gefahrenabwehr erforderlich machen.)

2. Darstellung der Aufbauten, Ausstattungen, technischen Einrichtungen

(Die Aufbauten und Ausstattungen sind zu beschreiben. Zeichnerisch ist der Bühnenaufbau mindestens durch einen Grundriss und möglichst durch einen Schnitt darzustellen. Werden Ausrüstungen in größerem Umfang gehangen, ist ein Hängeplan erforderlich. Auf bewegliche Teile der Dekoration und zum Aufbau gehörende maschinen- und elektrotechnische Einrichtungen und die damit verbundenen Gefahren ist hinzuweisen. Es sind Angaben zu mitgeführten Bühnen oder Szenenflächen, Zuschauertribünen und Bestuhlungen zu machen.)

(noch Anlage 2)

3. Gefährdungsanalyse

a) Bei gefährlichen szenischen Vorgängen ist eine Gefährdungsanalyse durchzuführen. Gefährliche szenische Vorgänge sind zum Beispiel offene Verwandlungen, maschinentechnische Bewegungen, künstlerische Tätigkeiten im oder über dem Zuschauerbereich.

- Beschreibung der gefährlichen szenischen Handlung:
- Unterwiesene Personen:
- Schutzmaßnahmen:
- Einweisung vor jeder Probe und Vorstellung erforderlich: ☐ ja ☐ nein

b) Vor dem Einsatz gefährlicher szenischer Einrichtungen ist eine Gefährdungsanalyse durchzuführen. Gefährliche szenische Einrichtungen sind Geräte, Einrichtungen und Einbauten in kritischen Bereichen von Bühnen, Szenenflächen und Zuschauerbereichen, zum Beispiel Unterbauen des Schutzvorhangs, Anordnung von Regieeinrichtungen, Vorführgeräten, Scheinwerfern, Kameras, Laseranlagen und so weiter im Zuschauerraum, Leitungsverbindungen zwischen Brandabschnitten.

- Geräte, Einrichtungen und Einbauten:
- Unterbauen des Schutzvorhangs:
- Ortsveränderliche technische Einrichtungen im Zuschauerraum:
- Laseranlagen/Standort:
- Leitungsverbindungen:
- Sonstiges:

(noch Anlage 2)

4. Auflagen

5. Rechtsbehelfsbelehrung

Gegen diesen Bescheid kann innerhalb eines Monats nach Bekanntgabe Widerspruch erhoben werden. Der Widerspruch ist schriftlich oder zur Niederschrift

bei

in

einzulegen.

, den

(Dienstsiegel) (Behörde)

Anhang 1
zum Gastspielprüfbuch

Titel der Gastspielveranstaltung

Standsicherheitsnachweis*)
(gegebenenfalls Hinweis auf beigefügte statische Berechnungen)

*) gegebenenfalls weitere Seiten anfügen

Anhang 2
zum Gastspielprüfbuch

Titel der Gastspielveranstaltung

Baustoff- und Materialliste

In der SächsVStättVO werden an die zur Verwendung kommenden Baustoffe und Materialien brandschutztechnische Anforderungen gestellt. Folgende Mindestanforderungen sind zu erfüllen:

Ort: Gegenstand	Szenenfläche ohne automatische Feuerlöschanlage	Szenenfläche mit automatischer Feuerlöschanlage	Großbühne	Zuschauerraum und Nebenräume	Foyers
Szenenpodien: Fußboden/Bodenbeläge	B 2	B 2	B 2	B 2	B 2
Szenenpodien: Unterkonstruktion	A 1	A 1	A 1	A 1	A 1
Vorhänge	B 1	B 1	B 1	–	–
Ausstattungen	B 1	B 2	B 2	–	–
Requisiten	B 2	B 2	B 2	–	–
Ausschmückungen	B 1	B 1	B 1	B 1	B 1

Erläuterungen:

Nach DIN 4102 Teil 1 gelten für Baustoffe folgende Bezeichnungen:

nichtbrennbare Baustoffe:	**A 1**
nichtbrennbare Baustoffe mit brennbaren Bestandteilen:	**A 2**
schwerentflammbare Baustoffe:	**B 1**
normalentflammbare Baustoffe:	**B 2**

Soweit die eingesetzten Materialien keine Baustoffe sind, werden die Bezeichnungen entsprechend den für Baustoffe geltenden Klassifizierungen verwendet. Für Textilien und Möbel sind die Klassifizierungen und Prüfungen nach den dafür geltenden DIN-Normen nachzuweisen.
Ort bezeichnet den Einsatzort des Baustoffes oder Materials:

B = Bühne
S = Szenenfläche
SmF = Szenenfläche mit automatischer Feuerlöschanlage
SoL = Szenenfläche ohne automatischer Feuerlöschanlage
Z = Zuschauerraum (bei Versammlungsstätten mit Bühnenhaus)
V = Versammlungsraum
F = Foyer

Ist das Material nach DIN klassifiziert oder ein Verwendbarkeitsnachweis vorhanden, so ist der Feuerschutz ausreichend dokumentiert. Ansonsten ist das Material mit Feuerschutzmitteln zu behandeln, durch die die Zuordnung zu einer angestrebten Baustoffklasse erreicht werden kann.

Für Baustoffe sind die Verwendungsnachweise nach den §§ 17 ff. SächsBO zu führen.

(noch Anhang 2)
zum Gastspielprüfbuch

Titel der Gastspielveranstaltung

Zur Verwendung kommen folgende Baustoffe und Materialien*):

Baustoff oder Material				Feuerschutz			
Lfd. Nr.	Beschreibung	Baustoffklasse A 1, A 2, B 1, B 2	Ort	Klassifizierung nach DIN/Verwendbarkeitsnachweis	Feuerschutzmittel/Verwendbarkeitsnachweis	damit erreichte Baustoffklasse	aufgebracht am

*) gegebenenfalls weitere Seiten anfügen

Anhang 3
zum Gastspielprüfbuch

Titel der Gastspielveranstaltung

Angaben über feuergefährliche Handlungen
Diese Anlage ist erforderlich, wenn auf der Bühne oder Szenenfläche oder im Versammlungsraum szenisch bedingt geraucht oder offenes Feuer verwendet wird. Feuergefährliche Handlungen sind der zuständigen Behörde am Gastspielort anzuzeigen. Für feuergefährliche Handlungen, von denen eine besondere Gefahr wegen ihrer Art oder der Nähe des Abbrennortes zu Ausstattungen oder Personen ausgeht, ist eine Gefährdungsanalyse durchzuführen. Für die Einhaltung der sich daraus ergebenden Auflagen ist der Veranstalter verantwortlich.

Handlungen mit offenem Feuer[*)]

Zeitpunkt im Ablauf	Anzahl	Art (Zigarette, Kerze oder Ähnliches)	Szenischer Ablauf (Ablauf der Aktion)	Ort auf der Bühne/Szenenfläche	Löschen/ Ascheablage	Nummer der Gefährdungsanalyse

Erläuterungen:
Der Zeitpunkt im Ablauf kann, je nach Veranstaltungstyp, in Akten, Szenen, Bildern, Programmpunkten oder Musikstücken oder in Minuten von einer Nullzeit ausgehend, angegeben werden. Unter Anzahl ist die Stückzahl der zu diesem Zeitpunkt entzündeten Effekte einzutragen. Art bezeichnet den Typ des Effektes, wie Zigarette, Kerze, Fackel, Brennpaste, Gas und so weiter. Ort auf der Bühne/Szenenfläche bezeichnet, in welchem Teilraum oder auf welcher Teilfläche die Aktion hauptsächlich stattfindet. Unter Löschen oder Ascheablage sind die Vorrichtungen einzutragen, die für das sichere Löschen der feuergefährlichen Gegenstände oder für die Ablage der Asche vorgesehen sind.

*) gegebenenfalls weitere Seiten anfügen

(noch Anhang 3)
zum Gastspielprüfbuch

Titel der Gastspielveranstaltung

brandschutztechnische Gefährdungsanalyse*)

(Für feuergefährliche Handlungen, von denen eine besondere Gefahr wegen ihrer Art oder der Nähe des Abbrennortes zu Ausstattungen oder Personen ausgeht, ist eine Gefährdungsanalyse durchzuführen.)

Feuergefährliche Handlungen

Gefahren durch:

- ☐ Flammbildung
- ☐ Funkenflug
- ☐ Blendung
- ☐ Wärmestrahlung
- ☐ Abtropfen heißer Schlacke
- ☐ Druckwirkung
- ☐ Splittereinwirkung
- ☐ Staubablagerung
- ☐ Schallwirkung
- ☐ Gegenseitige Beeinflussung verschiedener Effekte
- ☐ Gesundheitsgefährdende Gase, Staube, Dämpfe, Rauch

Schutzmaßnahmen:

Abstände zu Personen:

Abstände zu Dekorationen:

Unterwiesene Personen:

Lösch- und Feuerbekämpfungsmittel:

Sonstige Maßnahmen:

*) gegebenenfalls weitere Seiten anfügen

Anhang 4
zum Gastspielprüfbuch

Titel der Gastspielveranstaltung

Angaben über die pyrotechnischen Effekte

Diese Anlage ist erforderlich, wenn auf der Bühne/Szenenfläche oder im Versammlungsraum szenisch bedingte pyrotechnische Effekte durchgeführt werden. Pyrotechnische Effekte sind der zuständigen Behörde anzuzeigen und bedürfen der Genehmigung. Für pyrotechnische Effekte, von denen eine besondere Gefahr wegen ihrer Art oder der Nähe des Abbrennortes zu Ausstattungen oder Personen ausgeht, ist eine Gefährdungsanalyse durchzuführen. Für die Einhaltung der sich daraus ergebenden Auflagen ist der Veranstalter verantwortlich.

Pyrotechnische Effekte der Klassen III, IV und T2 dürfen nur von verantwortlichen Personen im Sinne der §§ 19 und 21 SprengG durchgeführt werden. Pyrotechnische Gegenstände der Klassen I, II und T1 dürfen auch von Personen ohne Befähigungsschein verwendet werden, wenn sie vom Veranstalter hierzu beauftragt sind.

Nach Sprengstoffrecht verantwortliche Personen:

Erlaubnisscheininhaber:

Name, Vorname:
Erlaubnisschein-Nr.:
Ausstellungsdatum:
ausstellende Behörde:

Befähigungsscheininhaber:

Name, Vorname:
Befähigungsschein-Nr.:
Ausstellungsdatum:
ausstellende Behörde:

Beauftragte Person:
(nur Klasse I, II, T1)

Name, Vorname:

(noch Anhang 4)
zum Gastspielprüfbuch

Titel der Gastspielveranstaltung

Pyrotechnische Effekte*)

Laufende Nummer	Zeitpunkt im Ablauf	Anzahl	Art des Effektes	BAM-Nummer	Ort auf der Bühne/ Szenenfläche	Dauer des Effektes	Nummer der Gefährdungsanalyse

Erläuterungen:
Unter laufender Nummer sind die vorgesehenen Effekte fortlaufend in der Reihenfolge des Abbrennens zu nummerieren. Der Zeitpunkt im Ablauf kann, je nach Veranstaltungstyp, in Akten, Szenen, Bildern, Programmpunkten oder Musikstücken oder in Minuten von einer Nullzeit ausgehend, angegeben werden. Unter Anzahl ist die Stückzahl der zu diesem Zeitpunkt gezündeten, identischen Effekte einzutragen. Art bezeichnet den Typ des Effektes (Bühnenblitz, Fontäne oder anderes). BAM-Nummer meint das Zulassungszeichen der Bundesanstalt für Materialprüfung. Bei Ort auf der Bühne/Szenenfläche ist anzugeben, wo die Effekte gezündet werden. Dauer des Effektes bezeichnet die Zeitspanne vom Zünden des Effektes bis zum endgültigen Verlöschen in Sekunden. Bei extrem kurzzeitigen Effekten, wie Blitzen oder Knallkörpern, ist „0“ einzutragen.

*) gegebenenfalls weitere Seiten anfügen

(noch Anhang 4)
zum Gastspielprüfbuch

Titel der Gastspielveranstaltung

pyrotechnische Gefährdungsanalyse*)

(Vor dem Einsatz pyrotechnischer Effekte ist eine Gefährdungsanalyse durchzuführen.)

Pyrotechnische Effekte

Gefahren durch:

- ☐ Flammbildung
- ☐ Funkenflug
- ☐ Blendung
- ☐ Wärmestrahlung
- ☐ Abtropfen heißer Schlacke
- ☐ Druckwirkung
- ☐ Splittereinwirkung
- ☐ Staubablagerung
- ☐ Schallwirkung
- ☐ Gegenseitige Beeinflussung verschiedener Effekte
- ☐ Gesundheitsgefährdende Gase, Staube, Dämpfe, Rauch

Schutzmaßnahmen:

Abstände zu Personen:

Abstände zu Dekorationen:

Unterwiesene Personen:

Lösch- und Feuerbekämpfungsmittel:

Sonstige Maßnahmen:

*) gegebenenfalls weitere Seiten anfügen

Anhang 5
zum Gastspielprüfbuch

Titel der Gastspielveranstaltung

Sonstige Angaben

Für folgende Bauprodukte liegen Prüfzeugnisse vor:

Für folgende Fliegende Bauten liegen Ausführungsgenehmigungen vor:

Verordnung
der Sächsischen Staatsregierung zur Durchführung des Gebäudeenergiegesetzes (Gebäudeenergieverordnung – GebEnVO)
Vom 19. Dezember 2023 (SächsGVBl. 2024 S. 27)

Auf Grund des § 94 Satz 1 und 3 sowie des § 101 Absatz 1 und 2 des Gebäudeenergiegesetzes vom 8. August 2020 (BGBl. I S. 1728), das durch Artikel 1 des Gesetzes vom 16. Oktober 2023 (BGBl. 2023 I Nr. 280) geändert worden ist, verordnet die Staatsregierung:

§ 1
Zuständigkeiten

(1) [1]Die unteren Bauaufsichtsbehörden sind zuständig für die Durchführung des Gebäudeenergiegesetzes vom 8. August 2020 (BGBl. I S. 1728), das durch Artikel 1 des Gesetzes vom 16. Oktober 2023 (BGBl. 2023 I Nr. 280) geändert worden ist, soweit in dieser Verordnung nichts anderes bestimmt ist. [2]Bei Vorhaben nach § 77 der Sächsischen Bauordnung in der Bekanntmachung vom 11. Mai 2016 (SächsGVBl. S. 186), die zuletzt durch Artikel 24 des Gesetzes vom 20. Dezember 2022 (SächsGVBl. S. 705) geändert worden ist, ist die Baudienststelle zuständig.

(2) [1]Für die Aufgaben nach § 99 des Gebäudeenergiegesetzes ist die Landesdirektion Sachsen, Landesstelle für Bautechnik (Landeskontrollstelle) zuständig. [2]Die Landeskontrollstelle kann sich des Deutschen Institutes für Bautechnik bedienen bei der Aufgabenerfüllung gemäß Artikel 2 Nummer 7 Buchstabe a und b des Verwaltungsabkommens zwischen Bund und Ländern zur Übertragung von weiteren Aufgaben auf das Deutsche Institut für Bautechnik (DiBt) vom 27. Mai 2019 (Amtsblatt für Berlin S. 4431), das zuletzt durch das Verwaltungsabkommen vom 31. Mai 2022 (Amtsblatt für Berlin S. 2074) geändert worden ist.

(3) Für die Verfolgung und Ahndung von Ordnungswidrigkeiten nach § 108 Absatz 1 Nummer 32 des Gebäudeenergiegesetzes ist die Landeskontrollstelle zuständig.

§ 2
Erfüllungserklärung

(1) Zur Ausstellung einer Erfüllungserklärung nach § 92 des Gebäudeenergiegesetzes sind Personen berechtigt,

1. die bauvorlageberechtigt sind nach § 65 Absatz 2 Nummer 1, 2 und 4, auch in Verbindung mit § 65 Absatz 4 Satz 1 oder Absatz 5 Satz 1 der Sächsischen Bauordnung in der jeweils geltenden Fassung oder
2. die zur Ausstellung von Energieausweisen berechtigt sind nach § 88 Absatz 1 Nummer 2, auch in Verbindung mit Absatz 4 des Gebäudeenergiegesetzes in der jeweils geltenden Fassung.

(2) [1]Die für die Erfüllungserklärung notwendigen Berechnungen des Energiebedarfs sind von Personen nach Absatz 1 zu erstellen. [2]Die Berechnungen müssen die erstellende Person und das Datum der Erstellung erkennen lassen.

(3) Für die Ausstellung von Erfüllungserklärungen nach § 92 des Gebäudeenergiegesetzes sind die vom Staatsministerium für Regionalentwicklung vorgegebenen Formulare zu verwenden.[1]

(4) Die Erfüllungserklärung ist mit den zugrundeliegenden Dokumenten vor Nutzungsaufnahme als Kopie in Papierform oder elektronisch einzureichen.

---

1 Die Bekanntgabe der Formulare erfolgte durch Bekanntmachung vom 15. Februar 2024 (SächsABl. S. 261), frei aufrufbar in REVOSax unter https://www.revosax.sachsen.de/vorschrift/20736 (d. Red.)

(5) Für die Ausstellung einer Erfüllungserklärung gilt § 83 des Gebäudeenergiegesetzes in der jeweils geltenden Fassung entsprechend.

(6) [1]Die zuständige Behörde kann weitere Unterlagen anfordern, wenn dies zur Feststellung der Vollständigkeit und Richtigkeit der Erfüllungserklärung notwendig ist. [2]Die Bauherrin oder der Bauherr oder die Eigentümerin oder der Eigentümer ist verpflichtet, die angeforderten Unterlagen zu übermitteln.

§ 3
Stichprobenermittlung

[1]Das Staatsministerium für Regionalentwicklung bestimmt den statistisch signifikanten Prozentanteil nach § 99 Absatz 2 des Gebäudeenergiegesetzes gegenüber der Landeskontrollstelle. [2]Es kann abweichend davon eine absolute Anzahl von Stichproben festlegen.

§ 4
Stichprobenprüfung durch die Landeskontrollstelle

(1) Mindestens eine der mit der Stichprobenprüfung befassten Personen muss die Voraussetzungen des § 88 des Gebäudeenergiegesetzes zur Ausstellung von Energieausweisen erfüllen.

(2) Sobald Stichproben aus den Energieausweisen oder Inspektionsberichten gezogen wurden, unterrichtet die Landeskontrollstelle deren Aussteller hierüber und fordert sie auf, die erforderlichen Unterlagen nach § 99 Absatz 6 Satz 1 des Gebäudeenergiegesetzes innerhalb einer angemessenen Frist zu übersenden.

§ 5
Inkrafttreten, Außerkrafttreten

[1]Diese Verordnung tritt am Tag nach der Verkündung in Kraft.[2] [2]Gleichzeitig tritt die EnEV-Durchführungsverordnung vom 19. September 2016 (SächsGVBl. S. 346), die zuletzt durch die Verordnung vom 12. April 2021 (SächsGVBl. S. 517) geändert worden ist, außer Kraft.

2 Die Verkündung erfolgte am 19. Januar 2024 (d. Red.)

Zehntes Sächsisches Kostenverzeichnis
(10. SächsKVZ)
Vom 16. August 2021 (SächsGVBl. S. 898), das zuletzt durch Artikel 4 des Gesetzes vom 28. November 2023 (SächsGVBl. S. 870) geändert worden ist
– Fassung ab 31. Dezember 2023 –
(Auszüge)

Lfd. Nr.	Tarifstelle	Gegenstand	Gebühren EUR	Schlicht-hoheit-liche Leistung
17		**Baurecht**		
		Wohnungseigentumsgesetz (WEG)		
		Baugesetzbuch (BauGB)		
		Sächsisches Bestattungsgesetz (SächsBestG)		
		Waldgesetz für den Freistaat Sachsen (SächsWaldG)		
		Verordnung über Heizkostenabrechnung (HeizkostenV)		
		Sächsische Bauordnung (SächsBO)		
		Durchführungsverordnung zur SächsBO (DVOSächsBO)		
		Sächsische Versammlungsstättenverordnung (SächsVStättVO)		
	1.	Begriffe und Gebührenberechnungsgrundlagen		
	1.1	Bauliche Anlagen im Sinne der nachfolgenden Tarifstellen sind bauliche Anlagen nach § 2 Abs. 1 SächsBO sowie andere Anlagen und Einrichtungen im Sinne von § 1 Abs. 1 Satz 2 SächsBO. Im Übrigen gelten die Begriffsbestimmungen der Sächsischen Bauordnung und der aufgrund dieses Gesetzes erlassenen Rechtsvorschriften.		
	1.2	Rohbausumme		
		Die Rohbausumme ist für die in der Anlage 2 genannten Gebäude nach deren Brutto-Rauminhalt, vervielfältigt mit den jeweils angegebenen Rohbauwerten je m^3 Brutto-Rauminhalt, zu errechnen. Der Brutto-Rauminhalt bestimmt sich nach DIN 277-1; 2016-01, die in Anlage 5 auszugsweise wiedergegeben ist. DIN-Normen sind im Beuth-Verlag GmbH, Berlin, veröffentlicht.		
		Die Rohbauwerte der Anlage 2 basieren auf der Indexzahl 1,00 für das Jahr 2015. In ihnen ist die Umsatzsteuer enthalten. Diese Werte werden einmal jährlich mit Gültigkeit ab 1. Mai eines jeden Jahres mit einer Indexzahl, die sich aus dem arithmetischen Mittel der vom Statistischen Bundesamt für das jeweils vergangene Jahr veröffentlichten Preisindizes für den Neubau von Wohngebäuden, Bürogebäuden und gewerblichen Betriebsgebäuden einschließlich der Umsatzsteuer errechnet, vervielfältigt. Sie werden auf volle Euro kaufmännisch gerundet.		

Lfd. Nr.	Tarifstelle	Gegenstand	Gebühren EUR	Schlicht-hoheit-liche Leistung
noch 17		Die fortgeschriebenen Werte werden durch die oberste Bauaufsichtsbehörde im Sächsischen Amtsblatt bekannt gegeben.[1] Für die nicht in der Anlage 2 genannten Gebäudearten und -größen ist die Rohbausumme nach den veranschlagten Rohbaukosten zu ermitteln, die im Zeitpunkt der Genehmigung für alle Arbeiten und Lieferungen einschließlich Umsatzsteuer bis zur Fertigstellung des Rohbaus erforderlich sind. Der Rohbau ist fertiggestellt, wenn die tragenden Teile, Schornsteine, Brandwände, Treppen und die Dachkonstruktion vollendet sind. Zur Rohbausumme gehören insbesondere die Kosten für Erdarbeiten, Abdichtungen, Dachdeckungsarbeiten, Klempnerarbeiten, Gerüste, Baugrubensicherungen, die Baustelleneinrichtung sowie die Kosten für Bauteile, die zwar nicht zum Rohbau gehören, für die jedoch ein Standsicherheitsnachweis erforderlich ist. Zur Rohbausumme zählen des Weiteren Kosten für nichttragende Wände für Einbauten, soweit diese Bauteile für das Nutzungskonzept wesentlich und sie Gegenstand des Brandschutznachweises sind.		
	1.3	Herstellungssumme Soweit die Gebühren nicht nach der Rohbausumme gemäß Tarifstelle 1.2 berechnet werden können, darf die Herstellungssumme zugrunde gelegt werden. Es sind die Kosten einschließlich Umsatzsteuer zugrunde zu legen, die zum Zeitpunkt der Genehmigung für die Arbeiten einschließlich Lieferungen, die bis zur Fertigstellung eines Rohbaus auszuführen wären, erforderlich sind. Bei Umbauten sind auch die Kosten von Abbrucharbeiten zu berücksichtigen. Herstellungskosten von Teilen baulicher Anlagen, für die keine baurechtlichen Prüfungen vorgeschrieben sind, bleiben unberücksichtigt. Werden die Herstellungskosten einer baulichen Anlage maßgeblich von einer technischen Ausstattung, die selbst keiner bauaufsichtlichen Prüfung unterliegt, bestimmt, ist nur deren Hälfte als Herstellungssumme zugrunde zu legen. Bei unvollständigen oder fehlerhaften Angaben des Antragstellers / der Antragstellerin kann die Herstellungssumme geschätzt werden.		
	1.4	Zeitaufwand Bei der Berechnung der Gebühr nach Zeitaufwand ist die Zeit anzusetzen, die unter regelmäßigen Verhältnissen von einer entsprechend ausgebildeten Fachkraft benötigt wird. Erforderliche Fahr- und Wartezeiten sind der Arbeitszeit hinzuzurechnen. Für jede Arbeitsstunde wird ein Betrag von 67 EUR erhoben. Abweichendes gilt für folgende Amtshandlungen: (1) Prüfung bautechnischer Nachweise, soweit nach Zeitaufwand abgerechnet, (2) mit der Prüfung der bautechnischen Nachweise verbundene Bauüberwachung nach den Tarifstellen 4.9.5 und 4.9.6 und (3) Ergänzungsprüfungen nach Tarifstelle 6.6.3.		

1 Siehe die Tabelle der auf den 1. Mai 2024 fortgeschriebenen durchschnittlichen Rohbauwerte auf Seite 179 (d. Red.).

Lfd. Nr.	Tarifstelle	Gegenstand	Gebühren EUR	Schlicht-hoheit-liche Leistung
noch 17		Bei der Berechnung der Gebühr nach Satz 4 ist die Zeit anzusetzen, die üblicherweise von einer entsprechend ausgebildeten Fachkraft benötigt wird. Dabei wird für jede Arbeitsstunde ein Betrag von 1,5 Prozent des Monatsgrundgehalts eines Landesbeamten in der Endstufe Besoldungsgruppe A 15 (ohne Zuschläge) berechnet. Der Betrag ist auf volle Euro aufzurunden. Die oberste Bauaufsichtsbehörde gibt einmal jährlich den ab 1. Januar des Folgejahres jeweils der Gebührenberechnung nach Satz 4 zugrunde zu legenden Stundensatz bekannt.[1] Anwendung findet die zum Zeitpunkt der Bekanntgabe geltende Besoldungsordnung.		
		Bei der Berechnung der Gebühr nach Zeitaufwand ist für jede angefangene halbe Stunde der halbe Stundensatz zu erheben.		
	1.5	Berechnung der Gebühren für die Prüfung bautechnischer Nachweise		
	1.5.1	Bautechnische Nachweise von Gebäuden		
		Die Gebühren für die Prüfung der bautechnischen Nachweise für die Errichtung von Gebäuden werden in Tausendstel der Rohbausumme (Tarifstelle 1.2) berechnet. Dabei ist die Rohbausumme auf volle 1 000 EUR aufzurunden.		
		Die volle Gebühr für die Prüfung des Standsicherheitsnachweises ergibt sich entsprechend der Klasseneinteilung nach Anlage 3 aus der Gebührentafel der Anlage 4. Für die Prüfung des Brandschutznachweises ist die entsprechende Spalte der Gebührentafel (Anlage 4) anzuwenden. Für Zwischenstufen der Rohbausumme ist die Gebühr durch geradlinige Interpolation zu ermitteln. Eine Interpolation zwischen den Bauwerksklassen der Gebührentafel (Anlage 4) ist nicht zulässig.		
		Als Mindestgebühr wird der zweifache Stundensatz erhoben.		
		Besteht eine bauliche Anlage aus Bauteilen mit unterschiedlichen Schwierigkeitsgraden, ist sie in die Bauwerksklasse einzustufen, auf die sich der überwiegende Prüfaufwand erstreckt.		
		Besteht ein Bauvorhaben aus mehreren baulichen Anlagen, ist die Gebühr für jede einzelne Anlage getrennt zu ermitteln. Die Tarifstelle 3.2 ist dabei zu beachten.		
	1.5.2	Bautechnische Nachweise für andere bauliche Anlagen		
		Die Gebühr für die Prüfung der bautechnischen Nachweise für die Errichtung von baulichen Anlagen, die nicht Gebäude sind, ist unter Zugrundelegung der Herstellungssumme (Tarifstelle 1.3) entsprechend Tarifstelle 1.5.1 Abs. 1 Satz 2 und Abs. 2 zu berechnen.		
		Als Mindestgebühr wird der zweifache Stundensatz erhoben.		
	1.5.3	Bautechnische Nachweise in Sonderfällen		
		Für die Prüfung der bautechnischen Nachweise folgender Baumaßnahmen wird die Gebühr nach dem Zeitaufwand (Tarifstelle 1.4) berechnet:		

1 Bekanntmachung des Stundensatzes (d. Red.):
ab 1. Januar 2022: 107 Euro, siehe Bekanntmachung vom 3. November 2021 (SächsABl. S. 1449)
ab 1. Januar 2023: 107 Euro, siehe Bekanntmachung vom 9. November 2022 (SächsABl. S. 1357)

Lfd. Nr.	Tarifstelle	Gegenstand	Gebühren EUR	Schlicht-hoheit-liche Leistung
noch 17		(1) Änderungen und Beseitigungen von Gebäuden und anderen baulichen Anlagen sowie genehmigungsbedürftige Baugrubensicherungen und weitere Baubehelfe, soweit sich die Herstellungskosten (Tarifstelle 1.3) nicht ermitteln lassen oder die so berechnete Gebühr in keinem angemessenen Verhältnis zum verursachten Prüfaufwand steht (2) Bauteile oder bauliche Anlagen, für die sich anrechenbare Rohbau- oder Herstellungskosten nach Tarifstelle 1.2 oder 1.3 nicht ermitteln lassen (3) für die in der Tarifstelle 4.8.7.1 genannten Fälle Als Mindestgebühr wird der zweifache Stundensatz erhoben.		
	2.	Auslagen Neben den Gebühren werden als Auslagen erhoben:		
	2.1	Vergütungen für die Tätigkeit der Prüfingenieure / der Prüfingenieurinnen und der Prüfämter nach § 40 Abs. 1 Satz 1 DVOSächsBO, die hierfür von der Bauaufsichtsbehörde nach § 15 Abs. 1 Satz 2 DVOSächsBO einen Auftrag erhalten haben,		
	2.2	Reisekosten im Rahmen der Prüftätigkeit der Prüfingenieure / der Prüfingenieurinnen und der Prüfämter nach § 40 Abs. 2 Satz 3 DVOSächsBO, die hierfür von der Bauaufsichtsbehörde nach § 15 Abs. 1 Satz 2 DVOSächsBO oder vom Bauherrn / von der Bauherrin nach § 15 Abs. 2 Satz 1 DVOSächsBO einen Auftrag erhalten haben,		
	2.3	Vergütungen der Sachverständigen und sachverständigen Stellen nach der Honorarordnung für Architekten und Ingenieure, die von den Bauaufsichtsbehörden herangezogen werden. Tarifstelle 3.3 bleibt unberührt.		
	3.	Ermäßigungen		
	3.1	Für mehrere gleiche Gebäude oder bauliche Anlagen auf einem Baugrundstück oder auf benachbarten Baugrundstücken ermäßigen sich die Gebühren nach den Tarifstellen 4.1.1, 4.1.2, 4.1.4, 4.2 und 4.4 bis 4.6.2, soweit die jeweiligen Mindestgebühren nicht unterschritten werden, für das zweite und jedes weitere Gebäude oder die zweite und jede weitere bauliche Anlage auf die Hälfte, wenn für die jeweiligen Gebäude oder baulichen Anlagen gleichzeitig eine oder mehrere Baugenehmigungen oder Vorbescheide beantragt werden. Die Ermäßigung ist auf alle Bauvorhaben umzulegen.		
	3.2	Für mehrere Gebäude oder bauliche Anlagen mit gleichen bautechnischen Nachweisen auf einem Baugrundstück oder auf benachbarten Baugrundstücken ermäßigen sich die Gebühren nach den Tarifstellen 4.8.1 bis 4.8.5 einschließlich eventueller Zuschläge nach Tarifstelle 4.8.7 für die zweite und jede weitere bauliche Anlage (1) auf ein Zehntel, wenn die Nachweise gleichzeitig zur Prüfung vorgelegt werden, (2) auf die Hälfte, wenn die Nachweise nicht gleichzeitig zur Prüfung vorgelegt werden. Die Ermäßigung ist auf alle Bauvorhaben umzulegen.		

Lfd. Nr.	Tarifstelle	Gegenstand	Gebühren EUR	Schlicht-hoheit-liche Leistung
noch 17	3.3	Werden bei der Bauüberwachung, bei Bauzustandsbesichtigungen oder bei der Behandlung Fliegender Bauten (Tarifstelle 6.6) Sachverständige oder sachverständige Stellen hinzugezogen und werden die mit den Amtshandlungen verbundenen Tätigkeiten überwiegend von diesen ausgeübt, ermäßigen sich die Gebühren nach den Tarifstellen 4.9, 6.4, 6.5 oder 6.6 um 50 bis 80 Prozent. Die Gebühren nach Tarifstelle 4.9 werden von der Bauaufsichtsbehörde nur im Rahmen der von ihr wahrgenommenen Tätigkeit erhoben.		
	3.4	Bei vorangegangener Typenprüfung sind die Gebühren nach Tarifstelle 4.8 nur für die standortbedingte Anpassung der baulichen Anlage zu erheben.		
		Anmerkung:		
		Für die Bauüberwachung sind Gebühren nach Tarifstelle 4.9 zu erheben.		
	3.5	Entsprechen die mit dem Bauantrag eingereichten Bauvorlagen im Wesentlichen dem Inhalt eines Vorbescheides, wird die Gebühr für den Vorbescheid zur Hälfte auf die Gebühr nach den Tarifstellen 4.1.1, 4.1.2, 4.1.4 und 4.2 angerechnet.		
		Die Gebühr für einen Vorbescheid nach Prüfung sämtlicher Bauvorlagen mit Ausnahme der bautechnischen Nachweise wird zu 90 Prozent auf die Gebühr nach den Tarifstellen 4.1.1, 4.1.2, 4.1.4 und 4.2 angerechnet.		
	4.	Grundgebühren		
	4.1	Baugenehmigung nach § 72 Abs. 1 in Verbindung mit den §§ 63 oder 64 SächsBO für die Errichtung und Änderung sowie Genehmigungsfreistellung nach § 62 SächsBO für die Errichtung, Änderung und Nutzungsänderung		
	4.1.1	Erteilung einer Baugenehmigung für Gebäude und sonstige bauliche Anlagen im Baugenehmigungsverfahren nach § 72 Abs. 1 in Verbindung mit § 64 Satz 1 SächsBO	8,50 je angefangene 1 000 EUR der Rohbausumme oder Herstellungssumme, mindestens 95	
	4.1.2	Erteilung einer Baugenehmigung für Gebäude und sonstige bauliche Anlagen im vereinfachten Baugenehmigungsverfahren nach § 72 Abs. 1 in Verbindung mit § 63 SächsBO	6,50 je angefangene 1 000 EUR der Rohbausumme oder Herstellungssumme, mindestens 95	
		Anmerkung:		
		Die Gebühr nach Tarifstelle 4.1.2 ist auch zu erheben, wenn die Genehmigung nach § 69 Abs. 5 Satz 1 SächsBO als erteilt gilt (Genehmigungsfiktion).		
	4.1.3	Genehmigungsfreistellung nach § 62 SächsBO		
	4.1.3.1	Prüfung der Unterlagen auf Vollständigkeit und Erteilung einer Eingangsbestätigung nach § 62 Abs. 3 Satz 2 SächsBO	62 bis 200 je Gebäude oder sonstiger baulicher Anlage	

Lfd. Nr.	Tarifstelle	Gegenstand	Gebühren EUR	Schlicht-hoheit-liche Leistung
noch 17	4.1.3.2	Nachforderung fehlender Bauvorlagen oder Erklärungen nach § 62 Abs. 3 Satz 2 SächsBO	34 bis 67 je Gebäude oder sonstiger baulicher Anlage	
	4.1.3.3	Untersagung des Baubeginns nach § 62 Abs. 3 Satz 5 SächsBO	34 bis 200 je Gebäude oder sonstiger baulicher Anlage Anmerkung: Die Gebühr nach Tarifstelle 4.1.3.3 ist nicht zu erheben, wenn eine Erklärung der Gemeinde nach § 62 Abs. 2 Nr. 4 SächsBO vorliegt.	
	4.1.4	Erteilung einer Baugenehmigung für Werbeanlagen	5 je angefangene 100 EUR der Herstellungssumme, mindestens 95	
	4.2	Erteilung der Genehmigung von Nutzungsänderungen nach § 72 Abs. 1 in Verbindung mit den §§ 63 oder 64 SächsBO	125 bis 3 200 Anmerkung: Die Gebühr für die Erteilung der Genehmigung von Nutzungsänderungen mit genehmigungsbedürften baulichen Maßnahmen wird neben der Gebühr nach Tarifstelle 4.1 erhoben.	
	4.3	Nachforderung fehlender Unterlagen bei der anzeigepflichtigen Beseitigung von baulichen Anlagen nach § 61 Abs. 3 Satz 2 SächsBO	34 bis 67 je Gebäude oder sonstiger baulicher Anlage	
	4.4	Erteilung jeder Teilbaugenehmigung nach § 74 Satz 1 SächsBO	125 bis 660 Anmerkung: Die Gebühr wird neben der Gebühr nach Tarifstelle 4.1 erhoben.	
	4.5	Erteilung eines Vorbescheides nach § 75 Satz 1 SächsBO	125 bis zur Gebühr nach Tarifstelle 4.1 oder 4.2	

Lfd. Nr.	Tarifstelle	Gegenstand	Gebühren EUR	Schlicht-hoheit-liche Leistung
noch 17			Anmerkungen: (1) Die Gebühr nach Tarifstelle 4.1 oder 4.2 ist für einen Vorbescheid nach Prüfung sämtlicher Bauvorlagen mit Ausnahme der bautechnischen Nachweise nach Tarifstelle 4.8 zu erheben. (2) Soweit sich die Gebühr nicht nach der Rohbausumme oder der Herstellungssumme ermitteln lässt, wird die Gebühr nach dem Zeitaufwand nach Tarifstelle 1.4 berechnet.	
	4.6	Verlängerung der Geltungsdauer der Genehmigung oder des Vorbescheides oder deren erneute Erteilung		
	4.6.1	Verlängerung der Geltungsdauer der Genehmigung nach § 73 Abs. 2 Satz 1 SächsBO oder des Vorbescheides nach § 75 Satz 3 SächsBO	20 Prozent der für die Genehmigung oder den Vorbescheid erhobenen Gebühr, mindestens 67, höchstens 650	
	4.6.2	Erneute Erteilung einer durch Fristablauf erloschenen Baugenehmigung nach § 72 Abs. 1 SächsBO oder eines durch Fristablauf erloschenen Vorbescheides nach § 75 Satz 1 SächsBO, wenn sich die baurechtlichen oder bauordnungsrechtlichen Beurteilungsgrundlagen inzwischen nicht wesentlich geändert haben und die Bauvorlagen mit den zur erloschenen Baugenehmigung oder zum Vorbescheid gehörenden Bauvorlagen im Wesentlichen übereinstimmen	33 Prozent der Gebühr nach den Tarifstellen 4.1, 4.2, 4.4 oder 4.5, mindestens 84, höchstens 650	
	4.7	Auskunftserteilung sowie Beratung der am Bau beteiligten verantwortlichen Personen für Sachverhalte komplexer Art, die eine vertiefte Prüfung der Sach- und Rechtslage erforderlich macht	Gebühr nach Tarifstelle 1.4 Anmerkungen: (1) Für Beratungen bis zu jeweils einer Viertelstunde werden keine Gebühren erhoben. (2) Für Auskünfte einfacher Art werden gemäß § 11 Abs. 1 Nr. 6 SächsVwKG keine Kosten erhoben.	

Lfd. Nr.	Tarifstelle	Gegenstand	Gebühren EUR	Schlicht-hoheitliche Leistung
noch 17	4.8	Prüfung bautechnischer Nachweise		
	4.8.1	Prüfung der rechnerischen Nachweise der Standsicherheit nach § 66 Abs. 3 Satz 1 und 2 SächsBO	Gebühr nach Tarifstelle 1.5.1, 1.5.2 oder 1.5.3	
	4.8.2	Prüfung der Nachweise der Feuerwiderstandsfähigkeit der tragenden Bauteile nach § 66 Abs. 3 Satz 1 und 2 SächsBO	5 Prozent der Gebühr nach Tarifstelle 4.8.1, mindestens 67, höchstens 5 Prozent der Gebühr nach Tarifstelle 4.8.1, bezogen auf die Bauwerksklasse 3 der Anlage 4	
	4.8.3	Prüfung des Brandschutznachweises nach § 66 Abs. 3 Satz 3 SächsBO	Gebühr nach Tarifstelle 1.5.1, 1.5.2 oder 1.5.3	
	4.8.4	Prüfung von Konstruktionszeichnungen in statisch-konstruktiver Hinsicht nach § 66 Abs. 3 Satz 1 und 2 SächsBO	50 Prozent der Gebühr nach Tarifstelle 4.8.1	
	4.8.5	Prüfung von zusätzlichen Nachweisen für Militärlastklassen, Erdbebenschutz, Bauzustände nach § 66 Abs. 3 Satz 1 und 2 SächsBO	Gebühr nach Tarifstelle 1.4, mindestens der zweifache Stundensatz	
	4.8.6	Lastvorprüfung nach § 66 Abs. 3 Satz 1 und 2 SächsBO	25 Prozent der Gebühr nach Tarifstelle 4.8.1	
	4.8.7	Erhöhung oder Ermäßigung in besonderen Fällen		
	4.8.7.1	Stehen die jeweiligen Gebühren nach den Tarifstellen 4.8.1 bis 4.8.4 und 4.8.6 einschließlich der Erhöhungen nach den Tarifstellen 4.8.7.2 und 4.8.7.4 in keinem angemessenen Verhältnis zu dem durch die Prüfung verursachten Aufwand, ist die Gebühr nach dem Zeitaufwand zu berechnen.		
	4.8.7.2	Die Gebühren nach den Tarifstellen 4.8.1, 4.8.2, 4.8.4 bis 4.8.6 für die Prüfung der rechnerischen Nachweise für bauliche Anlagen der Bauwerksklassen 3 bis 5 der Anlage 3, wenn diese nur durch besondere elektronische Vergleichsrechnung an komplexen räumlichen Tragsystemen (Untersuchung am Gesamtsystem) geprüft werden können, können bis auf das Doppelte der Gebühr nach Tarifstelle 4.8.1 erhöht werden.		
	4.8.7.3	Mit Zustimmung der obersten Bauaufsichtsbehörde kann die Gebühr für die Prüfung sicherheitstechnisch besonders bedeutsamer Gebäude und Bauteile von kerntechnischen Anlagen bis auf das Neunfache erhöht werden.		
	4.8.7.4	Die Gebühr nach Tarifstelle 4.8.4 kann für die Prüfung von Elementplänen des Fertigteilbaus sowie Ausführungszeichnungen mit hohem erforderlichem Detaillierungsgrad anstatt der üblichen Konstruktionszeichnungen um bis zur Hälfte der Gebühr nach Tarifstelle 4.8.1 erhöht werden.		

Lfd. Nr.	Tarifstelle	Gegenstand	Gebühren EUR	Schlicht-hoheit-liche Leistung
noch 17	4.8.7.5	Die Gebühr nach Tarifstelle 4.8.3 für zusätzlich zu den Brandschutznachweisen nach § 66 Abs. 3 Satz 3 Nr. 3 SächsBO enthaltenen Brandschutzplänen, Nachweisen und Angaben zu technischen Anlagen, Sonderkonstruktionen nach § 12 Abs. 4 Satz 3 und Satz 6 Nr. 2, 3, 4 und 5 DVOSächsBO sowie bei Abweichungen nach § 67 SächsBO kann um bis zu 50 Prozent erhöht werden.		
	4.8.7.6	Die Gebühr nach Tarifstelle 4.8.3 kann für die Prüfung von Evakuierungsberechnungen und Brandsimulationen bei Sonderbauten und Mittel- und Großgaragen nach § 66 Abs. 3 Satz 3 Nr. 1 und 2 SächsBO um bis zu 50 Prozent erhöht werden.		
	4.8.8	Prüfung von Nachträgen zu den in den Tarifstellen 4.8.1, 4.8.2, 4.8.4 bis 4.8.6 genannten Nachweisen	Gebühr nach den Tarifstellen 4.8.1, 4.8.2, 4.8.4 bis 4.8.6 multipliziert mit dem Verhältnis des Umfangs der Nachträge zum ursprünglichen Umfang; soweit Tarifstelle 4.8.7.1 angewendet wird, gilt Hs. 1 bezogen auf den Zeitaufwand	
	4.8.9	Prüfung von Nachträgen zu dem in Tarifstelle 4.8.3 genannten Nachweis	Gebühr nach Tarifstelle 4.8.3 multipliziert mit dem Verhältnis des Umfangs der Nachträge zum ursprünglichen Umfang; soweit Tarifstelle 4.8.7.1 angewendet wird, gilt Hs. 1 bezogen auf den Zeitaufwand.	
	4.9	Bauüberwachung, Bauzustandsbesichtigung, Prüfung von Bauausführungen		
	4.9.1	Bauüberwachung nach § 81 Abs. 1 SächsBO und der nach anderen Rechtsvorschriften genehmigten Bauvorhaben, wenn diese Genehmigungen die Baugenehmigungen einschließen	Gebühr nach Tarifstelle 1.4, mindestens 135, höchstens 40 Prozent der Gebühr nach Tarifstelle 4.1 oder 4.2	
		Anmerkung: Die Tarifstellen 4.9.5 und 4.9.6 bleiben unberührt.		
	4.9.2	Bauzustandsbesichtigung aufgrund einer Anzeige der beabsichtigten Aufnahme der Nutzung nach § 82 Abs. 2 SächsBO und der nach anderen Rechtsvorschriften genehmigten Bauvorhaben, wenn diese Genehmigungen die Baugenehmigungen einschließen		
	4.9.2.1	von Gebäuden und sonstigen baulichen Anlagen	15 Prozent der Gebühr nach Tarifstelle 4.1, mindestens 67	
	4.9.2.2	von Werbeanlagen	33 Prozent der Gebühr nach Tarifstelle 4.1.4, mindestens 35	

Lfd. Nr.	Tarifstelle	Gegenstand	Gebühren EUR	Schlicht-hoheit-liche Leistung
noch 17			Anmerkungen zu den Tarifstellen 4.9.1 und 4.9.2: (1) Maßgebend ist die Rohbausumme oder Herstellungssumme, die der Berechnung der Gebühren zum Zeitpunkt der Genehmigung zugrunde lag. (2) Für genehmigungsfreigestellte Vorhaben erfolgt die Gebührenerhebung entsprechend den Tarifstellen 4.9.1 und 4.9.2.	
	4.9.3	für jede Wiederholung einer ergebnislos verlaufenen Bauzustandsbesichtigung	50 Prozent der Gebühr nach der Tarifstelle 4.9.2, mindestens 35, höchstens für alle Wiederholungen das Zweifache der Gebühr nach Tarifstelle 4.9.2	
	4.9.4	Prüfung von Bauausführungen aufgrund einer Anzeige nach § 82 Abs. 1 Satz 1 SächsBO	50 Prozent der Gebühr nach Tarifstelle 4.9.2	
	4.9.5	Bauüberwachung nach § 81 Abs. 2 Satz 1 Nr. 1 SächsBO von baulichen Anlagen zur Prüfung, ob (1) entsprechend den Nachweisen der Standsicherheit nach § 12 Abs. 1 und 2 DVOSächsBO gebaut wurde, (2) die erforderlichen Nachweise der Brauchbarkeit der Baustoffe, Bauteile und Einrichtungen vorliegen sowie die für ihre Verwendung oder Anwendung getroffenen Nebenbestimmungen eingehalten wurden	Gebühr nach Tarifstelle 1.4, höchstens 100 Prozent der Gebühr nach Tarifstelle 4.8.1	
	4.9.6	Bauüberwachung nach § 81 Abs. 2 Satz 1 Nr. 2 SächsBO von baulichen Anlagen zur Prüfung, ob (1) entsprechend dem Brandschutznachweis nach § 12 Abs. 4 DVOSächsBO gebaut wurde, (2) die erforderlichen Nachweise der Brauchbarkeit der Baustoffe, Bauteile und Einrichtungen hinsichtlich des Brandschutzes vorliegen sowie die für ihre Verwendung oder Anwendung getroffenen Nebenbestimmungen eingehalten wurden	Gebühr nach Tarifstelle 1.4, höchstens 200 Prozent der Gebühr nach Tarifstelle 4.8.3	
		Anmerkungen zu den Tarifstellen 4.9.5 und 4.9.6: (1) Die Gebühren nach den Tarifstellen 4.9.5 und 4.9.6 werden neben der Gebühr nach der Tarifstelle 4.9.1 erhoben. (2) Für die Berechnung der Höchstgebühr gelten die Anmerkungen zu den Tarifstellen 4.9.1 und 4.9.2 entsprechend.		

Lfd. Nr.	Tarifstelle	Gegenstand	Gebühren EUR	Schlicht-hoheit-liche Leistung
noch 17	4.9.7	Abnahme von Feuerstätten sowie von Verbrennungsmotoren und Blockheizkraftwerken nach § 82 Abs. 3 Satz 2 und 3 SächsBO	Gebühr nach Tarifstelle 1.4	
	4.10	Bauaufsichtliche Maßnahmen nach den §§ 78 bis 80 oder § 58 Abs. 2 Satz 2 in Verbindung mit § 3 Satz 1 SächsBO	62 bis 3 200	
	5.	Zustimmung nach § 77 Abs. 1 Satz 2 SächsBO	Gebühr nach den Tarifstellen 4.1 bis 4.7 Anmerkung: Soweit die Zustimmung bei der Errichtung und Änderung von Gebäuden oder sonstigen baulichen Anlagen an die Stelle einer Baugenehmigung tritt, findet Tarifstelle 4.1.2 auch bei Sonderbauten (§ 2 Abs. 4 SächsBO) Anwendung.	
	6.	Sondergebühren		
	6.1	Bauvorlagen		
	6.1.1	Einstellung des Baugenehmigungs- oder Vorbescheidverfahrens wegen Unvollständigkeit oder sonstiger erheblicher Mängel der Bauvorlagen nach Fristablauf nach § 69 Abs. 2 Satz 2 und 3 und § 75 Satz 4 SächsBO	62 bis 650	
	6.1.2	Prüfung von nachträglich vorgelegten, geänderten Bauvorlagen im Rahmen eines bauaufsichtlichen Genehmigungsverfahrens nach § 72 Abs. 1 SächsBO	mindestens 20 Prozent der Gebühr nach Tarifstelle 4.1 oder 4.2 bis zur Höhe der vollen Gebühr nach Tarifstelle 4.1 oder 4.2	
	6.1.3	Genehmigung von Änderungen genehmigter Bauvorlagen nach § 72 Abs. 1 SächsBO		
	6.1.3.1	je nach dem Umfang der Änderungen im Verhältnis zum gesamten Bauvorhaben	bis zur Höhe der Gebühr nach Tarifstelle 4.1 oder 4.2, mindestens 35	
	6.1.3.2	wenn sich die Gebühr nach Tarifstelle 6.1.3.1 nicht bestimmen lässt	62 bis 660	

Lfd. Nr.	Tarifstelle	Gegenstand	Gebühren EUR	Schlicht-hoheit-liche Leistung
noch 17	6.2	Ungenehmigte bauliche Anlagen		
	6.2.1	Prüfung von Bauvorlagen einschließlich der erforderlichen örtlichen Überprüfungen für ohne Baugenehmigung begonnene oder ausgeführte genehmigungsbedürftige Gebäude, bauliche Anlagen oder Nutzungsänderungen, wenn diese nachträglich genehmigt werden nach § 72 Abs. 1 SächsBO oder ohne Genehmigung belassen werden nach § 58 Abs. 2 Satz 2 in Verbindung mit § 3 Satz 1 SächsBO	das Zweifache der Gebühr nach Tarifstelle 4.1 oder 4.2, zuzüglich der Gebühr nach den Tarifstellen 4.8 und 4.9.2	
	6.2.2	Prüfung von Bauvorlagen einschließlich der erforderlichen örtlichen Überprüfungen für ohne Baugenehmigung begonnene oder ausgeführte genehmigungsbedürftige Gebäude, bauliche Anlagen oder Nutzungsänderungen, wenn diese nachträglich nicht genehmigt werden nach § 72 Abs. 1 SächsBO oder nicht belassen werden nach § 58 Abs. 2 Satz 2 in Verbindung mit § 3 Satz 1 SächsBO	Gebühr nach Tarifstelle 4.1 oder 4.2, zuzüglich der Gebühr nach Tarifstelle 4.8	
		Anmerkungen zu den Tarifstellen 6.2.1 und 6.2.2: (1) Die Gebühren sind auch zu erheben, wenn die Prüfung der Genehmigungsfähigkeit dieser Gebäude, baulichen Anlagen und Nutzungsänderungen ohne Bauvorlagen vorgenommen wird. (2) Die Gebühr nach Tarifstelle 4.8 ist nur zu erheben, wenn die bautechnischen Nachweise geprüft werden.		
	6.3	Abweichungen, Ausnahmen, Befreiungen, Beteiligung von Nachbarn		
	6.3.1	Zulassung von Abweichungen nach § 67 Abs. 1 Satz 1 SächsBO sowie Zulassung von Ausnahmen oder Befreiungen nach § 67 Abs. 2 Satz 1 SächsBO	62 bis 3 200 je Abweichungs-, Ausnahme- oder Befreiungstatbestand	
	6.3.2	Beteiligung von Nachbarn nach § 70 Abs. 1 Satz 1 SächsBO	62 bis 650 je Nachbar Anmerkung: Die Gebühr wird neben der Gebühr nach Tarifstelle 6.3.1 erhoben.	
	6.3.3	Beteiligung von Nachbarn nach § 70 Abs. 3 Satz 1 und 2 SächsBO	8 bis 28 je Nachbar	
	6.3.4	Beteiligung der Nachbarn nach § 70 Abs. 3 Satz 3 SächsBO	56, zuzüglich der Aufwendungen für die öffentliche Bekanntmachung	

Lfd. Nr.	Tarifstelle	Gegenstand	Gebühren EUR	Schlicht-hoheitliche Leistung
noch 17	6.3.5	Beteiligung der Nachbarn nach § 70 Abs. 4 Satz 1 SächsBO	135, zuzüglich der Aufwendungen für die öffentliche Bekanntmachung	
	6.3.6	Öffentlichkeitsbeteiligung nach § 70 Abs. 5 SächsBO	350, zuzüglich der Aufwendungen für die öffentliche Bekanntmachung	
	6.4	Überprüfung von Räumen oder Plätzen, deren Nutzungsart vorübergehend geändert wird, zum Beispiel für Ausstellungen, Filmvorführungen, Verkaufs-, Sportveranstaltungen, nach § 58 Abs. 2 Satz 2 in Verbindung mit § 3 Satz 1 SächsBO	67 bis 350 je Raum oder Platz	
	6.5	Nachprüfungen und deren Wiederholung aufgrund von Rechtsverordnungen nach § 88 Abs. 1 Nr. 4 SächsBO oder solche, die nach § 51 Satz 3 Nr. 23 SächsBO angeordnet sind, wenn sie durch die Bauaufsichtsbehörde vorgenommen werden, nach § 58 Abs. 2 Satz 2 in Verbindung mit § 3 Satz 1 SächsBO	Gebühr nach Tarifstelle 1.4, mindestens 135	
	6.6	Fliegende Bauten nach § 76 SächsBO		
	6.6.1	Erteilung der Ausführungsgenehmigung nach § 76 Abs. 2 Satz 1 SächsBO für Fliegende Bauten	7 je angefangene 1 000 EUR der Herstellungssumme der betriebsfähigen Anlage, mindestens 125 Anmerkung: Neben der Gebühr nach Tarifstelle 6.6.1 werden Gebühren nach Tarifstelle 4.8 erhoben.	
	6.6.2	Verlängerung der Geltungsdauer der Ausführungsgenehmigung für Fliegende Bauten nach § 76 Abs. 4 Satz 2 SächsBO	125 bis 1 580	
	6.6.3	Im Zusammenhang mit der Verlängerung der Geltungsdauer der Ausführungsgenehmigung für Fliegende Bauten erforderliche Ergänzungsprüfungen der rechnerischen Nachweise der Standsicherheit und der Konstruktionszeichnungen nach § 32 Abs. 3 DVOSächsBO	Gebühr nach Tarifstelle 1.4	
	6.6.4	Gebrauchsabnahme von Fliegenden Bauten nach § 76 Abs. 6 Satz 2 SächsBO oder Nachabnahme nach § 76 Abs. 8 Satz 1 SächsBO	67 bis 300 je Aufstellungsort	
	6.6.5	Bauaufsichtliche Maßnahmen nach § 76 Abs. 7 Satz 1 SächsBO	123 bis 3 480	
	6.7	Baulasten nach § 83 SächsBO		
	6.7.1	Eintragung einer Baulast nach § 83 Abs.1 SächsBO	62 bis 400	
	6.7.2	Löschung einer Baulast nach § 83 Abs. 3 SächsBO	95 bis 400	

Lfd. Nr.	Tarifstelle	Gegenstand	Gebühren EUR	Schlicht-hoheit-liche Leistung
noch 17	6.7.3	Erteilung von Abschriften und Auskünften aus dem Baulasten-verzeichnis nach § 83 Abs. 5 SächsBO	22 bis 70 je Grundstück	
	6.7.4	Einsichtnahme in das Baulastenverzeichnis nach § 83 Abs. 5 SächsBO	25 je Grundstück	
	6.8	Gastspielprüfbuch		
	6.8.1	Ausstellung eines Gastspielprüfbuches nach § 45 Abs. 3 Satz 1 SächsVStättV	Gebühr nach Tarif-stelle 1.4	
	6.8.2	Verlängerung der Geltungsdauer eines Gastspielprüfbuches nach § 45 Abs. 3 Satz 2 SächsVStättV	Gebühr nach Tarif-stelle 1.4	
	7.	Sonstige Gebühren		
	7.1	Prüfingenieure/Prüfingenieurinnen für Standsicherheit und Brandschutz		
	7.1.1	Prüfingenieur/Prüfingenieurin für Standsicherheit		
	7.1.1.1	Anerkennung als Prüfingenieur/Prüfingenieurin für Standsicher-heit nach § 13 Abs. 1 Satz 1 Nr. 1 und Abs. 2 Satz 1 DVO-SächsBO, je Fachrichtung	497 Anmerkung: Die Gebühr ist auch zu er-heben, wenn die Geneh-migung nach § 19 Abs. 2a Satz 2 DVOSächsBO als erteilt gilt.	
	7.1.1.2	Prüfungsverfahren zur Feststellung der fachlichen Eignung als Prüfingenieur/Prüfingenieurin für Standsicherheit nach § 25 Abs. 2 DVOSächsBO		
	7.1.1.2.1	Überprüfung des fachlichen Werdegangs nach § 25a DVOSächsBO, je Fachrichtung	800	
	7.1.1.2.2	Schriftliche Prüfung nach § 25b DVOSächsBO, je Fachrichtung	1 000	
	7.1.2	Prüfingenieur/Prüfingenieurin für Brandschutz		
	7.1.2.1	Anerkennung als Prüfingenieur/Prüfingenieurin für Brandschutz nach § 13 Abs. 1 Satz 1 Nr. 2 DVOSächsBO	497 Anmerkung: Die Gebühr ist auch zu er-heben, wenn die Geneh-migung nach § 19 Abs. 2a Satz 2 DVOSächsBO als erteilt gilt.	
	7.1.2.2	Prüfungsverfahren zur Feststellung der fachlichen Eignung als Prüfingenieur/Prüfingenieurin für Brandschutz nach § 29 Abs. 2 DVOSächsBO		
	7.1.2.2.1	Überprüfung des fachlichen Werdegangs nach § 29a DVOSächsBO	1 200	

Lfd. Nr.	Tarifstelle	Gegenstand	Gebühren EUR	Schlicht-hoheit-liche Leistung
noch 17	7.1.2.2.2	Schriftliche Prüfung nach § 29b DVOSächsBO	900	
	7.1.2.2.3	Mündliche Prüfung nach § 29c DVOSächsBO	800	
	7.1.3	Genehmigung der Errichtung einer weiteren Niederlassung als Prüfingenieur/Prüfingenieurin nach § 19a Satz 1 DVOSächsBO	Gebühr nach Tarif-stelle 1.4	
	7.1.4	Verlegung des Geschäftssitzes	Gebühr nach Tarif-stelle 1.4	
	7.1.5	Erteilung einer Bestätigung nach § 22 Abs. 2 DVOSächsBO	Gebühr nach Tarif-stelle 1.4	
	7.1.6	Untersagung des erstmaligen Tätigwerdens als Prüfingenieur/ Prüfingenieurin nach § 22 Abs. 2 DVOSächsBO	Gebühr nach Tarif-stelle 1.4	
	7.1.7	Erteilung einer Bescheinigung nach § 22 Abs. 3 DVOSächsBO	Gebühr nach Tarif-stelle 1.4 Anmerkung: Neben der Gebühr nach Tarifstelle 7.1.7 werden Gebühren nach den Tarifstellen 7.1.1 oder 7.1.2 erhoben.	
	7.2	Ausstellung eines Befähigungszeugnisses für Verantwortliche für Veranstaltungstechnik nach § 39 Abs. 1 Satz 2 SächsVStättVO	85	
	7.3	Typenprüfungen nach § 32 DVOSächsBO		
	7.3.1	Prüfung von Standsicherheitsnachweisen von baulichen Anlagen oder Teilen von baulichen Anlagen, die in gleicher Ausführung an mehreren Stellen errichtet oder verwendet werden sollen (Typenprüfungen) nach § 32 Abs. 1 DVOSächsBO		
	7.3.1.1	bei ermittelbarer Rohbausumme oder Herstellungssumme von Gebäuden und baulichen Anlagen	das Zehnfache der Gebühr nach Tarifstelle 1.5.1 oder 1.5.2	
	7.3.1.2	bei einzelnen Bauelementen	das Dreifache der Gebühr nach Tarifstelle 1.4	
	7.3.2	Verlängerung der Geltungsdauer eines Typenprüfbescheides nach § 32 Abs. 2 Satz 3 DVOSächsBO	das Zweifache der Gebühr nach Tarifstelle 1.4	
	7.4	Bauprodukte und Bauarten		
	7.4.1	Erteilung einer vorhabenbezogenen Bauartgenehmigung nach § 16a Abs. 2 Satz 1 Nr. 2 SächsBO	83 bis 6 650	
	7.4.2	Zustimmungserteilung im Einzelfall zur Verwendung von Bauprodukten nach § 20 Satz 1 SächsBO	83 bis 6 650	
	7.4.3	Erklärungen nach § 16a Abs. 4 oder § 20 Satz 2 SächsBO	83 bis 6 650	

Lfd. Nr.	Tarifstelle	Gegenstand	Gebühren EUR	Schlicht-hoheit-liche Leistung
noch 17	8.	Energieeinsparungsvorschriften		
	8.1	Zulassung von Befreiungen nach § 102 Abs. 1 oder § 103 Abs. 1 GEG	62 bis 450 je Befreiungstatbestand	
	8.2	Erteilung von Befreiungen nach § 11 Abs. 1 Nr. 5 oder § 11 Abs. 2 HeizkostenV	62 bis 450 je Befreiungstatbestand	
	9.	Wohnungseigentumsgesetz		
	9.1	Ausfertigen eines Aufteilungsplanes nach § 7 Abs. 4 Satz 1 Nr. 1 oder § 32 Abs. 2 Satz 2 Nr. 1 WEG	42	
	9.2	Erteilung einer Bescheinigung nach § 7 Abs. 4 Satz 1 Nr. 2 oder § 32 Abs. 2 Satz 2 Nr. 2 WEG (Abgeschlossenheitsbescheinigung)		
	9.2.1	innerhalb eines Baugenehmigungsverfahrens	42 je Sondereigentum	
	9.2.2	außerhalb eines Baugenehmigungsverfahrens	62 bis 200 je Sondereigentum	
	9.3	für jede Mehrfertigung	15 bis 42	
	9.4	Erteilung einer Genehmigung auf Begründung oder Teilung von Wohnungs- oder Teileigentum nach § 22 Abs. 5 Satz 1 in Verbindung mit Abs. 1 Satz 1 Nr. 1 BauGB	17 bis 40 je Sondereigentum	
	10.	Enteignung in den Fällen der §§ 85ff. BauGB sowie in den Fällen nach § 43 Abs. 1 BauGB in Verbindung mit § 40 Abs. 2 und 3 Satz 2 und 3, § 41 Abs. 1 Satz 1 oder § 42 Abs. 9 BauGB		
	10.1	Vorabentscheidung nach § 112 Abs. 2 und § 113 Abs. 3 BauGB	5 800	
	10.2	Enteignungsbeschluss nach § 112 Abs. 1 sowie § 113 Abs. 1 und 2 BauGB		
	10.2.1	wenn eine Vorabentscheidung vorausgegangen ist	4 240	
	10.2.2	wenn keine Vorabentscheidung vorausgegangen ist	7 840	
	10.3	Vorzeitige Besitzeinweisung nach § 116 BauGB	2 530	
	10.4	Nachtragsbeschluss nach § 113 Abs. 4 Satz 2 BauGB	470	
	10.5	Ausführungsanordnung nach § 117 Abs. 1 Satz 1, auch in Verbindung mit Abs. 2 Satz 1 und Abs. 3 Satz 1 BauGB	462	
	11.	Entschädigungsfestsetzung in den Fällen nach § 43 Abs. 2 in Verbindung mit § 40 Abs. 1 und 3 Satz 1, § 41 Abs. 2 oder § 42 Abs. 1 bis 7 BauGB sowie in anderen Fällen nach vorausgegangener Einigung der Beteiligten über den Eigentumsübergang	5 070	
	12.	Entscheidung nach § 5 Abs. 5 Satz 5 SächsBestG	135 bis 337	
	13.	Waldgesetz für den Freistaat Sachsen		
	13.1	Gestattung einer Ausnahme nach § 25 Abs. 3 Satz 2 SächsWaldG	135 bis 680	
	13.2	Entscheidung nach § 25 Abs. 3 Satz 3 SächsWaldG	269 bis 1 010	

Anlage 3
(zu Anlage 1 laufende Nummer 17 Tarifstelle 1.5)

Bauwerksklassen

Bauwerksklasse 1

Bauliche Anlagen (Bauwerke) mit Tragwerken von sehr geringem Schwierigkeitsgrad:
Einfache, statisch bestimmte Tragwerke aus Holz, Stahl, Stein oder unbewehrtem Beton für vorwiegend ruhende Belastungen und ohne erforderlichen rechnerischen Nachweis horizontaler Aussteifungen

Beispiele:
a) gemauerte Gebäude ohne rechnerischen Nachweis der Gebäudeaussteifung
b) Sturzträger aus Stahl oder Stahlbeton
c) Biegeträger aus Holz oder Stahl

Bauwerksklasse 2

Bauwerke mit Tragwerken von geringem Schwierigkeitsgrad:
Statisch bestimmte ebene Tragwerke in gebräuchlichen Bauarten aus Stein, Holz, Stahl oder Stahlbeton ohne vorgespannte und Verbundkonstruktionen für vorwiegend ruhende Belastungen

Beispiele:
a) einfache Deckenkonstruktionen, die mit gebräuchlichen Tabellen berechnet werden können
b) einfache Dach- und Fachwerkbinder
c) Kehlbalkendächer
d) Mauerwerksbauten mit bis zur Gründung durchgehenden tragenden Wänden ohne Nachweis der horizontalen Aussteifung des Gebäudes
e) Flächengründungen einfacher Art
f) Schwergewichts- und Winkelstützmauern ohne Rückverankerungen
g) einfache Gerüste

Bauwerksklasse 3

Bauwerke mit Tragwerken von durchschnittlichem Schwierigkeitsgrad:
Schwierige statisch bestimmte oder statisch unbestimmte ebene Tragwerke in gebräuchlichen Bauarten ohne vorgespannte Konstruktionen und ohne schwierige Stabilitätsuntersuchungen

Beispiele:
a) schwierige statisch bestimmte oder statisch unbestimmte Dach- und Deckenkonstruktionen üblicher Bauarten
b) Holzkonstruktionen mittlerer Stützweiten einschließlich Biegeträger in Holz-Leimbauweise
c) einfache Verbundkonstruktionen des Hochbaus ohne Berücksichtigung des Einflusses von Kriechen und Schwinden
d) Tragwerke zur Abfangung tragender und aussteifender Wände oder Decken
e) ausgesteifte Skelettbauten, bei denen die Stabilität einzelner Bauteile mit Hilfe einfacher Formeln oder Tabellen nachgewiesen werden kann
f) ein- oder zweiachsig gespannte mehrfeldrige Decken unter überwiegend ruhenden Belastungen, soweit nicht in Bauwerksklasse 2
g) Zweigelenktragwerke ohne schwierige Stabilitätsuntersuchungen
h) eingeschossige Hallen normaler Bauart, für die ein Nachweis der Aussteifung zu führen ist
i) Flächengründungen
j) Stützwände ohne Rückverankerung bei schwierigen Baugrund- und Belastungsverhältnissen
k) einfach verankerte Stützwände
l) ebene Pfahlrostgründungen
m) Schornsteine, bei denen Schwingungsnachweise nicht erforderlich sind
n) Masten mit Abspannungen, bei denen der Seildurchhang für den Standsicherheitsnachweis vernachlässigt werden darf
o) Behälter einfacher Konstruktion
p) einfache Gewölbe
q) Gerüste üblicher Bauart

Bauwerksklasse 4

Bauwerke mit Tragwerken von überdurchschnittlichem Schwierigkeitsgrad:
Statisch unbestimmte schwierige und konstruktiv schwierige Tragwerke in gebräuchlichen Bauarten oder Tragwerke, für deren Standsicherheits- und Festigkeitsnachweis schwierig zu ermittelnde Einflüsse zu berücksichtigen sind

Beispiele:
a) vielfach statisch unbestimmte Tragwerke
b) Dachkonstruktionen in gebräuchlichen Abmessungen bei Behandlung als räumliche Tragwerke
c) weitgespannte Hallentragwerke in Ingenieurholzbaukonstruktion einschließlich solchen in Holz-Leimbauweise
d) Tragwerke, deren Schnittkraftermittlung nach Theorie II. Ordnung erfolgen muss, einschließlich mehrgeschossiger Tragwerke, bei deren Schnittgrößenermittlung die Formänderungen berücksichtigt werden müssen, wie mehrgeschossige Rahmentragwerke, mehrgeschossige Skelettbauten im Stütze-Riegel-System sowie Kesselgerüste
e) turmartige Bauwerke, bei denen der Standsicherheitsnachweis die Anwendung besonderer Berechnungsverfahren erfordert
f) Trägerroste und orthotrope Platten
g) Hallen- und hallenartige Tragwerke mit Kranbahnen
h) Tragwerke nach dem Traglastverfahren berechnet
i) Faltwerke nach der Balkentheorie berechnet
j) vorgespannte Tragwerke für den Hochbau einschließlich vorgespannter Fertigteile, soweit sie nicht der Bauwerksklasse 5 zuzuordnen sind
k) Rotationsschalen, soweit sie nicht der Bauwerksklasse 5 zuzuordnen sind
l) Verbundkonstruktionen bei Berücksichtigung von Kriechen und Schwinden
m) Stahl-, Stahlbeton-, Spannbeton- sowie Verbundkonstruktion, die ohne zusätzliche konstruktive Maßnahmen für eine Feuerwiderstandsklasse zu bemessen sind, soweit sie nicht der Bauwerksklasse 5 zuzuordnen sind
n) gekrümmte Träger
o) schwierige Gewölbe und Gewölbereihen
p) schwierige, mehrfach verankerte Stützwände
q) Konstruktionen mit Mauerwerk nach Eignungsprüfung
r) Masten, Schornsteine und Maschinenfundamente, deren Standsicherheitsnachweis mittels üblicher oder einfacher Schwingungsuntersuchungen erbracht werden müssen
s) schwierige statisch unbestimmte Flächengründungen, schwierige Pfahlgründungen, besondere Gründungsverfahren sowie Unterfahrungen
t) Masten und andere Bauwerke mit Abspannungen, bei denen der Seildurchhang für den Standsicherheitsnachweis des Bauwerkes berücksichtigt werden muss
u) Seilbahnkonstruktionen
v) Behälter und Silos schwieriger Konstruktion

Bauwerksklasse 5

Bauwerke mit Tragwerken von sehr hohem Schwierigkeitsgrad:
Statisch und konstruktiv ungewöhnlich schwierige Tragwerke sowie schwierige Tragwerke in neuen, ungeregelten Bauarten

Beispiele:
a) vielfach statisch unbestimmte räumliche Fachwerke, wie weitgespannte Überdachungen als räumliche Stabtragwerke
b) Faltwerke und Schalentragwerke wie solche, die nur unter Zuhilfenahme der Berechnungsmethode mit finiten Elementen beurteilt werden können und die nicht durch die Bauwerksklasse 4 erfasst sind
c) statisch unbestimmte Tragwerke, die Schnittkraftermittlungen nach Theorie II. Ordnung unter Berücksichtigung eines nichtlinearen Werkstoffverhaltens erfordern
d) Tragwerke, deren Standsicherheitsnachweis nur unter Zuhilfenahme modellstatischer Untersuchungen erbracht werden kann
e) Hochhäuser oder mit Hochhäusern vergleichbar hohe Bauwerke, bei denen ein Stabilitätsnachweis nach Theorie II. Ordnung erforderlich ist und das Schwingungsverhalten untersucht werden muss
f) Tragwerke mit schwierigen Schwingungsuntersuchungen, soweit nicht durch Bauwerksklasse 4 erfasst, und Turbinenfundamente
g) seilverspannte Zeltkonstruktionen und Traglufthallen, soweit der Standsicherheitsnachweis nach der Membrantheorie erbracht werden muss
h) vorgespannte Verbundkonstruktionen und Verbundkonstruktionen, deren Standsicherheitsnachweis nur nach der Plastizitätstheorie erbracht werden kann
i) schwierige Trägerroste und schwierige orthotrope Platten, soweit sie nicht der Bauwerksklasse 4 zuzuordnen sind
j) schwierige seilverspannte Konstruktionen, soweit sie nicht der Bauwerksklasse 4 zuzuordnen sind
k) Tragwerke, bei denen die Nachgiebigkeit der Verbindungsmittel bei der Schnittkraftermittlung zu berücksichtigen ist, zum Beispiel überwiegend dynamisch beanspruchte Tragwerke
l) sehr schwierige Gerüste, zum Beispiel sehr weit gespannte oder sehr hohe Gerüste

Anlage 4
(zu Anlage 1 laufende Nummer 17 Tarifstelle 1.5)

Gebührentafel in EUR[1]

Rohbausumme (RS)	Prüfung Standsicherheitsnachweis Bauwerksklasse					Prüfung Brandschutznachweis
	1	2	3	4	5	
bis 10 000	94	141	187	235	294	500
15 000	130	195	260	324	407	500
20 000	164	245	327	408	511	500
25 000	196	293	390	487	612	500
30 000	226	339	452	564	708	500
35 000	255	383	511	639	800	500
40 000	284	426	569	711	891	500
45 000	312	469	624	781	979	500
50 000	340	510	680	850	1 065	500
75 000	470	706	940	1 175	1 473	500
100 000	591	888	1 183	1 479	1 854	500
150 000	819	1 228	1 637	2 046	2 564	500
200 000	1 030	1 545	2 060	2 575	3 228	624
250 000	1 231	1 847	2 463	3 079	3 858	746
300 000	1 424	2 137	2 850	3 562	4 464	863
350 000	1 612	2 417	3 224	4 029	5 050	976
400 000	1 793	2 690	3 586	4 484	5 620	1 086
450 000	1 970	2 956	3 942	4 928	6 175	1 193
500 000	2 143	3 216	4 288	5 360	6 719	1 298
1 000.000	3 733	5 599	7 465	9 333	11 697	2 261
1 500 000	5 163	7 746	10 327	12 908	16 177	3 127
2 000 000	6 499	9 750	12 999	16 249	20 365	3 936
3 500 000	10 170	15 256	20 339	25 427	31 865	6 159
5 000 000	13 529	20 291	27 058	33 820	42 390	8 193
7 500 000	18 710	28 064	37 420	46 774	58 626	11 332
10 000 000	23 556	35 329	47 102	58 885	73 800	14 264
15 000 000	32 584	48 868	65 153	81 452	102 078	19 729
20 000 000	41 015	61 512	82 009	102 526	128 503	24 835
25 000 000	49 028	73 542	98 056	122 570	153 599	29 689

Bei einer Rohbausumme (RS) von über 25 000 000 EUR errechnet sich die Gebühr
- bei der Prüfung von Standsicherheitsnachweisen aus dem Tausendstel der jeweiligen Rohbausumme, vervielfältigt mit nachstehend aufgeführten Faktoren,
- bei der Prüfung von Brandschutznachweisen nach der nachstehend in der letzten Spalte aufgeführten Formel:

Prüfung Standsicherheitsnachweis Bauwerksklasse					Prüfung Brandschutznachweis
1	2	3	4	5	
1,961	2,942	3,922	4,903	6,144	$9 \times (RS/1\,000)^{0,8}$

[1] In der Gebühr ist die Umsatzsteuer enthalten.

Anlage 5
(zu Anlage 1 laufende Nummer 17 Tarifstelle 1.2)

Auszug aus der DIN 277-1; 2016-01 zur Bestimmung des Brutto-Rauminhalts

1 Begriffe
1.1 Brutto-Grundfläche (BGF)

Die Brutto-Grundfläche ist die Gesamtfläche aller Grundrissebenen des Bauwerks. Zur ihr gehören die nutzbare Netto-Raumfläche (NRF) und die Konstruktions-Grundfläche (KGF) aller Grundrissebenen des Bauwerks. Nicht zur Brutto-Grundfläche gehören
a) Flächen innerhalb einer Grundrissebene, die nicht vorhanden sind, zum Beispiel Flächen von Lufträumen über Atrien und in Galeriegeschossen sowie Deckenöffnungen,
b) Flächen zum Beispiel im Dachraum, die keinen Zugang haben, nicht begehbar sind oder aus anderen Gründen nicht nutzbar sind,
c) Flächen, die ausschließlich der Wartung, Inspektion und Instandsetzung von Baukonstruktionen und technischen Anlagen dienen, zum Beispiel nicht nutzbare Dachflächen, fest installierte Dachleitern und Dachstege, Wartungsstege in abgehängten Decken sowie Kriechkeller,
d) Flächen der außerhalb des Bauwerks befindlichen und nicht mit dem Bauwerk konstruktiv verbundenen Baukonstruktionen, zum Beispiel Außentreppen, Außenrampen, Pergolen, Freisitze sowie Terrassen.

1.2 Brutto-Rauminhalt (BRI)

Der Brutto-Rauminhalt ist das Gesamtvolumen des Bauwerks. Er wird von den äußeren Begrenzungsflächen umschlossen, die von den konstruktiven Bauwerkssohlen, den Außenwänden und den Dächern einschließlich Dachgauben und Dachoberlichtern gebildet werden. Nicht zum Brutto-Rauminhalt gehören die Rauminhalte von folgenden Elementen:
a) Tief- und Flachgründungen,
b) Lichtschächte,
c) nicht mit dem Bauwerk durch Baukonstruktion verbundene Außentreppen und Außenrampen,
d) Eingangsüberdachungen,
e) Dachüberstände, soweit sie nicht Überdeckungen für Rauminhalte des Bereichs S nach Nummer 2.1.2 darstellen,
f) auskragende Sonnenschutzanlagen,
g) Schornsteinköpfe, Lüftungsrohre oder Lüftungsschächte, die über den Dachbelag hinausreichen,
h) Lichtkuppeln bis 1,0 m^3,
i) Pergolen und befestigte Freisitze oder Terrassen.

2 Ermittlungsgrundlagen
2.1 Allgemeines

2.1.1 Die Genauigkeit der Ermittlung von Grundflächen und Rauminhalten richtet sich nach dem Stand der Planung (zum Beispiel Bedarfsplanung, Vorplanung, Entwurfsplanung, Ausführungsplanung) und den jeweiligen Planungsunterlagen. Die der Ermittlung zugrundeliegenden Planungsunterlagen sind anzugeben.

2.1.2 Grundflächen und Rauminhalte sind entsprechend der Raumumschließung wie folgt getrennt zu ermitteln:
a) Regelfall (R): vollständig umschlossene Grundflächen und Räume, deren Flächen der Netto-Raumfläche (NRF) zuzuordnen sind,
b) Sonderfall (S): nicht vollständig umschlossene Grundflächen und Räume, deren Flächen der Netto-Raumfläche (NRF) zuzuordnen sind und die baukonstruktiv mit dem Bauwerk verbunden sind.

Sie sind ferner getrennt nach Grundrissebenen, zum Beispiel Geschossen, und getrennt nach unterschiedlichen Höhen der Geschosse zu ermitteln. Dies gilt auch für Grundflächen über oder unter schräg verlaufenden Flächen.

2.1.3 Die Grundflächen von Räumen mit waagerechten Bodenflächen sind aus ihren tatsächlichen Maßen zu ermitteln. Die Grundflächen von schräg verlaufenden Baukonstruktionen (zum Beispiel Tribünen, Zuschauerräume, Treppen und Rampen) sind als Flächen ihrer vertikalen Projektion zu ermitteln.

2.1.4 Grundflächen sind in Quadratmeter (m^2), Rauminhalte in Kubikmeter (m^3) anzugeben.

2.2 Ermittlung von Grundflächen
2.2.1 Brutto-Grundfläche

Für die Ermittlung der Brutto-Grundfläche (Summe aus Netto-Raumfläche und Konstruktions-Grundfläche) sind die äußeren Maße der Bauteile einschließlich Bekleidung (zum Beispiel Außenseite von Putzschichten oder Außenschalen mehrschaliger Wandkonstruktionen) in Höhe der Oberseite der Boden- beziehungsweise Deckenbeläge anzusetzen. Brutto-Grundflächen des Bereiches S werden an den Stellen, an denen sie nicht umschlossen sind, bis zur Begrenzung der vertikalen Projektion ihrer Überdeckung gemessen. Die Konstruktions-Grundflächen, die zwischen den Bereichen R und S liegen, sind dem Bereich R zuzuordnen.

2.3 Ermittlung von Rauminhalten
2.3.1 Brutto-Rauminhalt

Der Brutto-Rauminhalt ist aus den nach Nummer 2.2.1 ermittelten Brutto-Grundflächen und den dazugehörigen Höhen zu ermitteln. Als Höhen für die Ermittlung des Brutto-Rauminhalts gelten die vertikalen Abstände zwischen den Oberflächen der Deckenbeläge in den jeweiligen Grundrissebenen beziehungsweise bei Dächern die Oberflächen der Dachbeläge. Beim untersten Geschoss des Bauwerks gilt als Höhe der Abstand von der Unterseite der Unterböden und Bodenplatten, die nicht der Fundamentierung dienen, bis zur Oberseite des Deckenbelags der darüber liegenden Grundrissebene. Bei Bauwerken oder Bauwerksteilen, die von nicht vertikalen oder nicht waagerechten Flächen begrenzt werden, ist der Rauminhalt nach entsprechenden geometrischen Formeln zu ermitteln. Für die Höhen von Rauminhalten des Bereichs S sind die Oberkanten der begrenzenden Baukonstruktionen (zum Beispiel Brüstungen, Attiken, Geländer) maßgebend.

Tabelle 1 der DIN 277-2:2016-01,
Gliederung der Grundflächen des Bauwerks

Brutto-Grundfläche (BGF)		
	Konstruktions-Grundfläche (KGF)	
	Netto-Raumfläche (NRF)	
		Nutzungsfläche (NUF)
		Technikfläche (TF)
		Verkehrsfläche (VF)

Tabelle der durchschnittlichen Rohbauwerte

– fortgeschrieben auf Stand 1. Mai 2024 –

Bekanntmachung vom 1. März 2024 (SächsABl. S. 375)

Nummer	Gebäudeart	Rohbauwert Euro/m³
1	Wohngebäude	185
2	Wochenendhäuser	162
3	Büro- und Verwaltungsgebäude, Banken und Arztpraxen	248
4	Schulen	237
5	Kindergärten	212
6	Hotels, Pensionen und Heime bis 60 Betten, Gaststätten	212
7	Hotels, Heime und Sanatorien mit mehr als 60 Betten	247
8	Krankenhäuser	274
9	Versammlungsstätten, soweit nicht unter Nummer 7 oder 12 aufgeführt	212
10	Kirchen	237
11	Leichenhallen und Friedhofskapellen	194
12	Turn- und Sporthallen, soweit nicht unter Nummer 21 aufgeführt	140
13	Hallenbäder	229
14	sonstige, nicht unter den Nummern 1 bis 13 aufgeführte eingeschossige Gebäude, zum Beispiel Umkleideräume von Sporthallen und Schwimmbädern	178
15	Verkaufsstätten[1], soweit sie eingeschossig sind	140
16	Verkaufsstätten[2], soweit sie mehrgeschossig sind	250
17	Kleingaragen, ausgenommen offene Kleingaragen	111
18	Mittel- und Großgaragen, soweit sie eingeschossig sind	137
19	Mittel- und Großgaragen, soweit sie mehrgeschossig sind	164
20	Tiefgaragen	253
21	Fabrik-, Werkstatt- und Lagergebäude, Tennishallen sowie einfache Sporthallen, soweit sie eingeschossig sind, bis 50 000 m³ Brutto-Rauminhalt	
21.1	mit nicht geringen Einbauten[3]	123
21.2	ohne oder mit geringen Einbauten[3]	
21.2.1	bis 2 000 m³ Brutto-Rauminhalt	
21.2.1.1	Bauart schwer[4]	88
21.2.1.2	sonstige Bauart	76
21.2.2	der 2 000 m³ übersteigende Brutto-Rauminhalt bis 5 000 m³	
21.2.2.1	Bauart schwer[4]	76
21.2.2.2	sonstige Bauart	60
21.2.3	der 5 000 m³ übersteigende Brutto-Rauminhalt bis 50 000 m³	
21.2.3.1	Bauart schwer[4]	60
21.2.3.2	sonstige Bauart	48
22	Fabrik-, Werkstatt- und Lagergebäude, soweit sie mehrgeschossig sind, bis 100 000 m³ Brutto-Rauminhalt	
22.1	ohne oder mit geringen Einbauten[3]	178
22.2	mit nicht geringen Einbauten[3]	205
23	sonstige kleinere gewerbliche Bauten, soweit sie eingeschossig sind, soweit nicht unter Nummer 21 aufgeführt	150
24	Stallgebäude, Scheunen und sonstige landwirtschaftliche Betriebsgebäude, ausgenommen Güllekeller	wie Nummer 21
25	Güllekeller, soweit sie unter Ställen oder sonstigen landwirtschaftlichen Betriebsgebäuden liegen	146
26	Schuppen, offene Kleingaragen, offene Feldscheunen und ähnliche Gebäude	68
27	Gewächshäuser	
27.1	bis 1 500 m³ Brutto-Rauminhalt	48
27.2	der 1 500 m³ übersteigende Brutto-Rauminhalt	30

1) Bei Hallenbauten ohne oder mit geringen Einbauten ist der Rohbauwert um 30 Prozent zu reduzieren. Hierzu zählen auch Einbauten im Sinne der Anlage 1 laufende Nummer 17 Tarifstelle 1.2 Absatz 3 Satz 4.

2) Bei mehrgeschossigen Verkaufsstätten mit geringen Einbauten, deren Nutzflächen fast ausschließlich dem Verkauf oder der Ausstellung dienen, ist der Rohbauwert um 40 Prozent zu reduzieren. Hierzu zählen auch Einbauten im Sinne der Anlage 1 laufende Nummer 17 Tarifstelle 1.2 Absatz 3 Satz 4.

3) Hierzu zählen auch Einbauten im Sinne der Anlage 1 laufende Nummer 17 Tarifstelle 1.2 Absatz 3 Satz 4.

4) Gebäude, deren Außenwände überwiegend aus Beton, einschließlich Leicht- und Gasbeton, oder aus mehr als 17,5 cm dickem Mauerwerk bestehen.

Anmerkungen:

In den Rohbauwerten ist die Umsatzsteuer enthalten.
Bei Gebäuden mit mehr als fünf Vollgeschossen ist der Rohbauwert um 5 Prozent, bei Hochhäusern um 10 Prozent und bei Gebäuden mit befahrbaren Decken, außer bei den Nummern 18 bis 20, um 10 Prozent zu erhöhen. Die in der Tabelle angegebenen Werte berücksichtigen nur Flachgründungen mit Streifen- oder Einzelfundamenten, Mehrkosten für andere Gründungen sind gesondert zu ermitteln; dies gilt auch für Außenwandverkleidungen, für die ein Standsicherheitsnachweis geführt werden muss. Bei Gebäuden mit gemischter Nutzung ist für die Gebäudeteile mit verschiedenen Nutzungsarten der Rohbauwert anteilig zu ermitteln, soweit Nutzungsarten nicht nur Nebenzwecken dienen. Der nicht ausgebaute Dachraum eines Dachgeschosses ist, abweichend von DIN 277, nur mit einem Drittel seines Rauminhalts anzurechnen.
Bei Hallenbauten mit Kränen, bei denen der Standsicherheitsnachweis für die Kranbahnen geprüft werden muss, ist die Rohbausumme des von den Kranbahnen erfassten Hallenbereiches um 26 EUR/m² zu erhöhen. Die in der Tabelle angegebenen Werte berücksichtigen nur Flachgründungen mit Streifen- und Einzelfundamenten oder Flächengründungen mit einer Dicke ≤ 0,50 m. Mehrkosten für andere Gründungen, wie zum Beispiel Pfahlgründungen und Schlitzwände, sind getrennt zu ermitteln und den anrechenbaren Bauwerten hinzuzurechnen. Bei Flächengründungen (elastisch gebettete Sohlplatten) ist der über 0,5 m³ je Quadratmeter Bodenplatte hinausgehende Rauminhalt (höchstens jedoch 1,5 m³ je Quadratmeter Sohlplatte) zum Brutto-Rauminhalt hinzuzurechnen.